2025 공무원 시험 대비

적중동형 봉투모의고사
Vol. 2

국어

| 제1회 ~ 제5회 |

박문각

합격까지

2025 공무원 시험 대비 적중동형 모의고사
국어
▌제1회▐

응시번호

성 명

문제책형

제1과목	국어	제2과목	영어	제3과목	한국사
제4과목		제5과목			

응시자 주의사항

1. **시험시작 전 시험문제를 열람하는 행위나 시험종료 후 답안을 작성하는 행위를 한 사람**은 「지방공무원 임용령」 제65조 등 관련 법령에 의거 **부정행위자**로 처리됩니다.
2. 시험이 시작되면 문제를 주의 깊게 읽은 후, **문항의 취지에 가장 적합한 하나의 정답만을 고르며**, 문제내용에 관한 질문은 할 수 없습니다.
3. **답안은 문제책 표지의 과목 순서에 따라 답안지에 인쇄된 순서에 맞추어 표기**해야 하며, 과목 순서를 바꾸어 표기한 경우에도 문제책 표지의 과목 순서대로 채점되므로 유의하시기 바랍니다.
4. 법령, 고시, 판례 등에 관한 문제는 **2025년 4월 30일 현재 유효한 법령, 고시, 판례 등을 기준**으로 정답을 구해야 합니다. 다만, 개별 과목 또는 문항에서 별도의 기준을 적용하도록 명시한 경우에는 그 기준을 적용하여 정답을 구해야 합니다.
5. **시험시간 관리의 책임은 응시자 본인에게 있습니다.**
   ※ 문제책은 시험종료 후 가지고 갈 수 있습니다.

정답공개 및
이의제기 안내

1. 정답공개 일시: 정답가안 6.21.(토) 14:00 / 최종정답 6.30.(월) 18:00
2. 정답공개 방법: 사이버국가고시센터(www.gosi.kr) ➔ [시험문제 / 정답 → 문제 / 정답 안내]
3. 이의제기 기간: 6.21.(토) 18:00 ~ 6.24.(화) 18:00
4. 이의제기 방법
   ■ 사이버국가고시센터 ➔ [시험문제 / 정답 → 정답 이의제기]
   ■ 구체적인 이의제기 방법은 정답가안 공개 시 공지 예정

국 어

1. <공공언어 바로 쓰기 원칙>에 따라 수정한 것으로 적절하지 않은 것은?

   ─────── <공공언어 바로 쓰기 원칙> ───────
   • 간결하고 명료한 문장 사용
     - 올바른 사동, 피동 표현을 사용함. ·············· ㉠
     - 지나치게 긴 문장 표현을 지양함. ·············· ㉡
     - 번역투의 표현을 지양함. ···························· ㉢
     - 조사·어미 등 생략 시 어법 고려함. ·········· ㉣

   ① '통계 서비스를 개선시킬'을 ㉠을 고려하여 '통계 서비스를 개선할'로 수정한다.
   ② '이번 행사에는 본청 직원뿐만 아니라 지방청에서 실무를 맡은 직원을 포함한 통계 혁신 담당자 50여 명이 참석하여'를 ㉡을 고려하여 '이번 행사에는 본청과 지방청에서 통계 혁신 업무를 맡고 있는 50여 명이 참석하여'로 수정한다.
   ③ '○○○부는 오는 8월부터 (주)○○을 통해 해외 한식당 종사자에게 경영 및 조리·서비스 교육을 한다.'를 ㉢을 고려하여 '종사자에 대한 경영 및 조리·서비스 교육을 한다.'로 수정한다.
   ④ '태풍 피해 복구 철저'는 ㉣을 고려하여 '태풍 피해를 철저히 복구함'으로 수정한다.

2. <지침>에 따라 <개요>를 작성할 때 ㉠~㉣에 들어갈 내용으로 적절하지 않은 것은?

   ─────── <지 침> ───────
   • 서론은 전기자동차의 보급 현황과 발전 배경을 설명할 것.
   • 본론은 전기자동차가 환경에 미치는 긍정적 및 부정적 영향을 각각 1개 장으로 나누어 설명할 것.
   • 결론은 전기자동차 사용의 증가에 따른 미래 전망을 제시하고, 해결해야 할 문제점을 지적할 것.

   ─────── <개 요> ───────
   • 제목 : 전기자동차의 장단점과 미래 전망
   Ⅰ. 서론
     1. 전세계 전기자동차 보급 현황
     2. ㉠
   Ⅱ. 전기자동차의 긍정적 영향
     1. 배출가스 감소로 인한 대기오염 완화
     2. ㉡
   Ⅲ. 전기자동차의 부정적 영향
     1. 배터리 폐기 문제로 인한 환경적 부담
     2. ㉢
   Ⅳ. 결론
     1. ㉣
     2. 전기자동차 보급 확대를 위한 정책적 지원 필요

   ① ㉠ : 미국 전기자동차 회사의 급격한 성장이 견인한 전기자동차 산업의 발전
   ② ㉡ : 전기자동차의 기술적 발전과 미래 가능성
   ③ ㉢ : 자원 고갈 및 희귀금속 사용 증가
   ④ ㉣ : 전기자동차 대중화가 앞당길 탈탄소 사회

3. 다음 글의 (가)~(라)를 순서대로 나열한 것은?

   (가) 예를 들어, 자율 주행 차량의 사고 시 책임 소재를 규명하는 것이 복잡해지고 있으며, 인공지능의 결정 과정이 불투명하여 알고리즘의 편향성이 사회적 불평등을 초래할 수 있다. 또한, 인간의 일자리를 대체하는 자동화 기술로 인해 실업률이 증가할 가능성도 제기되고 있다.
   (나) 이러한 문제를 해결하기 위해 다양한 분야에서 노력이 이루어지고 있다. 법률 전문가들은 새로운 기술에 맞는 법적 프레임워크를 구축하고자 하며, 윤리학자들은 인공지능의 윤리적 기준을 정립하기 위한 논의를 진행하고 있다.
   (다) 4차 산업혁명 시대에 접어들면서 인공지능, 로봇 공학, 사물인터넷 등 첨단 기술이 우리의 일상에 깊숙이 스며들고 있다. 이러한 기술 혁신은 생산성 향상과 새로운 산업 창출로 이어져 경제 발전에 큰 기여를 하고 있다.
   (라) 의료, 교육, 금융 등 다양한 분야에서 기술의 도입으로 서비스의 질이 향상되고 있으며, 개인의 삶의 편의성도 증대되고 있다. 그러나 인간과 기계의 상호 작용이 증가함에 따라 새로운 윤리적, 법적 문제가 대두되고 있다.

   ① (다) - (가) - (나) - (라)
   ② (다) - (라) - (가) - (나)
   ③ (라) - (다) - (나) - (가)
   ④ (라) - (다) - (가) - (나)

4. 다음 글을 읽고 평가한 내용으로 적절한 것은?

   맹자의 성선설과 순자의 성악설은 동양 철학의 중요한 논점이다. 맹자는 인간이 본래 선하다는 성선설에 기반하여, 선한 백성을 더욱 발전시키기 위해서는 지도자가 자신의 본성을 자각하고 덕을 쌓아야 한다고 주장한다. 맹자는 지도자가 덕으로 다스릴 때 천성적으로 착한 백성들이 감화를 받아 더욱 선해진다고 믿었다. 이러한 왕도정치는 당시 군주들에게는 받아들여지지 않았으나, 이후 역사적으로 중국뿐만 아니라 동북아 지역에 큰 사상적 영향을 미쳤다. 맹자의 사상은 좋은 지도자와 관리가 되기 위해 어떻게 살아가야 하고 무엇을 배워야 하는지에 대한 답을 제공했다.
   반면, 순자는 인간의 본성이 악하다는 성악설을 주장했다. 그는 악한 본성을 방치하면 사회질서가 혼란해지므로, 교육을 통해 악한 본성을 교화하여야 한다고 보았다. 순자는 누구나 악한 본성을 올바른 길로 교화할 능력을 가지고 있으며, 노력만 하면 훌륭한 인간이 될 수 있다고 믿었다. 그는 교육의 중요성을 강조하며, 훌륭한 사회인이 되기 위한 네 가지 마음가짐을 제시했다. 첫째, 좋은 환경을 선택하고, 둘째, 지속적으로 노력하며, 셋째, 훌륭한 스승을 모시고 그의 가르침을 받아야 하며, 넷째, 어떤 일을 할 때 철저하게 처리해야 한다고 했다. 순자는 이러한 마음가짐을 유지하면 어떤 상황에서도 유연하게 대처할 수 있으며, 인격적으로 완성된 사람이 될 것이라고 주장했다.

   ① 중국 고대 전설에 따르면, 요임금과 순임금은 덕과 인의(仁義)를 바탕으로 나라를 다스렸으며, 백성들 또한 이를 본받아 더욱 선한 삶을 살았다면, 이는 맹자의 주장을 약화한다.
   ② 살인, 강도 등 강력 범죄를 저지른 수감자들에게 철학, 문학, 심리치료 등의 교육을 제공하여 그들이 도덕적 시민이 된다면, 이는 맹자의 주장을 강화한다.
   ③ 공자가 많은 제자를 가르치려 했지만 모든 제자가 그의 가르침을 실천한 것은 아니라면, 이는 순자의 주장을 약화한다.
   ④ 평범한 시민이었으나 부당한 권력에 복종하여 홀로코스트를 일으킨 나치의 일당들이 있었다면, 이는 순자의 주장을 약화한다.

5. ㉠~㉣에 대한 평가로 적절한 것을 <보기>에서 모두 고른 것은?

㉠ 어떤 연구자는 데이터 분석을 잘한다.
㉡ 통계 이론을 잘 아는 모든 사람은 데이터 분석을 잘하지 못한다.
㉢ 데이터 분석을 잘하는 모든 사람은 통계 이론을 잘 안다.
㉣ 모든 연구자가 통계 이론을 잘 아는 것은 아니다.

<보 기>
㉮ ㉠과 ㉡이 참일 경우 ㉣이 참이 아닐 수 있다.
㉯ ㉠과 ㉢이 참일 경우 ㉣은 참일 수 있다.
㉰ ㉢과 ㉣이 참일 경우 ㉠은 참일 수 있다.

① ㉮
② ㉯
③ ㉮, ㉰
④ ㉯, ㉰

6. 다음 글의 ㉠과 ㉡에 관련된 설명으로 적절한 것은?

　어근(語根)이란 단어를 분석하여 실질적 의미를 나타내는 중심이 되는 부분을 의미하는 것으로 가령 '덮개'의 '덮-', '어른스럽다'의 '어른' 등을 예로 들 수 있다. 형태소란 뜻을 가진 가장 작은 말의 단위를 의미하는 것으로 실질적 의미를 지니는 실질 형태소, 문법적 의미를 지니는 형식 형태소로 나뉜다. 따라서 어근은 실질 형태소와 동일한 존재라고 볼 수 있다. 어근 말고도 접사(接辭)라는 것이 존재하는데 접사는 형식 형태소에 해당하는 것으로 어근의 뜻을 한정하거나, 품사나 문장 구조를 바꾸는 지배적인 역할을 한다. 어간(語幹)이란 동사·형용사 등 용언의 활용에서 변하지 않는 부분을 의미한다. 가령 '보다', '보니', '보고'에서 '보-'와 '먹다', '먹니', '먹고'에서 '먹-' 따위이다. '-다, -니, -고' 등은 어간 뒤에 결합이 되는 어미에 해당된다. 어간(語幹)은 단일 어근으로 구성되어 ㉠ 어간과 어근이 일치하는 경우도 있지만, 어근과 접사가 결합되어 ㉡ 어간과 어근이 일치하지 않는 경우가 있다.

① ㉠: 계시다　㉡: 먹히다
② ㉠: 비우다　㉡: 읽었다
③ ㉠: 명예롭다　㉡: 정답다
④ ㉠: 청하다　㉡: 한여름

7. 다음 글의 ㉠~㉣ 중 어색한 곳을 찾아 가장 적절하게 수정한 것은?

　정보보안은 현대 조직에서 필수적인 요소로 자리 잡았으며, 그 중요성은 날로 증가하고 있다. 조직의 정보보안 정책 준수 의도는 정책 목표 공유와 가치 인식, 그리고 개인과 조직의 적합성 및 요구와 능력의 적합성에 의해 크게 영향을 받는다. 정보보안 정책 목표 공유는 조직의 비전과 목표를 구성원에게 명확히 전달하여 내재화하는 활동으로, ㉠ 조직원의 정책 준수 행동을 강화한다. ㉡ 정보보안 정책 준수 의도는 명확한 목표 공유와 함께 자동적으로 이루어진다. 개인과 조직의 적합성과 요구와 능력의 적합성은 정보보안 정책의 준수 행동을 강화하는 중요한 조절 변수로 작용한다. 이러한 적합성이 높을수록 조직원은 정보보안 정책 준수에 더 적극적으로 참여한다. 한편, 일부 조직에서는 정보보안 정책의 목표 공유 활동을 ㉢ 단기적 성과에 집중하는 방식으로 축소하고 있다. 이는 조직의 정보보안 수준을 저하시키는 결과를 초래할 수 있다. 정보보안 정책의 성공적 준수를 위해서는 조직 환경의 투명성을 높이고, ㉣ 조직원이 정책의 가치를 명확히 이해하도록 지원해야 한다. 이를 통해 조직은 외부 위협에 효과적으로 대응할 수 있을 것이다.

① ㉠: 조직원의 창의적 사고와 혁신을 강화한다
② ㉡: 정보보안 정책 준수 의도는 단순히 정책 목표를 전달하는 것만으로는 충분하지 않다
③ ㉢: 조직 내 투명성과 협력을 극대화하려는 방식으로 전환되고 있다
④ ㉣: 조직원이 정보보안 정책에 의문을 가지도록 유도해야 한다

8. 다음 글의 중심 내용으로 가장 적절한 것은?

　자율주행차량의 개발은 교통 효율성과 안전성을 높이는 데 크게 기여할 것으로 기대되지만, 도덕적 딜레마와 윤리적 문제를 동반한다. 자율주행차량은 긴급 상황에서 인간의 생사에 영향을 미칠 수 있는 결정을 내려야 하며, 이러한 과정에서 윤리적 기준이 필요하다. 특히 자율주행차량의 '트롤리 딜레마' 문제는 여러 이해관계자가 충돌하는 복잡한 윤리적 판단을 요구한다. 예를 들어, 자율주행차량이 불가피하게 보행자와 충돌해야 하는 상황에서 누구를 구할 것인지에 대한 문제는 여전히 논란이 되고 있다.
　도덕적 판단의 기준으로 공리주의적 접근이 제안되지만, 이는 각 개인의 생명을 동등하게 취급해야 한다는 원칙과 충돌할 수 있다. 또한, 자율주행차량의 설계는 윤리적 판단을 내릴 수 있는 알고리즘을 포함해야 하며, 이는 사회적 합의와 규범적 차원의 논의를 통해 이루어져야 한다. 연구자들은 이와 관련된 도덕적 판단 기준을 마련하기 위해 '도덕기계' 실험을 통해 전 세계적으로 수집된 데이터를 활용하고 있다. 그러나 이러한 접근은 문화적 차이와 인간의 편향된 윤리적 선호를 반영할 위험성을 내포하고 있어, 자율주행차량의 윤리적 판단 기준 설정은 여전히 해결해야 할 과제로 남아 있다.

① 자율주행차량은 인간의 생명과 관련된 모든 윤리적 문제를 해결하기 위해 공리주의를 기반으로 설계되어야 한다.
② 자율주행차량은 교통 효율성을 높이지만, 트롤리 딜레마와 같은 윤리적 문제는 아직 해결되지 않았다.
③ 도덕기계 실험은 자율주행차량이 직면한 윤리적 판단 기준을 마련하는 데 실질적인 기여를 하고 있다.
④ 자율주행차량의 도덕적 딜레마 문제는 다양한 문화적 차이와 인간의 편향을 고려한 윤리적 논의가 필요하다.

9. 다음 글의 빈칸 ㉠에 들어갈 내용으로 가장 적절한 것은?

음속 돌파 현상은 물체가 음속보다 빠른 속도로 이동할 때 발생하는 강력한 충격파를 말한다. 이는 공기 분자의 급격한 압축으로 인해 발생하며, 순간적인 기압 상승을 동반한다. 특히 대형 로켓의 음속 돌파는 총성과 맞먹는 146 데시벨의 강력한 소음을 발생시킬 수 있다. 이러한 현상은 주변 지역사회에 다양한 영향을 미친다. 오래되거나 손상된 창문이 깨질 수 있으며, 청력 손상의 위험도 존재한다. 또한 야생동물들은 놀라서 도망가거나 스트레스 반응을 보이는 등 생태계에도 영향을 준다. 현재 우주 발사체의 음속 돌파에 대한 명확한 규제는 없다. 일부 발사장에서는 소음 모니터링 장비를 설치하여 지속적인 데이터 수집을 하고 있으며, 이를 통해 안전 기준을 수립하려는 노력이 진행 중이다. 이러한 소음 문제를 해결하기 위해서는 발사장 위치를 조정하는 것 외에는 뚜렷한 해결책이 없다. 로켓의 구조는 지구 중력을 벗어나기 위해 이미 최적화되어 있어 소음 감소를 위한 설계 변경이 어렵기 때문이다. 따라서 ㉠

① 로켓 발사 횟수를 늘려 지역 주민들이 소음에 적응하도록 해야 한다.
② 발사장 자리를 조정하고 환경영향 평가를 통해 발사에 대해 신중한 접근을 해야 한다.
③ 발사장 자리를 조정하고 소음 모니터링 장비를 설치하여 데이터 수집을 더 철저하게 해야 한다.
④ 소음 발생 기준을 146데시벨 이하로 줄여서 소음을 감소시킬 수 있도록 해야 한다.

10. 다음 글에서 추론한 내용으로 가장 적절한 것은?

정신질환의 원인을 설명하는 데 있어 생물학적 요인과 환경적 요인은 상반된 관점을 제시한다. 생물학적 입장은 정신질환이 주로 뇌의 신경학적 이상에서 비롯된다고 보는 반면, 환경적 입장은 개인을 둘러싼 환경과 심리적 경험이 정신질환의 발병에 결정적인 역할을 한다고 본다.
생물학적 관점에서 보면, 유전적 소인, 신경전달물질의 불균형, 신경회로의 이상 등이 정신질환의 주요 원인으로 꼽힌다. 우울증 환자에게서 관찰되는 세로토닌이나 도파민의 부조화, 조현병 환자의 도파민 시스템 과활성 등이 대표적인 예이다. 이러한 맥락에서 정신질환 치료는 약물이나 뇌 자극 등 신경생리학적 개입이 중심이 된다. 그러나 이 접근법은 환경적 영향을 간과하고 정신질환을 지나치게 의학적으로 해석한다는 비판을 받기도 한다.
환경적 관점은 개인의 성장 배경과 심리사회적 경험이 정신 건강에 미치는 영향을 강조한다. 아동기 트라우마, 만성적인 스트레스, 가족 갈등, 경제적 어려움 등이 정신질환의 발병과 밀접한 연관이 있다는 것이다. 외상 후 스트레스 장애(PTSD)가 극심한 스트레스 경험 후에 나타나고, 우울증과 불안장애가 사회적 고립이나 경제적 불안정과 연결되어 있다는 점이 이를 뒷받침한다. 하지만 이러한 환경적 관점도 실상으로는 생물학적 요인과 관련이 있을 수 있으므로 통합적인 접근이 필요하다.

① 정신질환의 치료는 주로 생물학적 개입을 통해서 가능하므로 신경생리학적 개입에 집중해야 한다.
② 환경적 요인은 정신질환을 유발하는 가장 근본적인 원인이며, 생물학적 요인은 부차적인 역할을 한다.
③ 생물학적 관점에서는 정신질환이 심리적 요인에 의해 발생한다고 본다.
④ 정신질환의 원인은 생물학적 요인과 환경적 요인의 복합적인 상호작용으로 이해해야 한다.

11. 다음 글을 이해한 내용으로 가장 적절한 것은?

우리가 매일 먹는 음식은 사회 계층과 계급에 따라 차별화된다. 1970년대 소설에서는 음식이 계층 간의 차이와 소외, 생계유지의 절박함을 나타내는 소재로 등장한다. 산업화 시대의 소설 속에서 음식은 빈자와 부자의 경계를 뚜렷이 구별하며, 이들 두 집단이 소통 불가한 집단임을 보여준다. 조세희의 『난장이가 쏘아올린 작은 공』은 1970년대 산업화 사회의 모순점을 비판하는 대표작이다.
이 작품의 주요 소재는 '집'이다. 집은 사회 구성원으로서 안정적인 생활을 위한 토대가 되는데, 이러한 집이 사라지면 가족 구성원은 와해되고 해체된다. 정착 생활을 하는 인간에게 의식주는 안정적인 생활의 기본 조건일 수밖에 없다. 집은 가족이 정과 사랑을 나누는 따뜻하고 안정적인 공간으로 기능해야 한다. 주거 공간이 사라진다는 것은 난장이 가족에게 도시에서의 인간다운 삶을 영위할 수 없고, 기본적인 권리조차 사라진다는 것을 의미한다. 난장이 가족의 아침 식탁은 "보리밥에 까만 된장"과 "시든 고추 두어 개, 졸인 감자"뿐이다. 이들의 아침 밥상은 가난한 이들의 삶을 구체적으로 보여주며, 아침 밥상과 함께 오른 철거 계고장은 현재의 가난한 삶에서 더 밑바닥으로 추락할 수밖에 없는 암울한 현실을 드러낸다.

① 정착 생활에서 의식주는 가족의 존속에 큰 영향을 미쳤으며, 난장이 가족의 집은 안정적인 공간의 기능을 하였다.
② 철거 계고장은 난장이 가족의 생존 기반을 위협하지만, 가족이 더욱 돈독해지는 계기가 된다.
③ 음식은 1970년대 소설에서 계층간의 불평등을 드러내는 소재로 활용되어 이 때문에 계층의 소통이 불가능함을 드러낸다.
④ 『난장이가 쏘아올린 작은 공』은 산업화로 인한 도시 빈민층의 형성과 그들의 열악한 생활 환경을 조명하여, 사회적 문제를 부각한다.

12. 다음 대화를 분석한 내용으로 가장 적절한 것은?

> 갑: 최근 SNS에서 '챌린지'라는 이름으로 환경 보호 활동이 유행하고 있더라. 쓰레기를 줍는 '줍깅'이나 일회용품 안 쓰기 같은 활동 말이야.
> 을: 맞아. 하지만 이런 활동들이 일시적인 유행으로 그치는 경우가 많아서 걱정이야. 진정한 환경 보호는 꾸준한 실천이 필요한데 말이야.
> 병: 나는 오히려 SNS를 통해 환경 보호의 중요성이 널리 알려지는 것 자체가 의미 있다고 봐. 많은 사람들이 환경 문제에 관심을 갖게 되니까.
> 갑: 그래도 ⊙ 진정성이 없는 활동이 많아 보여. 단순히 SNS에 인증하기 위한 일회성 활동으로 그치는 경우가 많잖아.
> 을: 그런 점에서 환경 보호 활동의 실질적인 효과를 측정하고, 지속 가능한 방식을 고민해볼 필요가 있을 것 같아.
> 병: 그렇다면 SNS의 영향력을 활용하면서도 장기적인 참여를 유도할 수 있는 방안을 찾아보는 게 어떨까? 예를 들어 정기적인 모임을 만들어 함께하는 거야.

① 대화 참여자들은 활동 현황을 통해 ⊙이 존재하는 것에 대한 중요성을 다르게 생각하여 의견의 대립이 있었다.
② 대화 참여자들은 실제 일어나는 구체적인 사례를 언급하여 SNS의 문제점을 부각하고 있다.
③ 대화 참여자 중 한 명은 다른 참여자들의 의견을 일관되게 반박하며 자신의 입장을 고수하고 있다.
④ 대화 참여자들은 통계 수치를 활용하여 자신의 주장의 설득성을 높이고 있다.

13. 다음 글을 이해한 내용으로 적절하지 않은 것은?

> 박인로의 <누항사>에서 '가난'과 '우활'은 단순한 경제적 어려움이나 무능력을 넘어서, 화자가 겪고 있는 정치적 처지와 사회적 불안정성을 반영하는 중요한 키워드로 등장한다. 작품에서 화자는 자신이 처한 가난을 단순히 물질적 궁핍을 넘어, 사대부로서의 직분인 '치인'을 수행할 수 없는 불우한 상황으로 묘사한다. '우활'은 표면적으로는 화자가 세상에 잘 적응하지 못하는 모습을 자조적으로 표현한 것이지만, 실제로는 자신이 믿고 따르는 도리와 직분을 지키려는 의지를 나타낸다. 화자는 '우활'을 통해 부조리한 현실에 휘둘리지 않고, 사대부로서의 도리와 정체성을 유지하고자 하는 신념을 나타냈다. 작품 속에서 화자는 정치적 부조리와 사회적 부패 속에서도 자신의 도리를 지키며 고군분투하는 모습을 보인다. <누항사>는 이러한 '가난'과 '우활'을 통해 정치적, 사회적 현실을 비판하고, 그 속에서도 고유의 도리와 직분을 지키려는 화자의 의지를 표현하고 있다.

① 화자는 '가난'과 '우활'을 통해 현실의 부조리와 자신의 도리 사이에서 갈등하는 모습을 보여준다.
② '우활'은 화자가 현실에서 직면한 사회적 모순에 대한 인식을 반영하며, 그 속에서 자신의 신념을 내려놓는 의미로 해석된다.
③ '가난'은 물질적 궁핍을 넘어 사회적, 정치적 불안정성을 반영하며, 화자가 직면한 현실을 나타낸다.
④ 화자는 자신의 사회적, 정치적 현실을 비판하며, 그 속에서 고유의 직분을 유지하려는 모습을 보여준다.

14. A교수는 학회에서 갑, 을, 병, 정, 무 중 일부를 만났다. 아래 A교수의 진술이 모두 참이라고 할 때, 갑, 을, 병, 정, 무 중 A교수가 만난 사람은 몇 명인가?

> • 정을 만난 것은 확실하다.
> • 을을 만났으면 갑과 병은 만나지 않았다.
> • 갑을 만나지 않았으면 무는 만났다.
> • 무를 만났으면 정은 만나지 않았다.
> • 병과 무 중 적어도 한 명은 만났다.

① 1명
② 2명
③ 3명
④ 4명

[15-16] 다음 글을 읽고 물음에 답하시오.

> 법은 개인의 자유와 사회의 요구 사이에서 끊임없이 타협점을 찾아간다. 자유와 규제의 복잡한 관계는 법철학의 핵심적인 도전 과제다.
> 사적 자치 원칙은 개인의 자율성을 가장 중요한 가치로 여긴다. 성인 간의 합의는 그 자체로 존중받아야 하며, 국가는 최소한으로 개입해야 한다고 주장한다. 노동력의 가치, 기업 간 거래, 재산 처분 등은 당사자의 자유로운 의지에 맡겨져야 한다는 것이다. 이 원칙은 개인의 선택을 최우선으로 보며, 시장 경제의 근간을 ⊙ 이루는 중요한 철학적 토대다. 계약의 자유는 인간의 기본적인 권리이자 존엄성을 구현하는 핵심 메커니즘으로 이해된다.
> 공공복리 원칙은 개인의 자유를 넘어 사회 전체의 균형을 고려해야 한다고 본다. 최저임금법, 소비자 보호법 같은 규제들은 시장의 자유로운 원칙을 제한하지만, 사회적 형평성을 유지하는 중요한 장치다. 사회적 약자를 보호하고 불공정한 거래를 막기 위해 국가의 개입이 필요하다는 관점이다. 경제적 강자와 약자 사이의 불균형을 조정하고, 모든 구성원이 최소한의 인간다운 삶을 영위할 수 있도록 제도적 장치를 마련해야 한다고 주장한다.

15. 윗글에서 추론한 내용으로 가장 적절한 것은?
① 사적 자치 원칙에 따르면, 국가는 개인 간 계약을 공정하게 조정하는 역할을 해야 한다.
② 공공복리 원칙은 경제적 자유가 절대적으로 보장될 때 가장 효과적으로 구현될 수 있다.
③ 사적 자치 원칙과 공공복리 원칙은 개인의 권리 보호를 최우선 가치로 삼는 점에서 동일하다.
④ 법은 개인의 자유를 보장하면서도 사회적 형평성을 고려하는 균형점을 찾아야 한다.

16. 문맥상 ⊙의 의미와 가장 가까운 것은?
① 사물을 이루고 있는 요소에는 무엇이 있나요?
② 할아버지의 유언을 못 이룬다면 나는 죽어서도 그분께 면목이 서질 않는다.
③ 이 음악은 아름다운 인테리어와 조화를 이루었다.
④ 그녀는 노총각인 막냇동생이 혼사를 이루게 된 것을 자랑했다.

17. 다음 문장이 들어가기에 가장 적절한 곳을 ㉠~㉣에서 고르면?

> 개인의 삶을 중시하는 이들이 공직사회에 대거 유입되면서 사회적으로 신분이 안정된 것으로 인식되었던 젊은 공무원의 이·퇴직이 점차 증가하고 있다.

> 최근 MZ세대의 일하는 문화가 화두로 떠오르고 있다. MZ세대란 1981년 이후에 태어난 밀레니얼 세대, 1990년대 후반~2000년대 초반에 태어난 Z세대를 합쳐 부르는 말이다. ㉠ MZ세대는 주관적 안녕감, 일과 삶의 균형, 주체적인 삶을 중시하는 집단이며 기존의 사회적 관념에서 벗어난, 새로운 가치관을 가진 세대로 여겨진다. MZ세대는 조직으로부터 개인의 삶이 구속받는 것에 민감하게 반응하며 관료제적 조직에 소속되더라도 기존의 가치관에 순응하지 않고 개인적 삶을 중시하는 경향을 보인다. ㉡ 공무원 사회에서도 이러한 MZ세대의 등장에 주목하고 있다. 새로운 행동 패턴을 가진 MZ세대의 등장은 공무원 사회에도 변화를 불러일으키고 있다. ㉢ 앞으로 공직 사회에 MZ세대는 계속해서 유입될 것이기 때문에 조직 내부적으로 변화가 필요하다. ㉣ 최근 '조용한 사직(Quiet Quitting)'과 같은 풍토도 나타나고 있는데 세대 차이를 이해하려는 시도를 통해 조직 관리 차원에서 MZ세대 공무원의 채용부터 의사소통, 갈등 관리를 위해 노력해야 한다.

① ㉠
② ㉡
③ ㉢
④ ㉣

18. 다음 글을 읽고 추론한 내용으로 적절하지 않은 것은?

> 1920년대는 3·1 독립운동의 결과 일제가 무단통치에서 문화통치로 식민지 통치방식을 바꾼 시기였다. 일본의 제국주의자들은 거국적 독립운동이 일어나자 한국을 무력으로 지배할 수 없음을 깨닫게 되었고, 문화적 세뇌를 통해 한민족을 일제와 동화시키고자 하였다. 이러한 상황에서 문학가들은 일제의 문화통치를 역이용하여 활발한 문화, 예술, 교육운동을 전개하였다. 이상화의 작품에서는 당대 지식인의 시대적 인식이 잘 드러난다. 도저히 가치 있는 삶을 영위할 수 없었던 당대의 상황에서, 이상화는 <나의 침실로>를 썼다. 사랑하는 연인과 함께 고통스러운 현실을 버리고 영원한 안식을 누릴 수 있는 '부활의 동굴'로 가고자 한다는 시의 내용은 식민지의 현실을 미학적으로 극복하고자 하는 노력이 드러나 있다. 이상화는 한편으로, 현실적인 문제를 직접적으로 다룬 <빼앗긴 들에도 봄은 오는가>와 같은 작품도 창작하였다. 이 작품은 빼앗긴 국토에 찾아오는 봄은 진정한 봄일 수 없다는 인식을 담아내고 있는데 이에서 투철한 현실인식과 저항성을 확인할 수 있다.

① <빼앗긴 들에도 봄은 오는가>는 시인의 현실인식과 저항성을 보여주는 작품이다.
② 이상화는 작품을 통해 식민지 현실을 예술적으로 타개하려고 시도하였다.
③ 1920년대 일제는 식민지 통치방식을 바꿈으로써 지배를 강화하고자 하였다.
④ 1920년대는 정치적 독립운동보다는 문화적 세뇌가 중점이 된 시기였으므로 문학가들은 문화, 예술, 교육운동을 전개할 수밖에 없었다.

19. 다음 글의 ㉠을 평가한 내용으로 적절한 것만을 <보기>에서 모두 고르면?

> 홉스는 전쟁을 단순히 싸움의 존재 유무로 판단하지 않고, 전투 상태로 대립하고자 하는 의지가 존재하는 시간적 공간 역시 전쟁 상태라고 정의한다. 그는 인간이 서로 불신하며 불안과 공포 속에 있는 상태도 전쟁으로 간주한다. 이러한 불안에서 벗어나기 위해 인간은 법과 공통 권력을 필요로 하며, 절대적인 힘을 가진 존재, 즉 리바이어던이 필요하게 된다. 사람들은 계약을 통해 스스로를 다스리는 권리를 리바이어던에게 양도하고, 이를 통해 공포에서 벗어난다. 리바이어던의 권력은 절대적이며 나눌 수 없는 것이다.
> ㉠ <u>홉스의 핵심 주장</u>은 인간이 자연 상태에서 불안과 공포 속에 살아가며, 이를 극복하기 위해 절대적인 권력을 가진 주권자, 즉 리바이어던을 필요로 한다는 것이다. 인간은 계약을 통해 리바이어던에게 권리를 양도함으로써 평화와 안전을 얻는다. 이러한 절대적인 권력은 분리되거나 나눠질 수 없으며, 이는 국가의 본질적인 특징이다. 하지만 이는 자유를 제한할 수 있으며, 홉스의 논리를 통해 이를 어떻게 사유할지 고민할 필요가 있다. 진정한 자유는 단순히 간섭의 부재가 아니라, 무언가를 할 수 있는 힘에 달려 있다.

── <보 기> ──

ㄱ. 국가 권력이 약화될 때 범죄율이 증가한다면, 이는 ㉠을 강화한다.
ㄴ. 권력이 집중된 국가에서 인권 침해 사례가 빈번하다면, 이는 ㉠을 약화한다.
ㄷ. 무정부 상태에서 혼란과 폭력이 난무한다면, 이는 ㉠을 약화한다.

① ㄱ
② ㄱ, ㄴ
③ ㄴ, ㄷ
④ ㄱ, ㄴ, ㄷ

20. ㉠~㉣의 조건이 주어졌을 때, 반드시 참인 진술은?

> ㉠ 공원에는 자전거 구역과 스케이트 구역, 두 개의 구역만 있다.
> ㉡ 헬멧을 착용하지 않은 사람은 모두 자전거 구역에 있지 않거나 연습에 참여한다.
> ㉢ 스케이트 구역에 있고 연습에 참여하지 않는 사람은 모두 보호대를 착용하지 않는다.
> ㉣ 지호는 공원의 두 구역 중 한 구역에 있으며, 연습에 참여하지 않는다.

① 만약 지호가 보호대를 착용했다면, 지호는 헬멧을 착용한다.
② 지호는 헬멧을 착용한다.
③ 만약 지호가 자전거 구역에 있지 않다면, 지호는 보호대를 착용한다.
④ 지호는 헬멧을 착용하지 않고, 보호대를 착용하지도 않는다.

2025 공무원 시험 대비 적중동형 모의고사
국어
▌제2회▌

응시번호

성 명

문제책형

제1과목	국어	제2과목	영어	제3과목	한국사
제4과목		제5과목			

응시자 주의사항

1. **시험시작 전 시험문제를 열람하는 행위나 시험종료 후 답안을 작성하는 행위를 한 사람은** 「지방공무원 임용령」 제65조 등 관련 법령에 의거 **부정행위자로** 처리됩니다.
2. 시험이 시작되면 문제를 주의 깊게 읽은 후, **문항의 취지에 가장 적합한 하나의 정답만을 고르며**, 문제내용에 관한 질문은 할 수 없습니다.
3. **답안은 문제책 표지의 과목 순서에 따라 답안지에 인쇄된 순서에 맞추어 표기해야 하며**, 과목 순서를 바꾸어 표기한 경우에도 문제책 표지의 과목 순서대로 채점되므로 유의하시기 바랍니다.
4. 법령, 고시, 판례 등에 관한 문제는 **2025년 4월 30일 현재 유효한 법령, 고시, 판례 등을 기준**으로 정답을 구해야 합니다. 다만, 개별 과목 또는 문항에서 별도의 기준을 적용하도록 명시한 경우에는 그 기준을 적용하여 정답을 구해야 합니다.
5. **시험시간 관리의 책임은 응시자 본인에게 있습니다.**
    ※ 문제책은 시험종료 후 가지고 갈 수 있습니다.

정답공개 및
이의제기 안내

1. 정답공개 일시: 정답가안 6.21.(토) 14:00 / 최종정답 6.30.(월) 18:00
2. 정답공개 방법: 사이버국가고시센터(www.gosi.kr) ➡ [시험문제 / 정답 → 문제 / 정답 안내]
3. 이의제기 기간: 6.21.(토) 18:00 ~ 6.24.(화) 18:00
4. 이의제기 방법
   ■ 사이버국가고시센터 ➡ [시험문제 / 정답 → 정답 이의제기]
   ■ 구체적인 이의제기 방법은 정답가안 공개 시 공지 예정

국 어

1. <공문서 작성 지침>에 따라 <공문서>의 ㉠~㉣을 수정한 것으로 적절하지 않은 것은?

<공문서 작성 지침>
- 문장 성분의 호응을 고려할 것.
- 적절한 조사를 사용할 것.
- 필수적인 문장 성분이 생략되지 않도록 주의할 것.
- 문장과 문장을 올바르게 접속할 것.

<공문서>

지방소멸대응을 위한 지역혁신 과제

수신 전국 지방자치단체장
(경유)
제목 지방소멸대응을 위한 지역혁신 과제 공모

1. ○○부는 2024년 '지방소멸대응을 위한 지역혁신 과제'를 공모하여 우수과제 22개를 예비선정하였습니다. ㉠ <u>이 사업은 중소기업 육성을 통해 지역 일자리를 목표로 합니다.</u>
2. 1월 11일부터 2월 16일까지 진행된 공모에서 11개 광역지자체의 34개 기초지자체가 과제를 신청했으며, ㉡ <u>이 중 22개 기초지자체의 과제와 예비 선정되었습니다.</u>
3. 예를 들어, 강원도 삼척시는 '수소특화 산업단지'를 조성하여 ○○부 사업을 통해 인증 컨설팅과 시장조사를 지원받고, ㉢ <u>창출을 도모합니다.</u>
4. 예비선정된 과제에 대해 6월까지 전략 컨설팅을 제공받고, 지방소멸대응기금 평가 시 가점을 부여받습니다. ㉣ <u>최종 과제는 12월에 선정되며, 선정된 기초지자체는 중기부의 다양한 지원을 받게 됩니다.</u>
5. 각 지방자치단체의 많은 관심과 적극적인 참여를 부탁드립니다.

① ㉠: 이 사업은 중소기업 육성을 통해 지역 일자리를 창출하는 것을 목표로 합니다
② ㉡: 이 중 22개 기초지자체의 과제가 예비 선정되었습니다
③ ㉢: 지역 일자리 창출을 도모합니다
④ ㉣: 최종 과제는 12월에 선정되되, 선정된 기초지자체는 중기부의 다양한 지원을 받게 됩니다

2. 다음 글의 중심 내용으로 가장 적절한 것은?

블록체인 기술은 분산형 데이터 관리와 거래의 투명성을 제공하는 높은 잠재력을 가지고 있으며, 특히 무역금융과 공급망 관리 분야에서 그 활용 가능성이 주목받고 있다. 블록체인은 거래 정보를 암호화하고 네트워크 참여자들과 공유함으로써 조작과 위조를 방지하고 신뢰성을 보장한다. 무역금융 분야에서는 이 기술이 거래 효율성 향상과 비용 절감을 실현하는 도구로서 그 가치를 입증하고 있다.
그러나 블록체인 기반 서비스의 성공적인 운영을 위해서는 기술적 가능성 외에도 여러 조건이 충족되어야 한다. 서비스 플랫폼의 개방성과 공정한 경쟁 규칙, 그리고 참여자 간 신뢰 구축이 필수적이며, 이를 통해 블록체인 기술은 지속 가능하고 확장 가능한 시스템으로 발전할 수 있다. 무역금융에서 블록체인의 성공적인 적용을 위해서는 기술 혁신뿐만 아니라 정치·경제적 이해관계 조율, 법적·제도적 지원, 그리고 참여자 간 신뢰 구축이 병행되어야 한다. 이러한 노력을 통해 블록체인은 글로벌 무역 시스템에 새로운 표준을 제시하고 지속 가능한 성장을 이끌어낼 수 있을 것이다.

① 블록체인 기술은 무역금융에서 거래 비용 절감과 효율성 향상을 가능하게 한다.
② 블록체인의 성공적 활용을 위해 기술 혁신 외에도 신뢰 구축과 공정한 경쟁 규칙 같은 제도적 요건이 필요하다.
③ 블록체인 기반 서비스의 성공을 위해 기술적 혁신만으로 충분하며, 추가적인 요건은 불필요하다.
④ 블록체인 기술은 글로벌 무역 시스템에서 단독으로 새로운 표준을 제시하며 지속 가능한 성장을 보장한다.

3. 다음 글을 읽고 추론한 내용으로 적절하지 않은 것은?

높임법은 화자가 높이려는 대상에 따라서 주체 높임법, 상대 높임법, 객체 높임법으로 분류될 수 있다. 주체 높임법은 화자가 자신보다 나이, 지위가 높은 문장의 주체에 대해 높임의 태도를 나타내는 표현으로, 주체 높임 선어말 어미 '-시-', 조사 '께서'나 특수한 어휘 '잡수시다, 편찮으시다, 계시다' 등을 통해 실현될 수 있다. 상대 높임은 화자가 청자, 곧 말을 듣는 상대에게 높임이나 낮춤의 태도를 나타내는 표현으로, 주로 종결 어미를 통해 실현된다. 가령, '선생님은 댁에 가셨습니다.'의 '-습니다' 같은 높임의 어미들이 있다. 한편 객체 높임은 화자가 문장의 객체, 곧 목적어나 부사어가 지시하는 대상에 대해 높임의 태도를 나타내는 표현으로, 부사격 조사 '-께'나 특수한 어휘인 '모시다, 드리다, 여쭈다(여쭙다), 뵈다(뵙다)'를 통해 실현될 수 있다. 누나가 귀가하여 동생에게 '할머니는 집에 안 계신 거야?'라고 물어보는 경우, 이는 주체 높임이자 상대 높임에 해당한다. 주어가 지시하는 대상인 '할머니'를 높이고 있으므로 주체 높임이고, 동생에게 반말을 하는 상황이기 때문에 상대 높임에도 해당한다. 또한 특수 어휘 '계시다'가 사용되었으므로 특수 어휘를 통해 높임 표현이 실현된 예이기도 하다. 다만, '계시다'와 같은 특수 어휘는 직접 높임에만 쓰일 수 있고, 간접 높임에는 쓰일 수 없음에 유의해야 한다. 따라서 '교장 선생님의 말씀이 계시겠습니다'와 같은 표현은 올바르지 않다. 이때에는 '있으시겠습니다'와 같은 간접 높임의 어휘를 사용해야 한다.

① '아들이 저에게 수학을 여쭤봐요'라는 말은 '여쭈다'가 부사어를 올바르게 수식하고 있는 올바른 객체 높임 표현이다.
② '할아버지께서 요즘에 편찮으시다.'라는 표현에는 주체 높임의 특수 어휘가 올바르게 사용되고 있다.
③ '저는 고객을 위해 항상 노력 중이십니다.'에서 주체 높임의 '-시-'는 주어를 잘못 높이고 있음을 알 수 있다.
④ '할아버지, 아버지께서 학교에 오셨어요.'라고 이야기할 경우 '-어요'를 통해 상대 높임이 실현됨을 알 수 있다.

4. 갑~병의 주장을 분석한 내용으로 적절한 것만을 <보기>에서 모두 고르면?

> 갑: 현대 사회에서 기술 발전과 자동화로 인해 많은 일자리가 사라지고 있다. 이에 따라 실업률이 증가하고, 경제적 불평등이 심화되고 있다. 이러한 문제를 해결하기 위해서는 모든 국민에게 조건 없이 일정한 소득을 제공하는 기본소득제를 도입해야 한다. 기본소득은 빈곤을 해소하고, 사회적 안전망을 강화하며, 국민들의 삶의 질을 향상시킬 것이다. 또한 소비 여력이 증가하여 경제 활성화에도 도움이 된다. 따라서 정부는 기본소득제를 적극적으로 추진해야 한다.
> 을: 기본소득제는 막대한 재원이 필요하며, 현실적으로 지속 가능하지 않다. 국민들에게 일하지 않아도 된다는 메시지를 주어 노동 의욕을 감소시킬 수 있다. 정부는 교육과 직업 훈련을 강화하여 국민이 변화하는 노동 시장에 적응할 수 있도록 지원해야 한다. 또한 사회 안전망을 강화하되, 선별적 복지를 통해 효율성을 높여야 한다. 따라서 기본소득제보다는 적극적인 경제 정책과 효율적인 복지 시스템이 더 효과적이다.
> 병: 기본소득제는 일자리 감소와 빈곤 문제를 해결하는 하나의 방안이 될 수 있다. 그러나 무조건적인 소득 제공은 재정적 부담이 크고, 부작용이 있을 수 있다. 따라서 조건부 기본소득제를 도입하여 일정한 조건을 충족하는 국민에게만 소득을 제공하는 것이 현실적이다. 예를 들어, 취업 활동을 하거나 사회 공헌 활동에 참여하는 사람들에게 기본소득을 지급하는 방안을 고려할 수 있다. 이렇게 하면 재정 부담을 줄이면서도 사회 안전망을 강화할 수 있다. 또한 기술 발전에 따른 노동 시장 변화에 대응하여 국민들의 역량을 강화하는 정책도 병행해야 한다.

<보 기>
ㄱ. 갑의 주장과 을의 주장은 대립하지 않는다.
ㄴ. 을의 주장과 병의 주장은 대립한다.
ㄷ. 병의 주장과 갑의 주장은 대립한다.

① ㄴ   ② ㄷ   ③ ㄴ, ㄷ   ④ ㄱ, ㄴ, ㄷ

5. 다음 글을 이해한 내용으로 적절하지 않은 것은?

> 1930년대, 1940년대의 대표적 극작가인 유치진은 일제 치하에서 비참하게 생활하던 조선 농촌의 모습을 리얼리즘 경향으로 그려내는 데 힘쓴 작가였다. <토막>은 소작농으로 빚을 갚지 못한 경선네가 토막마저 차압 당하고 마침내 고향을 떠나가는 이야기를 그리고 있다. 또한 7년 전에 일본으로 건너가 활동하다가 유골이 되어 돌아온 큰아들을 보고 미쳐버리는 명서네를 병치함으로써 일제 강점기 한국 농민의 비극적인 삶을 잘 보여 주고 있다. 유치진은 당대 최고의 리얼리스트이자 극작가로 평가받았는데, 그는 1920년대 초기에 수용되어 문학인들 사이에 널리 퍼졌던 로맹 롤랑의 민중연극론에서 영향을 받은 것으로 보인다. 유치진이 창작했던 모든 희곡은 민족과 조국, 역사에 직접 다가서는 모습을 보여준다. 그는 <소>가 문제가 되어 경찰서에 끌려갔던 이후로 리얼리즘 현대극에서 역사극으로 창작의 범주를 바꾸기 시작하였다. 해방 이전에는 <춘향전>, <마의태자>를 창작했고 해방 이후에는 <별>, <사육신> 등을 발표하기도 하였다.

① <토막>은 소작농과 일본에서 돌아온 아들의 이야기를 통해 일제 강점기의 비극을 강조한다.
② 유치진은 일제 강점기 조선 농민의 삶을 사실적으로 묘사하며, 조선의 역사와 민족 문제에 직면하는 모습을 보여 주었다.
③ 유치진은 로맹 롤랑의 민중연극론에 영향을 받아 농촌의 비참한 현실을 극화하는 리얼리즘 작가로 평가받았다.
④ 유치진은 리얼리즘 현대극에서 역사극으로 창작의 범주를 바꾸어 비참한 조선 농촌의 모습을 더 생생하게 보여 주었다.

6. 다음 글의 ㉠~㉣ 중 어색한 곳을 찾아 가장 적절하게 수정한 것은?

> 나홀로 아파트는 서울의 주거 환경 변화와 도시 개발 과정에서 독특한 위치를 차지하고 있다. 이러한 아파트는 1990년대 후반부터 증가하기 시작했으며, 초기에는 소규모 개발로 도시 내 공간 활용의 효율성을 높이려는 의도가 있었다. 그러나 ㉠ 나홀로 아파트는 계획적인 도시 개발의 부재로 인해 주변 환경과 조화를 이루지 못하는 경우가 많았다. 2000년대 이후, 나홀로 아파트의 개발 양상에는 일부 변화가 나타났다. 특정 지역에서는 고급화된 설계와 효율적인 공간 활용이 이루어져, ㉡ 지역 주민들의 삶의 질을 개선하는 긍정적인 사례도 보고되었다. 그러나 여전히 대부분의 나홀로 아파트는 1~2인 가구를 대상으로 하는 소규모 주거 공간에 머무르고 있으며, 이를 둘러싼 도시 문제는 해결되지 않았다. 특히, ㉢ 서울의 전반적인 주거 밀도를 낮추고 도시 경관을 아름답게 만드는 개발 방식이 나홀로 아파트의 주요 한계로 지적되고 있다. 한편, 최근 10년간 나홀로 아파트는 1인 가구의 증가와 맞물려 꾸준히 수요가 증가하고 있다. 이에 따라, ㉣ 일부 전문가들은 나홀로 아파트가 단순한 주거 공간을 넘어 지역 사회와의 연계를 강화하고 지속 가능한 도시 구조를 지원할 수 있는 방향으로 개선되어야 한다고 주장하고 있다. 이러한 개선 노력에는 교통 인프라 확충, 주변 지역과의 조화로운 설계, 그리고 주민 참여를 통한 도시 계획 수립 등이 포함될 수 있다.

① ㉠: 나홀로 아파트는 계획적인 도시 개발의 성공 사례로 간주되며, 주변 지역과 완벽한 조화를 이루고 있다
② ㉡: 나홀로 아파트는 주민 생활에 전혀 영향을 미치지 않는 독립적인 요소로 평가되기 시작했다
③ ㉢: 서울의 전반적인 주거 밀도를 높이고 도시 경관을 해치는 개발 방식
④ ㉣: 일부 전문가들은 나홀로 아파트의 확산이 도시 공동체를 해체할 수 있다고 경고

7. 경찰은 다음과 같은 증인의 진술에 따라 용의자 A, B, C, D 중에서 범인을 찾고 있다. 다음 증인의 진술이 모두 참이라고 할 때, 용의자 A~D 중 범인이 몇 명인지 올바르게 고른 것은?

> • A가 범인이 아니면 D도 범인이 아니다.
> • B가 범인이 아니면 C는 범인이다.
> • B가 범인이면 A는 범인이 아니다.
> • C는 범인이 아니다.

① 1명
② 2명
③ 3명
④ 4명

[8-9] 다음 글을 읽고 물음에 답하시오.

역사는 끊임없이 흐르는 거대한 물결이다. 인간의 삶은 이 물결 속에서 끊임없이 방향을 모색하고 변화를 추구한다.

민족주의 역사관은 한 민족의 정체성과 연속성을 역사의 중심에 놓는다. 국가와 민족을 역사의 주요 행위자로 보며, 역사 서술의 목적을 민족의 자부심과 통합에서 찾는다. 19세기 유럽의 국민국가 형성 과정은 이러한 관점을 잘 보여준다. 독일과 이탈리아의 통일 과정에서 역사학자들은 민족적 자긍심을 강조하는 방향으로 역사를 해석했으며, 한국 또한 일제강점기 동안 식민사관에 맞서 자주적인 역사 서술을 발전시켰다.

세계사적 관점은 이와 달리 보다 넓은 시각에서 역사를 ㉠ 바라본다. 특정 민족이나 국가의 경계를 넘어 글로벌한 상호작용의 관점에서 역사를 이해하고자 한다. 산업혁명은 영국의 독자적 발전이 아니라 유럽과 아시아의 복합적 교류 속에서 이해되어야 하며, 한국의 근대화 역시 국제정치와 무역의 맥락에서 설명될 수 있다.

그 어떤 역사 해석도 완전할 수 없다. 우리는 늘 부분적이고 제한된 시각 속에서 역사의 풍경을 바라본다. 진실에 가까워지기 위해서는 다양한 관점의 대화와 상호 이해가 필요하다.

8. 윗글에서 추론한 내용으로 가장 적절한 것은?

① 민족주의 역사관과 세계사적 관점은 모두 국가의 정체성과 자부심을 강조한다.
② 영국에서 산업혁명을 자신들의 주체적인 업적이었다고 강조한다면 이는 민족주의 역사관을 따른 것이다.
③ 세계사적 관점은 한 국가의 발전을 그 국가 내부의 요인만으로 설명하는 것을 원칙으로 삼는다.
④ 민족주의 역사관은 특정 민족의 역사적 경험이 세계사적 변화보다 중요하지 않다고 본다.

9. 문맥상 ㉠의 의미와 가장 가까운 것은?

① 우리나라는 이번 대회에서 우승을 <u>바라본다</u>.
② 불러도 돌아보지 말고 앞만 <u>바라보고</u> 뛰어라.
③ 우리는 각박한 세상 속에서 현실을 제대로 <u>바라보아야</u> 한다.
④ 어느새 내 나이도 중년을 <u>바라본다</u>.

10. 다음 글의 빈칸 ㉠에 들어갈 내용으로 가장 적절한 것은?

인간과 세계를 바라보는 관점은 전통적 실재론에서 행위적 실재론으로 변화해왔다. 전통적 실재론이 인간의 마음과 독립된 고정적 실재를 상정했다면, 바라드의 행위적 실재론은 모든 존재가 물질적-담론적 내부 작용을 통해 끊임없이 재구성된다고 본다. 이러한 관점에서 보면 자아와 타자, 주체와 대상이라는 구분 자체도 내부 작용의 결과물이다. 우리는 흔히 각자가 개별적으로 존재하며 자신만의 고유한 속성을 지니고 있다고 생각하지만, 행위적 실재론에 따르면 모든 존재는 다른 존재와의 관계를 통해 함께 생성된다. 처음부터 독립적으로 주어진 실체란 없으며, 모든 것은 관계의 망 속에서 서로 얽혀 존재한다. 세계, 인간, 시간, 공간 등 우리가 독립적이고 고정된 것으로 여기는 모든 것들도 사실은 내부 작용을 통해 반복적으로 재구성되는 것이다. 우리가 만드는 경계는 일시적이며, 이 경계 만들기 과정에서 배제되는 것들은 또 다른 존재로 생성될 가능성을 지닌다. 이러한 불확정성은 새로운 존재의 출현 가능성을 계속해서 열어두게 된다. 행위적 실재론이 제시하는 이러한 관계적 존재론은 타자와 세계의 변화 가능성에 대한 우리의 인식을 확장시킨다. 기존의 고정된 실체 중심의 사고방식에서 벗어나 모든 존재가 서로 연결되어 있고 끊임없이 변화할 수 있다는 것을 이해하게 되는 것이다. 이처럼 행위적 실재론이 제시하는 관계적 존재론에 따르면 ㉠

① 인간의 마음과 독립된 객관적 실재는 과학적 관찰과 검증을 통해 그 본질적 속성이 규명될 수 있다.
② 모든 존재는 관계의 망 속에서 상호 얽혀있으며, 내부 작용을 통해 끊임없이 재구성되고 변화할 수 있다.
③ 자아와 타자의 구분은 선험적으로 주어진 것이므로 이러한 본질적 경계는 변화시킬 수 없는 것이다.
④ 세계의 본질은 개별적으로 존재하는 고정된 실체들의 독립적 속성에 의해 최종적으로 결정된다.

11. 문맥을 고려할 때, ㄱ~ㅁ을 올바른 순서로 배열한 것은?

비행기가 수평을 유지하려면 자이로스코프로 비행기의 수평각과 *각속도를 측정해야 한다. 자이로스코프는 A/B의 원형 짐벌 두 개가 90도로 겹쳐 있으며 이때 A 짐벌은 고정되어 있고, B 짐벌의 각도만 비행기의 각도에 따라 변화한다.

ㄱ. 이때 측정한 각 수치까지 B 짐벌이 이동한 시간을 이용해 각속도를 계산한다.
ㄴ. 계산 결과를 파일럿이 참고하여 비행기의 기울기를 변화시켜 수평을 유지한다.
ㄷ. 비행기 운항 시, 난기류를 만나면 비행기의 수평이 깨지며 정상 비행을 위해서는 수평을 회복해야 한다.
ㄹ. 수평이 깨지면 자이로스코프에 외부 힘이 가해지고 이 힘은 짐벌을 움직인다.
ㅁ. 외부의 힘에 의해 B 짐벌의 각도가 변화하면 A 짐벌과 B 짐벌 사이의 각도를 측정한다.

*각속도: 특정 축을 기준으로 각이 돌아가는 속력

① ㄷ-ㄹ-ㅁ-ㄱ-ㄴ
② ㄷ-ㄱ-ㅁ-ㄹ-ㄴ
③ ㅁ-ㄹ-ㄱ-ㄴ-ㄷ
④ ㅁ-ㄱ-ㄴ-ㄷ-ㄹ

[12-13] 다음 글을 읽고 물음에 답하시오.

행복은 철학이 시작된 고대 그리스 때부터 중요한 철학 주제 중 하나였다. 행복에 대한 가장 흔한 철학적 견해는 행복이 즐거운 상태, 곧 쾌락이라고 보는 것이다. '쾌락주의'라고 부르는 이 견해는 꼭 육체적이고 말초적인 쾌락만을 염두에 두는 것은 아니다. 예술을 감상하면서 느끼는 지적인 '고급의' (가) 쾌락도 행복으로 받아들인다.

고대 그리스의 에피쿠로스는 평정이나 휴식의 쾌락 같은 정적 쾌락과 육체적 욕망을 만족하는 동적 쾌락을 구분하고, 전자를 추구했다. 쾌락을 적극적으로 추구하다 보면 그 쾌락을 놓치지 않으려고 긴장하고 불안해지게 되는 '쾌락주의의 역설'이 생기니, 고통의 부재와 같은 소극적이고 정적인 쾌락이 진정한 쾌락이 되어야 한다는 것이다.

근대 영국의 공리주의자 벤담의 뒤를 이은 밀은 쾌락을 평가할 때 양뿐 아니라 질도 고려해야 한다고 주장했다. 밀에 따르면 어떤 ㉠쾌락의 양이 아무리 많더라도 다른 ㉡쾌락을 선택한다면 그 쾌락은 질적으로 우월하다. 예를 들어, 돼지의 쾌락보다 모차르트의 ㉢쾌락을 선택하는 이유는 '고상한' ㉣쾌락이 '저급한' 쾌락을 능가한다고 보기 때문이다. 그러나 쾌락 이외에 세련됨이나 고귀함과 같은 가치를 포함하게 되면, 우리가 추구하는 가치는 더 이상 쾌락이 아니라 다른 것이 된다. 이는 쾌락주의자로서 후퇴한 것이라고 평가받는다.

12. 윗글을 읽고 평가한 내용으로 적절하지 않은 것은?
① 시험의 종료로 압박감이 사라져 불안이 사라졌다면, 이는 에피쿠로스의 주장을 강화한다.
② 힘든 과정을 극복하여 공무원 시험에 합격하여 얻은 성취감이 큰 행복감을 유발한다면, 이는 에피쿠로스의 주장을 약화한다.
③ 패스트푸드를 폭식하는 것이 예술적인 음식을 음미하는 쾌락을 능가한다면, 이는 밀의 주장을 약화한다.
④ 극한의 절제와 인내, 강한 신체와 정신을 더 높은 가치로 보는 것은 밀의 주장을 강화한다.

13. ㉠~㉣ 중 문맥상 (가)에 해당하는 의미로 사용되지 않은 것은?
① ㉠
② ㉡
③ ㉢
④ ㉣

14. 다음 글을 읽고 추론한 내용으로 적절하지 않은 것은?

김영랑은 1930년대 경향파의 목적시 대신 문학의 순수성을 옹호하던 시인이었다. 그의 대표작 <모란이 피기까지는>은 모란을 소재로 지상에 피어나는 아름다움의 짧음과, 그로 인해 경험하는 비애의 감정을 다루고 있다. 시인은 '모란이 지고 말면 그뿐 내 한 해는 다 가고 말아 / 삼백예순 날 하냥 섭섭해 우옵네다'라는 표현으로 모란이 떨어지면 느끼는 서러운 감정을 강조하였다. 또한 화자가 기다리는 모란이 피는 시간을 '찬란한 슬픔의 봄'으로 표현함으로써 피어날 모란의 아름다움에서 느끼는 환희의 감정과 곧 사라지고 말 꽃으로 인해 느낄 슬픔까지도 하나의 구절에 담아냈다. 김영랑이 대표적인 순수시인이기는 했으나 이 작품은 시대적 배경과 결합할 때 국권을 잃은 식민지의 암울한 현실에서 경험하는 상실감을 그려낸 것으로도 해석될 수 있다. 이 작품은 세련된 시어와 부드러운 어조로 문학적 아름다움과 섬세함을 표현했다는 점에서 김영랑 시인의 대표작으로 평가받는다.

① <모란이 피기까지는>은 순수시이지만 당시 사회적 배경을 반영하여 해석되기도 한다.
② <모란이 피기까지는>에서 모란이 피고 지는 감정보다는 식민지의 암울한 상실감을 드러내고 있다.
③ <모란이 피기까지는>은 문학적 순수성을 옹호하는 시인이었던 김영랑의 대표작으로, 세련된 시어와 부드러운 어조가 돋보인다.
④ <모란이 피기까지는>에서 화자가 기다리는 봄은 단순한 환희의 시간이 아니라, 슬픔과 환희가 공존하는 시간이다.

15. ㉠~㉤이 모두 참일 때, <보기> 중 적절한 것만을 모두 고르면?

㉠ 시계 중 비싸지 않은 것은 없다.
㉡ 어떤 시계는 방수 기능이 있다.
㉢ 방수 기능이 없는 어떤 것은 정교하다.
㉣ 정교하지 않은 어떤 것은 비싸지 않다.
㉤ 모든 시계가 정교한 것은 아니다.

─ <보 기> ─
(가) 방수 기능이 있는 어떤 것은 비싸다.
(나) 정교하지 않은 어떤 것은 비싸다.
(다) 정교하거나 시계인 것은 존재하지 않는다.

① 가
② 가, 나
③ 나, 다
④ 가, 나, 다

16. 다음 글의 맥락을 고려할 때 빈칸에 들어갈 말로 가장 적절한 것은?

현대 사회에서 사람들은 다양한 온라인 플랫폼을 통해 서로 연결되고, 정보를 공유하며, 새로운 관계를 형성한다. 예를 들어 사람들은 소셜 미디어를 통해 다양한 사람들과 쉽게 연결되고, 자신의 관심사와 관련된 정보를 손쉽게 얻을 수 있다. 이는 개인의 (가) 중요한 요소이다. 그러나, 사회적 네트워크의 발달이 항상 긍정적인 결과를 가져오는 것은 아니다. 일부 연구에 따르면 과도한 소셜 미디어 사용은 오히려 개인의 정신 건강에 부정적인 영향을 미칠 수 있다. 특히, 소셜 미디어에서 다른 사람들의 삶을 관찰하고 비교하는 행위는 자존감을 저하시킬 수 있다. 타인의 성공과 행복을 과장되게 보여주는 게시물들을 지속적으로 접하다 보면 자신의 삶이 상대적으로 초라하게 느껴져 불안감과 우울감을 경험하게 된다. 이러한 현상은 젊은 층에서 더 두드러지게 나타나며, 이로 인해 정신적 스트레스가 증가하고 사회적 고립감이 심화될 수 있다. 따라서 (나) 온라인에서의 활동을 건강하게 관리해야 한다.

① (가): 사회적 자본을 증대시키는
  (나): 사회적 상호작용을 늘리고
② (가): 물질적 자본을 증대시키는
  (나): 사회적 상호작용을 늘리고
③ (가): 사회적 자본을 증대시키는
  (나): 사회적 비교를 피하고
④ (가): 물질적 자본을 증대시키는
  (나): 사회적 비교를 피하고

17. ㉠을 평가한 내용으로 적절한 것만을 <보기>에서 모두 고르면?

심리학자 엘리자베스 로프터스(Elizabeth Loftus)는 기억의 본질과 왜곡 가능성을 탐구하며, 인간의 기억이 얼마나 쉽게 조작될 수 있는지를 보여주는 획기적인 연구를 발표했다. 그녀는 잘못된 정보가 포함된 질문을 실험 참가자들에게 제시하고, 이후 그들이 실제로 경험하지 않은 사건을 기억한다고 주장하는 사례를 분석했다. 로프터스는 실험을 통해, 자동차 사고 영상을 본 참가자들에게 "차량이 서로 부딪혔다(smashed)"라는 단어를 사용하여 질문했을 때 "접촉했다(hit)"라는 단어를 사용했을 때보다 참가자들이 더 빠른 속도와 심각한 충격을 기억한다고 보고했다. 또한, 일부 참가자들은 사고 현장에 없었던 깨진 유리를 봤다고 잘못 기억하기도 했다. 이 연구는 특정한 언어적 단서와 질문 방식이 사람들의 기억을 형성하거나 왜곡할 수 있다는 점을 입증했다. 로프터스는 이를 통해 인간 기억의 유연성을 강조하며, "기억은 단순히 과거를 저장하는 기록이 아니라, 현재의 인식과 사회적 맥락 속에서 재구성되는 역동적인 과정이다."라고 주장했다. 이러한 연구는 ㉠ 기억 왜곡 이론으로 불리며, 법률과 심리학 분야에서 큰 반향을 일으켰다.

─── <보 기> ───
ㄱ. 경찰이 범죄 목격자들에게 "범인이 칼을 들고 있었다고 보셨나요?"라고 질문한 후, 목격자들이 칼을 들지 않은 범인을 칼을 든 것으로 기억한 사례는 ㉠을 강화한다.
ㄴ. 과거에 폭력을 경험하지 않았던 사람들이 심리 치료 중에 전혀 경험하지 않은 폭력을 기억했다고 주장한 사례는 ㉠을 약화한다.
ㄷ. 여러 명의 증인이 다른 질문을 받았음에도 각자 독립적으로 동일한 사건을 기억했다는 사례는 ㉠을 약화한다.

① ㄱ   ② ㄱ, ㄷ   ③ ㄴ, ㄷ   ④ ㄱ, ㄴ, ㄷ

18. 학교 동아리 회장이 다음 임원 선출과 관련된 기록에서 다음과 같은 메모를 발견하였다. 회장이 이 메모를 보고 "아, 민서가 차기 임원이 아니구나!"라고 믿기 위해 보충되어야 할 전제는?

수빈이가 차기 임원이라면, 지훈이가 차기 임원이 아니다. 지훈이와 예빈 중 한 사람만 차기 임원이다. 민서가 차기 임원이 아닐 경우에만, 예빈이 차기 임원이다.

① 수빈이 차기 임원이 아니다.
② 예빈이 차기 임원이 아니다.
③ 지훈이 차기 임원이다.
④ 지훈이 차기 임원이 아니다.

[19-20] 다음 글을 읽고 물음에 답하시오.

기술은 우리의 삶을 형성하는 근본적인 동력이다. 그 본질과 가치를 둘러싼 논쟁은 현대 사회의 핵심적인 지적 도전이다.

기술 중립성 이론은 기술을 가치중립적인 도구로 본다. 기술 그 자체에는 선악이 없으며, 그 영향력은 전적으로 인간의 선택에 달려 있다고 주장한다. 인터넷이나 인공지능 같은 기술은 그 자체로 선하거나 악한 것이 아니라, 어떻게 사용하느냐에 따라 달라진다는 것이다. 이 관점은 기술 혁신의 자유로운 발전을 ㉠ 편들며, 기술 그 자체를 제한하기보다는 인간의 윤리적 판단을 중요시한다.

기술 가치 내재성 이론은 기술이 결코 중립적이지 않다고 본다. 기술은 처음부터 특정한 사회적, 정치적 관점을 ㉡ 품고 있으며, 그 개발 과정 자체에 이미 가치 판단이 깊숙이 ㉢ 끼어들어 있다고 주장한다. 감시 기술이나 도시 교통 시스템은 단순한 기술적 해결책이 아니라 특정 이해관계와 권력 구조를 ㉣ 드러내는 산물로 이해된다.

기술은 우리 사회의 거울이자 그 사회를 형성하는 도구다. 기술에 대한 우리의 관점은 결국 인간의 존엄성과 자유, 그리고 사회의 미래를 어떻게 바라보는지 드러내는 창이 된다.

19. 윗글에서 추론한 내용으로 가장 적절한 것은?
① 기술 중립성 이론을 가진 사람은 인공지능에 대한 발전을 규제하는 것은 옳지 않다고 가치 판단을 내릴 것이다.
② 기술 가치 내재성 이론은 기술을 인간의 윤리적 판단과 무관한 중립적 도구로 간주한다.
③ 기술 가치 내재성 이론은 특정 이해관계와 권력 구조에 따라 인간의 존엄성과 자유가 드러난다고 본다.
④ 기술은 항상 특정 정치적 목적을 가지고 개발되므로, 가치중립적인 기술은 존재할 수 없다.

20. ㉠~㉣과 바꿔 쓸 수 있는 유사한 표현으로 적절하지 않은 것은?
① ㉠: 옹호하며
② ㉡: 내포하고
③ ㉢: 게시되어
④ ㉣: 반영하는

2025 공무원 시험 대비 적중동형 모의고사
국어
▌제3회 ▌

응시번호

성 명

문제책형

제1과목	국어	제2과목	영어	제3과목	한국사
제4과목		제5과목			

응시자 주의사항

1. **시험시작 전 시험문제를 열람하는 행위나 시험종료 후 답안을 작성하는 행위를 한 사람은** 「지방공무원 임용령」 제65조 등 관련 법령에 의거 **부정행위자로 처리됩니다.**
2. 시험이 시작되면 문제를 주의 깊게 읽은 후, **문항의 취지에 가장 적합한 하나의 정답만을 고르며**, 문제내용에 관한 질문은 할 수 없습니다.
3. **답안은 문제책 표지의 과목 순서에 따라 답안지에 인쇄된 순서에 맞추어 표기해야 하며**, 과목 순서를 바꾸어 표기한 경우에도 문제책 표지의 과목 순서대로 채점되므로 유의하시기 바랍니다.
4. 법령, 고시, 판례 등에 관한 문제는 **2025년 4월 30일 현재 유효한 법령, 고시, 판례 등을 기준**으로 정답을 구해야 합니다. 다만, 개별 과목 또는 문항에서 별도의 기준을 적용하도록 명시한 경우에는 그 기준을 적용하여 정답을 구해야 합니다.
5. **시험시간 관리의 책임은 응시자 본인에게 있습니다.**
   ※ 문제책은 시험종료 후 가지고 갈 수 있습니다.

정답공개 및
이의제기 안내

1. 정답공개 일시: 정답가안 6.21.(토) 14:00 / 최종정답 6.30.(월) 18:00
2. 정답공개 방법: 사이버국가고시센터(www.gosi.kr) ➔ [시험문제 / 정답 → 문제 / 정답 안내]
3. 이의제기 기간: 6.21.(토) 18:00 ~ 6.24.(화) 18:00
4. 이의제기 방법
   ■ 사이버국가고시센터 ➔ [시험문제 / 정답 → 정답 이의제기]
   ■ 구체적인 이의제기 방법은 정답가안 공개 시 공지 예정

국 어

1. <공공언어 바로 쓰기 원칙>에 따라 수정한 것으로 적절하지 않은 것은?

   ─────── <공공언어 바로 쓰기 원칙> ───────
   • 표현의 정확성
     - 한글 맞춤법과 표준어 규정을 지켰는가? ········ ㉠
     - 주어와 서술어의 호응을 잘 지켰는가? ········· ㉡
     - 올바른 수식 관계를 지켰는가? ·············· ㉢
     - 어휘를 적합하게 선택하였는가?
     - 대등한 것끼리 접속할 때는 구조가 같은 표현을
       사용하였는가? ······························· ㉣
     - 단락 구성을 짜임새 있게 하였는가?

   ① '출연자는 분장을 하고 나면 로비나 외부로 출입을 삼가 주십시오.'를 ㉠에 따라 '출연자는 분장을 하고 나면 로비나 외부로 출입을 삼가하여 주십시오.'로 수정한다.
   ② '조사 내용은 모든 표본을 대상으로 조사하는 공통 조사 항목과 체류 자격에 따라 추가로 조사하는 항목들이 있습니다.'를 ㉡에 따라 '조사 내용은 공통 조사 항목과 체류 자격에 따른 조사 항목으로 구성되어 있습니다.'로 수정한다.
   ③ '한 편의 글 안에서는 주제와 관련되는 내용들을 유기적 서술함'을 ㉢에 따라 '한 편의 글 안에서는 주제와 관련되는 내용들을 유기적으로 서술함'으로 수정한다.
   ④ '시민의 삶의 질 개선과 도시 위상 강화 방향을 추진해 나간다'를 ㉣에 따라 '시민의 삶의 질을 개선하고 도시 위상을 강화해 나간다'로 수정한다.

2. 다음 글의 ㉠~㉣ 중 어색한 곳을 찾아 가장 적절하게 수정한 것은?

   고령화 사회로 진입한 많은 국가에서 지속 가능한 의료 시스템 구축이 중요한 과제로 떠오르고 있다. 인구의 고령화는 의료 수요 증가와 함께 재정적 부담을 가중하고 있다. 일부 전문가들은 고령화 사회에서 의료 시스템이 ㉠<u>질병 예방보다는 질병 치료에 치중하고 있다고</u> 지적한다. 이는 예방 가능한 질환으로 인한 의료비 증가를 초래하고, 고령 인구의 삶의 질을 저하시키는 결과를 낳는다. 이에 따라, ㉡<u>질병 예방과 건강 관리를 중심으로 한 의료 시스템 전환이 필요하다는 목소리가 커지고 있다.</u> 한편, 고령화가 의료 서비스 제공 방식에도 변화를 요구하고 있다. 예를 들어, 재택 의료와 같은 비대면 서비스가 확대되면서 ㉢<u>의료 기술의 디지털 보안이 핵심 과제로</u> 부각되고 있다. 이러한 변화는 의료 서비스의 효율성을 높일 가능성이 있지만, 동시에 의료 접근성의 불평등 문제를 야기할 위험도 존재한다. 특히, 디지털 소외 계층인 고령자는 이러한 변화에서 배제될 가능성이 크다. ㉣<u>따라서 모든 계층이 디지털 의료 혜택을 누릴 수 있도록 디지털 격차를 해소하려는 노력이 필요하다.</u>

   ① ㉠: 질병 치료보다는 질병 예방에 치중하고 있다고
   ② ㉡: 질병 예방과 건강 관리를 중심으로 한 의료 시스템 전환은 불필요한 비용 증가를 초래한다는 비판이 있다
   ③ ㉢: 의료 기술의 디지털 전환이 핵심 과제로
   ④ ㉣: 그러나 디지털 의료 혜택은 고령화 사회의 경제적 부담을 가중시키는 결과를 초래할 수 있다

3. <지침>에 따라 <개요>를 작성할 때 ㉠~㉣에 들어갈 내용으로 적절하지 않은 것은?

   ─────── <지 침> ───────
   • 서론에서는 청소년 체육활동 감소의 배경과 문제를 설명할 것.
   • 본론에서는 청소년 체육활동 감소로 인한 문제점과 그에 대한 실행 방안을 논의할 것.
   • 결론에서는 체육활동 확대를 위한 개인적 과제와 사회적 과제를 논의할 것.

   ─────── <개 요> ───────
   • 제목: 청소년 체육활동 확대와 건강 증진을 위한 전략
   Ⅰ. 서론
     1. ㉠
     2. 청소년의 체육활동 감소로 인한 건강문제 발생
   Ⅱ. 청소년 체육활동 감소로 인한 문제점
     1. 스트레스 증가 및 정서적 불안정
     2. ㉡
   Ⅲ. 체육활동 확대를 위한 실행 방안
     1. ㉢
     2. 학교와 지역사회 연계를 통한 체육 프로그램 운영
   Ⅳ. 결론
     1. ㉣
     2. 청소년 체육활동을 지원하기 위한 예산 및 정책 강화

   ① ㉠: 과도한 입시 경쟁으로 인한 청소년 체육활동 감소
   ② ㉡: 비만 및 대사 증후군 증가
   ③ ㉢: 체육활동이 내신 및 대학 입시에 반영
   ④ ㉣: 방과 후 체육활동 및 스포츠 클럽 자발적 참여

4. 다음 글의 (가)~(마)를 맥락에 맞게 순서대로 나열한 것은?

   (가) 1980년대 심리학자들은 어떤 단어를 보았을 때 그것과 연관된 많은 단어 중에 어떤 단어가 쉽게 떠오르는지는 그때그때 다르고, 어떻게 다른지 측정할 수 있다는 것을 발견하였다. 이런 현상은 우리의 일상적인 경험과도 일치하며, 여러 실험을 통해 확인되었다.
   (나) 또한 금방 '씻다'라는 단어를 본 사람이라면 '수프'보다 '비누'를 떠올릴 확률이 높다. 이런 현상을 '점화 효과'라 하고, 앞선 단어가 특정 개념을 활성화시켜 관련 단어의 인식을 촉진한다고 설명한다.
   (다) 이를테면 'SO_P'에서 빈칸을 채워 단어를 완성하라고 하면, 최근에 '먹다'라는 단어를 보았거나 들은 사람이라면 순간적으로 'SOAP(비누)'보다는 'SOUP(수프)'란 단어를 떠올리기 쉽다.
   (라) 점화 효과는 여러 형태로 나타난다. 머릿속에 '먹다'라는 개념이 있으면 '수프'란 말이 어렴풋이 들리거나 뿌옇게 보여도 평소보다 빨리 그 단어를 알아볼 것이다. 그리고 수프 외에도 '고기', '배고프다', '다이어트' 등 음식과 관련된 수많은 단어가 떠오르게 된다.
   (마) 여기에서 점화된 개념은 정도는 약할지라도 또다시 다른 개념을 점화할 수 있다. 이런 활성화는 호수에 물결이 일듯이 거대한 연상망의 한쪽에서 주위로 퍼져나간다.

   ① (가) - (다) - (라) - (나) - (마)
   ② (가) - (다) - (나) - (라) - (마)
   ③ (라) - (가) - (다) - (나) - (마)
   ④ (라) - (다) - (나) - (가) - (마)

5. 채림이는 다음 진술에 따라 화법, 작문, 문법, 독해, 문학 중 이번 학기에 수강할 과목을 선택하려고 한다. ㉠~㉤의 진술이 참이라고 할 때, 채림이가 이번 학기에 수강할 과목을 모두 고르면?

> ㉠ 화법을 수강한다.
> ㉡ 작문과 문학 중 적어도 한 과목은 수강한다.
> ㉢ 독해를 수강하면 화법과 문법을 수강하지 않는다.
> ㉣ 문학을 수강하면 문법을 수강하지 않는다.
> ㉤ 작문을 수강하면 독해도 수강한다.

① 화법, 작문
② 화법, 문학
③ 화법, 독해, 문학
④ 화법, 작문, 문법, 문학

6. 다음 글의 중심 내용으로 가장 적절한 것은?

> 유럽연합은 국제법적 협력체를 초월한 초국가적 조직으로 평가된다. 초국가성의 특징은 각 회원국이 일부 주권을 자발적으로 양도하고, 공동의 이익을 위해 독립된 법적 질서를 형성하는 데 있다. 이는 개별 국가의 법률보다 연합법이 우선 적용되도록 함으로써 실질적인 통합의 기반을 제공한다. 유럽사법재판소는 한 판결을 통해 유럽연합법의 자율성을 명확히 하고, 연합법이 회원국의 법률에 우선한다는 점을 강조했다. 후속 판결에서는 회원국의 헌법을 포함한 모든 국내법보다 연합법이 상위에 있음을 확인하였다. 이로써 유럽연합의 법적 질서는 단순한 국가 간 협정을 넘어 회원국 시민들에게 직접적인 권리와 의무를 부여하는 독립적 법체계로 자리매김하였다. 그러나 이러한 초국가성은 회원국 간의 긴밀한 협력과 신뢰를 전제로 한다. 각 회원국은 주요 결정 시 만장일치 동의를 요구하거나 자국의 기본적 헌정 정체성을 유지하면서도 유럽연합의 법적 체계를 수용해야 한다. 이는 초국가성이 회원국의 주권과 독립성을 일정 부분 제한하지만, 동시에 국제적 협력을 통해 보다 나은 결과를 도출하고자 하는 정치적 의지의 반영으로 해석할 수 있다.

① 유럽연합법은 회원국의 법률에 우선 적용되며, 모든 국내법과 동등한 법적 효력을 가진다.
② 유럽사법재판소의 판결은 유럽연합법의 자율성을 보호하고, 회원국의 독립성을 보장한다.
③ 초국가성을 가진 회원국은 회원국의 주권 양도와 독립적 법질서를 형성한다.
④ 유럽연합의 초국가성은 회원국 간 협력과 신뢰를 전제로 하여 법적 통합과 국제적 협력을 도모한다.

7. ㉠~㉢에서 전제가 참일 때, 결론이 반드시 참인 논증을 모두 고르면?

> ㉠ 모든 사회계약론자는 자연 상태에서 인간이 자유롭다고 주장해. 그런데 몇몇 실증주의자는 인간이 자연 상태에서 자유롭다고 주장해. 그렇다면 실증주의자 중에는 사회계약론자가 있어.
> ㉡ 과학적으로 반증될 수 없는 이론은 어떤 것이든 경험적 지식을 제공하지 않아. 그런데 형이상학적 명제는 어떤 것도 과학적으로 반증될 수 없어. 그러므로 경험적 지식을 제공하는 명제는 모두 형이상학적 명제가 아닐 거야.
> ㉢ 모든 의식 있는 존재는 주관적 경험을 가질 수 있어. 그런데 감각적 인식이 가능하지 않은 존재라면 주관적 경험을 가질 수 없어. 주관적 경험을 가질 수 없는 존재라면 감각적 인식이 없어. 따라서 의식 있는 존재 중 감각적 인식을 가지는 존재가 있을 거야.

① ㉠
② ㉡
③ ㉡, ㉢
④ ㉠, ㉡, ㉢

[8-9] 다음 글을 읽고 물음에 답하시오.

> 기억이 어떻게 작용하는지에 대한 연구는 오랜 논쟁거리였다. (가) 정보처리 이론가들은 기억을 단계적으로 처리되는 체계적 과정으로 본다. 이들은 ㉠ 기억이 부호화, 저장, 인출이라는 연속적인 과정으로 이루어지며, 정보가 정확하게 입력될수록 장기적으로 더 안정적인 기억이 형성된다고 주장한다. 반면, (나) 구성주의 심리학자들은 기억을 단순한 저장이 아니라, 개인의 경험과 인지적 해석에 의해 재구성되는 과정이라고 본다. 이들은 ㉡ 기억이 현재의 감정과 맥락에 따라 변형될 수 있으며, 동일한 사건이라도 사람마다 다르게 기억할 수 있다고 주장한다.
> 기억 연구에서 특히 주목받는 것은 기억의 일관성에 대한 문제이다. ㉢ 기억이 체계적이고 정확하게 저장된다는 입장과 기억이 재구성되면서 변형될 수 있다는 입장은 실험 연구를 통해 다양한 방식으로 검증되고 있다. 예를 들어, 일부 연구에서는 특정 단어를 암기할 때 문맥이 제공되지 않으면 재인율이 떨어지는 현상이 관찰되었으며, 이는 ㉣ 기억이 단순한 저장이 아니라 문맥적 요소에 의해 조정될 수 있음을 시사한다. 또한, 기억 왜곡 현상에 대한 연구들은 사람들이 없는 정보를 실제로 경험했다고 믿는 사례를 다루며, 기억의 신뢰성에 대한 논의를 촉진하고 있다. 이처럼 기억에 대한 다양한 입장이 존재하며, 최근 연구들은 기억이 생물학적 처리 과정뿐만 아니라 환경적 맥락과 인지적 해석에 의해 영향을 받을 수 있음을 강조하고 있다.

8. 윗글을 읽고 평가한 내용으로 가장 적절한 것은?
① 기억을 단계적으로 학습한 사람들의 정보 재인율이 일관되게 높다는 연구 결과가 발표된다면, 이는 (가)의 주장을 약화한다.
② 기억이 생물학적 요인보다 학습 환경에 의해 더 크게 영향을 받는다는 연구 결과가 발표된다면, 이는 (가)의 주장을 약화한다.
③ 감정적 경험이 기억의 장기적 저장을 촉진한다는 연구 결과가 발표된다면, 이는 (나)의 주장을 강화한다.
④ 사건의 맥락과 무관하게 사람들은 동일한 정보를 기억한다는 연구 결과가 발표된다면, 이는 (나)의 주장을 약화한다.

9. 문맥상 ㉠~㉣ 중 지시 대상이 함축하는 의미가 유사한 것만으로 묶인 것은?
① ㉠, ㉡ / ㉢, ㉣
② ㉠, ㉢ / ㉡, ㉣
③ ㉠, ㉣ / ㉡, ㉢
④ ㉠, ㉢, ㉣ / ㉡

10. 다음 글의 빈칸 ㉠에 들어갈 내용으로 적절한 것은?

> 많은 사람들이 기술을 사용할 때 이론적 기반을 다지기보다는 즉각적인 응용과 실용화에 초점을 맞춘다. 이는 당장의 성과를 얻고, 자신들의 노력이 무익하지 않다는 것을 입증하며, 세간의 인정을 받아 명성을 얻으려는 의도에서 비롯된다. 이러한 경향은 단기적 이익만을 추구하는 자극적인 기술 개발로 이어지고 있다. 기술의 활용 방식은 무궁무진함에도 불구하고, 실제로 인류의 지적 발전에 기여하는 경우는 극히 드물다. 눈앞의 이익만을 좇는 이러한 기술의 무분별한 사용은 결국 자연환경을 훼손하고 인간의 삶의 질도 저하시킬 것이다. 반면 당장의 수익성은 없더라도 현상의 원리를 이해하고 진리를 탐구하는 데 기여하는 기술들이 있다. 순수하게 사물의 본질을 이해하기 위해 개발된 이러한 기술들은 인류의 지식을 밝히는 등불과도 같다. 이러한 지식은 즉각적인 효용은 없을지 모르나 근본적 원리를 담고 있어 자연과 우주의 신비를 이해하는 데 큰 도움을 준다. 이러한 순수 탐구적 기술의 발전을 장려했던 사회는 자연과의 조화 속에서 문화적 번영과 경제적 풍요를 모두 누릴 수 있었다. 따라서 기술의 진정한 가치는 ㉠ .

① 인류에게 실용적 효과와 경제적 수익을 창출할 수 있게 하는 데 있다.
② 현상의 본질을 탐구하고 인류의 지적 지평을 확장하는 데 있다.
③ 자연과의 조화를 통해 물질적, 경제적 진보 또한 이루는 데 있다.
④ 사회적 인정과 개인의 업적을 입증하는 수단이 되는 데 있다.

11. 다음 글이 시사하는 바로 적절하지 않은 것은?

> 이용악의 시는 서정성과 서사성 사이의 균형, 리얼리즘과 모더니즘 사이의 긴장을 통해 탁월한 성취를 보여준 것으로 평가받는다. 그의 작품은 구절과 문장의 차원, 행과 연의 차원에서 반복 기법을 빈번히 사용하였다. 전자는 리듬을 형성하거나 메시지를 강화하는 기본적 효과를, 후자는 이용악의 시적 정서를 강화하거나 치유하는 시의 근본적 효과를 강화한다. 이용악의 시는 개인의 가족사와 민족 공동의 역사를 동일한 층위에 놓고 다양한 화법과 시점의 이동을 통해 서사적 환기력을 강화하였다. 또한 반복 기법의 활용은 이러한 이용악 작품의 서정적 효과를 극대화하는 요소였다.
>
> 그의 시는 개인의 사건을 기록하면서도 이를 역사적 사건과 연계하여 공동의 기억, 즉 고향과 조국을 상실한 아픔을 문제삼는다. 이용악의 대표작인 <그리움> 또한 '눈이 오는가 북쪽엔 / 함박눈 쏟아져 내리는가'라는 구절을 첫 연과 마지막 연에서 동일하게 반복하고 있다. 화자는 '북쪽'으로 표상되는 고향을 그리워하고 있는데 추운 겨울 밤 잠에서 깨어난 화자는 '눈'을 보고 고향을 떠올린다. 산골 작은 마을에 누군가를 남기고 떠나온 화자는 '잉크병 얼어드는 이러한 밤에 / 어쩌자고 잠을 깨어 / 그리운 곳 차마 그리운 곳'이라는 표현으로 고향을 그리워하는 마음을 드러내고 있다.

① 이용악의 <그리움>에는 처음과 마지막을 반복하여 시적 정서를 강화하거나 치유하고 있다.
② '그리운 곳 차마 그리운 곳'의 반복을 통해 리듬을 형성하고 있음을 알 수 있다.
③ 이용악은 민족 공동의 역사와 개인의 경험을 연관지어 고향과 조국을 상실한 아픔을 극복하고 있다.
④ 이용악의 시는 서정성과 서사성의 균형을 통해 리얼리즘과 모더니즘의 긴장을 드러낸다.

12. ㉠~㉣의 조건이 주어졌을 때, 반드시 참인 진술은?

> ㉠ 우주선에는 탐사팀과 과학팀, 두 개의 팀만 있다.
> ㉡ 탐사팀에 속하지만 임무에 참여하지 않는 사람은 모두 헬멧을 착용한다.
> ㉢ 데이터를 분석하는 사람은 모두 과학팀에 속하지 않거나 임무에 참여한다.
> ㉣ 민재는 우주선의 팀 구성원이며, 임무에 참여하지 않는다.

① 만약 민재가 과학팀에 속한다면, 민재는 데이터를 분석한다.
② 만약 민재가 데이터를 분석했다면, 민재는 헬멧을 착용한다.
③ 민재는 탐사팀에 속한다.
④ 민재는 헬멧을 착용하지 않고, 데이터를 분석하지도 않는다.

13. 다음 글을 읽고 추론한 것으로 옳지 않은 것은?

> 사이시옷은 순우리말로 된 합성어나 순우리말과 한자어로 이루어진 합성어의 어근 사이에 'ㅅ'을 받치어 적는 표기 방식이다. 사이시옷을 받치어 적을 수 있으려면 사잇소리 현상이 발생해야 하는데, 사잇소리 현상이란 복합어에서 뒷말의 첫소리가 된소리로 발음되거나 뒷말의 첫소리 'ㄴ, ㅁ' 앞에서 'ㄴ'소리가 덧나거나 뒷말의 첫소리 모음 앞에서 'ㄴㄴ'소리가 덧나는 경우이다. 이때 모든 앞말은 모음으로 끝나야 한다.
>
> 예를 들어, '나루'라는 단어와 '배'라는 단어는 모두 순우리말이며, '나루'는 모음으로 끝난다. 그리고 '나루'와 '배'를 연결시켜 발음하면 '배'는 [빼]로 발음되기 때문에 사이시옷을 표기할 수 있는 조건이 된다. 따라서 '나룻배'라 표기한다. 마찬가지로, '제삿날(祭祀날)'이라는 단어의 어근인 '제사(祭祀)'는 한자어이며 '날'은 순우리말이다. 또한 '제사'는 모음으로 끝나고 뒷말 '날'의 첫소리 'ㄴ' 앞에서 'ㄴ' 소리가 덧나 [제산날]이라 발음하기 때문에 사이시옷 표기 조건이 성립한다. 따라서 '제삿날'이라 표기한다. '예삿일'이라는 단어의 어근인 '예사(例事)'는 한자어이며 '일'은 순우리말이다. 또한 '예삿'에서 앞 자음으로 끝나고 뒷말이 '이, 야, 여, 요, 유'로 시작하는 단어이므로 ㄴ 첨가가 일어난 후 '예삿'의 'ㅅ'이 [ㄷ]으로 음절의 끝소리 규칙이 되고, 그 이후에 'ㄷ'이 첨가된 'ㄴ'의 영향을 받아 비음 'ㄴ'이 되어 'ㄴㄴ' 소리가 결국 덧나게 된다. 이와 달리, 한자어와 한자어의 조합으로 이루어지는 합성어에서는 사이시옷을 표기하지 않는다. 또한 뒷말이 된소리나, 거센소리로 시작하는 경우에도 사이시옷을 표기하지 않는다. 가령, '화(火)'와 '병(病)'이 결합되는 경우 뒷말의 첫소리가 된소리로 발음 나서 [화뼝]이 되지만 사이시옷이 표기되지 않는다. 또한 '위'와 '층(層)'이 결합되는 경우에 뒤의 명사가 거센소리 'ㅊ'이므로 사이시옷이 표기되지 않는다.

① 순우리말의 결합인 '선지'와 '국'이 결합되면 [선지꾹]으로 발음되므로 사이시옷을 표기할 수 있다.
② '도매'와 '금'은 한자어와 한자어의 결합이므로 [도매끔]으로 발음이 되더라도 사이시옷을 표기할 수 없다.
③ '푸주'와 '간'은 한자어와 한자어의 결합이므로 [푸주깐]으로 발음이 되더라도 사이시옷을 표기할 수 없다.
④ '위'와 '쪽'의 결합인 경우, 뒷말의 첫소리가 된소리이므로 순우리말 '위'가 있더라도 사이시옷을 표기할 수 없다.

14. 다음 대화를 분석한 내용으로 적절하지 않은 것은?

> 갑: 우리 동네 작은 도서관에 변화가 필요하지 않아? 책 읽는 사람도 줄고, 분위기가 너무 정적인 것 같아.
> 을: 맞아, 이대로 두면 사람들이 점점 더 멀어질 수 있어. 하지만 무조건 시끄러운 행사를 하기보다는, 조용히 책을 즐길 수 있는 공간도 확보해야 하지 않을까?
> 병: 그렇지. 대신 특정 시간대에는 독서 모임이나 작가 초청 강연 같은 이벤트를 열면 어때? 그렇게 하면 정적이지 않은 분위기도 만들고, 사람들이 다양하게 참여할 수 있을 것 같아.
> 갑: 좋은 생각이야. 조용한 독서 공간과 활발한 프로그램을 번갈아 운영하면, 서로 다른 취향을 가진 사람이 모두 만족할 수 있겠네.
> 을: 그리고 접근성도 개선하면 어떨까? 시간대를 다양화하거나, 주말이나 저녁 때 독서 모임을 열어서 직장인들도 참여할 수 있게 하는 거야.
> 병: 그렇게 하면 더 많은 사람들이 도서관을 이용할 동기가 생기지 않을까? 무엇보다, 모두가 만족하는 방향으로 도서관 역할을 확장할 수 있을 것 같아.

① 대화 참여자들은 단순한 문제 제기에 그치지 않고 실질적인 실행 방안을 모색하고 있다.
② 대화 참여자들은 서로 다른 의견을 결합하여 협력적인 해결책을 발전시키고 있다.
③ 대화 참여자들은 다양한 관점을 존중하며 개선의 여지를 적극적으로 탐색하고 있다.
④ 대화 참여자 중 한 명은 타인의 의견을 의도적으로 무시하며 대화를 자신의 주장만으로 이끌고 있다.

15. 다음 글의 ㉠과 ㉡에 대한 평가로 올바른 것은?

> 패션계에서는 지속가능한 브랜드를 정의하는 기준이 진화하고 있다. 과거에는 친환경 소재 사용 여부만으로 브랜드의 지속가능성을 평가하는 경향이 있었다. 하지만 최근에는 제품의 전 생애주기에 걸친 환경 영향을 고려해야 한다는 인식이 확산되고 있다. 특히 패션 산업이 글로벌 공급망을 통해 운영되면서, 노동 인권과 지역 상생이라는 사회적 가치에 대한 관심도 높아지고 있다. ㉠ 브랜드의 환경적 실천이 모든 생산 단계에서 이루어지지 않는다면, 그것은 표면적인 친환경 마케팅에 불과하다. 실제로 원료 생산부터 폐기까지 전 과정의 투명한 공개가 없는 친환경 캠페인들이 '그린워싱'이라는 비판을 받고 있다. ㉡ 브랜드의 진정성은 생산 과정 공개라는 형식적 절차를 넘어, 구체적인 환경 개선 성과를 통해 입증된다. 지속가능성 평가 기관들은 실질적인 탄소 배출량 감축, 자원 재활용률 증가, 노동 환경 개선 등 측정 가능한 지표들을 중요하게 고려한다.

① 일부 공정만 친환경적으로 바꾼 뒤 대대적인 친환경 마케팅을 진행한 브랜드들이 소비자 단체로부터 고발당했다면, ㉠은 약화된다.
② 기업이 생산 과정에서는 친환경적이지 않지만, 환경 보호 단체에 기부하거나 숲 조성 프로젝트를 후원하는 경우가 있었다면, ㉠은 약화된다.
③ 생산 과정 공개와 더불어 지역 사회 공헌도가 높은 브랜드들의 친환경 정책이 신뢰를 얻었다는 조사가 있다면, ㉡은 약화된다.
④ 생산 과정을 상세히 공개했으나 실제 환경 개선 효과는 미미했다는 평가를 받아 진정성을 인정 받지 못한 브랜드들의 사례가 있다면, ㉡은 강화된다.

[16-17] 다음 글을 읽고 물음에 답하시오.

> 어떤 예술 작품이 뛰어난 작품으로 평가받는 기준은 객관적으로 존재하는가, 아니면 감상자의 주관적 경험에 따라 달라지는가? 이 질문은 예술을 평가하는 방식에 대한 중요한 논쟁 중 하나이다. 객관주의적 입장에서는 예술의 가치를 결정하는 보편적인 기준이 존재한다고 본다. 구성, 기법, 역사적 중요성, 원작의 독창성 등과 같은 요소들은 작품의 예술성을 평가하는 객관적 지표로 여겨진다. 예를 들어, 르네상스 시대의 미술 작품들은 인체 비례와 원근법을 정교하게 활용하여 높은 예술적 완성도를 보여준다. 이러한 기술적 요소는 누구나 인식할 수 있는 객관적 가치로 간주될 수 있으며, 작품의 미적 수준을 판단하는 기준이 될 수 있다. 또한, 시대를 초월해 영향을 미치는 작품들은 그 문화적·역사적 의미로 인해 높은 가치를 인정받는다.
> 반면, 주관주의적 입장에서는 예술의 가치는 감상자의 경험과 해석에 따라 달라진다고 본다. 어떤 작품이 감동을 ㉠ 주거나 의미 있게 다가오는지는 개인의 취향, 문화적 배경, 정서적 상태에 따라 다를 수 있다. 예를 들어, 한 사람이 추상화에서 깊은 감정을 느낄 수도 있지만, 다른 사람에게는 그저 의미 없는 색과 선의 조합으로 보일 수도 있다. 또한, 예술은 시대와 사회적 맥락에 따라 다르게 해석될 수 있으며, 같은 작품이라도 서로 다른 환경에서 자란 사람들이 전혀 다른 감상을 가질 수 있다.

16. 윗글에서 추론한 내용으로 가장 적절한 것은?
① 객관주의적 입장에서는 예술 작품의 기술적 완성도와 역사적 가치를 예술성 평가의 보편적 기준으로 본다.
② 추상화에 대한 개인의 감상 차이는 작품의 구성과 기법이라는 객관적 지표에 의해 결정된다.
③ 작품의 예술적 가치가 높다고 평가받기 위해서는 시대를 초월한 영향력을 지녀야 한다.
④ 모든 예술 작품은 감상자의 주관적 경험에 의해서만 가치가 결정되므로 객관적 평가는 불가능하다.

17. 문맥상 ㉠의 의미와 가장 가까운 것은?
① 그녀는 나에게 이별을 고하여 고통을 주었다.
② 철수는 대견하게 구는 아이에게 용돈을 주었다.
③ 바쁜 일상이지만 나는 나 자신에게 여유를 주려고 노력한다.
④ 선박 회사에서 일등 항해사에게 가산점을 주었다.

18. 밑줄 친 ㉠을 강화하는 사례로 가장 적절한 것은?

> 일반적으로 특정 재화에 대한 수요 변화 요인에는 대체재의 가격 변화나 특정 재화에 대한 선호도의 변화 등이 존재하지만, 해당 재화에 대한 수요의 변화가 수요 변화를 견인하는 경우도 있다. 이는 경제 외적 요인에서 기인하는 현상으로, 경제 주체가 '나는 남과 다르다'는 점을 의식하고 이를 소비에 반영하는 심리에 의해 유발된다. 이러한 까닭으로 특정 재화에 대해 소비하는 사람들이 많아지는 경우 도리어 그 상품에 대한 수요가 감소하는 경우가 발생한다. 이를 '스놉 효과'라고 한다. 이는 속물 효과, 혹은 백로 효과로도 알려져 있다.
> 스놉 효과와 비슷하게 구매에 대한 심리가 소비에 영향을 미치는 또 다른 현상은 '베블런 효과'이다. 이는 가격이 오르는데도 불구하고 수요가 증가하는 효과를 의미한다. 이 역시 타인과 자신을 구분하고자 하는 심리에서 기인한다. 사치재의 가격 상승에도 불구하고 오히려 수요가 증가하는 것이 이들의 사례이다. 반면 ㉠파노플리 효과는 상류층이 되기를 선망하는 자들의 소비의 행태로 설명할 수 있다. 이는 경제 주체가 특정 재화의 소비를 통해 그러한 재화를 많이 소비하는 집단에 소속된 것과 같은 기분을 느끼고 싶은 이유로 발생한다.

① '갑'은 평소 선호하던 명품 브랜드의 옷이 유행을 타자 그 브랜드에 대한 선호가 다른 브랜드로 옮겨가게 되었다.
② 평소 골프를 즐기던 '을'은 SNS에서 많은 사람들이 여가 생활로 골프를 즐기는 것을 보고 그들과 함께 골프를 즐기기 위해 SNS상에 골프 동호회를 결성했다.
③ '병'은 드라마에 나온 사회적 상류층이 고급 승용차를 타는 것을 보고 자신도 고급 승용차를 구매했고, 그 결과 자신이 사회적 상류층이 되었다는 착각에 빠졌다.
④ '정'은 평소 선호하던 명품 브랜드의 가격보다 그 브랜드와 경쟁 관계에 있는 브랜드의 제품 가격이 상승한 것을 보고 경쟁사 제품에 관심이 생겼고, 이것이 소비로 이어졌다.

19. 다음 글의 맥락을 고려할 때 빈칸에 들어갈 말로 가장 적절한 것은?

> 많은 전문가들은 인공지능 기술이 인간의 삶에 미칠 영향을 분석하고 있다. 최근 연구에 따르면 인공지능은 (가) 양면성을 보이고 있다. 인공지능은 단순하고 반복적인 업무나 위험한 작업을 대체함으로써 인간의 삶의 질을 향상하기도 하지만, 이와 동시에 일자리 감소와 같은 사회적 문제를 야기할 수 있기 때문이다. 주목할 만한 점은 인공지능이 발전할수록 인간 고유의 능력에 대한 재평가가 이루어지고 있다는 것이다. 기계가 대체할 수 없는 창의성과 공감 능력이 더욱 중요해지면서, 교육 분야에서도 변화가 일어나고 있다. 이는 (나) 패러다임의 전환을 의미한다. 실제로 많은 교육기관들이 암기식 교육에서 벗어나 문제 해결력과 감성지능을 키우는 방향으로 교육과정을 재편하고 있다. 한 연구에서는 2030년까지 현재 직업의 60%가 자동화될 것으로 전망하면서, 미래 세대는 평생에 걸쳐 7-8번의 직업 전환을 경험하게 될 것이라고 예측했다. 이는 단순한 지식 전달이 아닌 자기주도적 학습능력과 창의적 문제해결력을 갖춘 인재 양성이 미래 사회에서 더욱 중요해질 것임을 의미하는 것이다. 특히 인공지능이 처리하기 어려운 복잡한 감정적, 윤리적 판단 능력을 기르는 교육이 새로운 교육과정의 핵심으로 자리잡고 있다.

① (가): 기술 발전과 인간 소외라는
   (나): 단순 지식 축적에서 능력 개발로의
② (가): 기술 발전과 인간 소외라는
   (나): 개인 학습에서 협동 학습으로의
③ (가): 생산성 향상과 윤리적 문제라는
   (나): 개인 학습에서 협동 학습으로의
④ (가): 생산성 향상과 윤리적 문제라는
   (나): 단순 지식 축적에서 능력 개발로의

20. 다음 글을 평가한 내용으로 적절한 것만을 <보기>에서 모두 고르면?

> 자유방임주의, 또는 고전적 자본주의는 중상주의에 대한 비판으로 등장하였다. 애덤 스미스는 이 사상의 대표적인 철학자로, 시장의 자생적 질서를 긍정하며 '보이지 않는 손'의 개념을 주장했다. 그는 개인들의 자유로운 사적 이익 추구가 국부의 증진으로 이어진다고 보았다. 따라서, 시장에 대한 국가의 간섭을 최소화하고, 국가는 치안 유지와 시장 질서 보호를 위해 최소한의 역할만 수행해야 한다고 주장했다. 반면, 수정 자본주의는 대공황과 같은 시장 실패에 대한 반응으로 등장하였다. 케인즈는 이 사상의 대표적인 철학자로, 시장의 질서가 제대로 된 기능을 수행하지 못할 때 효율적인 자원 배분과 소득 분배를 이루지 못하는 문제가 발생한다고 지적했다. 그는 이러한 문제를 해결하기 위해 ㉠정부의 적극적인 시장 개입이 필요하다고 주장했다. 구체적으로는, 유효 수요 창출을 위한 정부 개입을 통해 경제를 활성화하고, 국책 사업을 통한 경제 성장을 도모하며, 복지를 증진하는 것이 중요하다고 보았다.

<보 기>
ㄱ. 정부의 재정 지출이 비효율적으로 운영되어 국가 재정에 부담을 주었다면, 이는 ㉠을 약화한다.
ㄴ. 정부의 인프라 투자가 경제 성장과 고용 창출에 긍정적인 영향을 미쳤다면, 이는 ㉠을 강화한다.
ㄷ. 시장의 자율적 회복 능력이 정부 개입 없이도 효과적으로 작동했다는 사례가 있다면, 이는 ㉠을 강화한다.

① ㄱ
② ㄱ, ㄴ
③ ㄴ, ㄷ
④ ㄱ, ㄴ, ㄷ

2025 공무원 시험 대비 적중동형 모의고사
국어
▌제4회▐

응시번호		문제책형
성 명		

제1과목	국어	제2과목	영어	제3과목	한국사
제4과목		제5과목			

응시자 주의사항

1. **시험시작 전 시험문제를 열람하는 행위나 시험종료 후 답안을 작성하는 행위를 한 사람은**「지방공무원 임용령」제65조 등 관련 법령에 의거 **부정행위자로 처리됩니다.**
2. 시험이 시작되면 문제를 주의 깊게 읽은 후, **문항의 취지에 가장 적합한 하나의 정답만을 고르며**, 문제내용에 관한 질문은 할 수 없습니다.
3. **답안은 문제책 표지의 과목 순서에 따라 답안지에 인쇄된 순서에 맞추어 표기**해야 하며, 과목 순서를 바꾸어 표기한 경우에도 문제책 표지의 과목 순서대로 채점되므로 유의하시기 바랍니다.
4. 법령, 고시, 판례 등에 관한 문제는 **2025년 4월 30일 현재 유효한 법령, 고시, 판례 등을 기준**으로 정답을 구해야 합니다. 다만, 개별 과목 또는 문항에서 별도의 기준을 적용하도록 명시한 경우에는 그 기준을 적용하여 정답을 구해야 합니다.
5. **시험시간 관리의 책임은 응시자 본인에게 있습니다.**
   ※ 문제책은 시험종료 후 가지고 갈 수 있습니다.

정답공개 및 이의제기 안내

1. 정답공개 일시: 정답가안 6.21.(토) 14:00 / 최종정답 6.30.(월) 18:00
2. 정답공개 방법: 사이버국가고시센터(www.gosi.kr) ➡ [시험문제 / 정답 → 문제 / 정답 안내]
3. 이의제기 기간: 6.21.(토) 18:00 ~ 6.24.(화) 18:00
4. 이의제기 방법
   ■ 사이버국가고시센터 ➡ [시험문제 / 정답 → 정답 이의제기]
   ■ 구체적인 이의제기 방법은 정답가안 공개 시 공지 예정

국 어

1. <공문서 작성 지침>에 따라 <공문서>의 ㉠~㉣을 수정한 것으로 적절하지 않은 것은?

―― <공문서 작성 지침> ――
- 문장 성분 간의 자연스러운 호응을 고려할 것.
- 필수적인 문장 성분이 생략되지 않도록 유의할 것.
- 목적어와 서술어의 호응을 고려할 것.
- 적절한 접속 조사를 사용할 것.

―― <공문서> ――
빈집 정비 사업 공문

수신 전국 지방자치단체장
(경유)
제목 빈집 정비 사업 추진 안내

1. 한-이탈리아 수교 140주년을 기념하여 이탈리아를 공식 방문 중인 ○○부 장관은 3월 8일 마엔차 지역을 방문해 ㉠ <u>빈집 재생을 통한 지역균형발전 방안을 모색하고 지역소멸 방지 정책을 논의했습니다.</u>
2. 이탈리아의 시칠리아, 칼라브리아 등에서 시행되고 있으며, ㉡ <u>무소멜리시는 2009년부터 3년 이내에 개조하도록 하여</u> 중세식 고택을 보존하고 있습니다.
3. 한국도 인구 감소와 수도권 집중으로 빈집 문제가 심각해지고 있습니다. 현재 13만 2천호의 빈집이 있으며, 특히 인구 감소 지역에 집중되어 있습니다. ㉢ <u>방치하면 치안 문제로 주민 불안이 가중되고</u>, 이는 다시 인구 유출로 이어집니다.
4. ○○부는 올해부터 자치단체와 협력해 빈집 문제에 대응하고, ㉣ <u>지역 활성화에 생활인구 유입을 목표로</u> '빈집 정비 사업'을 본격 추진할 계획입니다.

① ㉠: 빈집 재생을 통한 지역균형발전 방안 모색과 지역소멸 방지 정책을 논의했습니다
② ㉡: 무소멜리시는 2009년부터 빈집을 구입한 사람이 3년 이내에 빈집을 개조하도록 하여
③ ㉢: 빈집을 방치하면 치안 문제로 주민 불안이 가중되고
④ ㉣: 지역 활성화와 생활인구 유입을 목표로

2. A, B, C, D 네 명의 선생님은 학생들의 수학여행을 위해 서로 겹치지 않도록 일본, 중국, 베트남, 호주 중 한 국가를 사전 답사하려고 한다. 네 명의 선생님이 다음 조건에 따라 사전 답사할 국가를 정할 때, C가 사전 답사할 국가를 올바르게 고른 것은?

- A는 일본과 중국을 선택하지 않는다.
- B는 베트남을 선택한다.
- C가 호주를 선택하면 A는 일본을 선택한다.
- A가 호주를 선택하면 D는 일본을 선택하지 않는다.

① 일본
② 중국
③ 베트남
④ 호주

3. 다음 글을 추론한 내용으로 적절하지 않은 것은?

품사의 통용이란 하나의 단어가 문장에서 쓰이는 방식에 따라 서로 다른 품사로 기능하는 현상을 말한다. 한국어에서 특히 명사와 부사, 명사와 조사, 수사와 관형사 등의 통용이 자주 나타난다.
예를 들어 명사는 뒤에 격 조사가 결합이 될 수 있고, 부사는 뒤에 용언을 꾸미는 특성을 지닌다. '처음이 중요하다'의 경우 '이'라는 주격 조사가 결합되었으므로 '처음'은 명사라고 볼 수 있다. 하지만 '나는 그를 처음 만났다'의 '처음'은 뒤의 동사 '만나다'를 수식하므로 부사라고 볼 수 있다. 또한 '많이 먹은 만큼 운동을 해야 한다.'에서 '만큼'은 관형어 '먹은'의 수식을 받고 있으므로 명사라고 볼 수 있지만 '나만큼 너를 좋아하는 사람은 없어'의 '만큼'은 대명사와 결합이 되므로 조사라고 볼 수 있다. 수사는 명사, 대명사와 함께 체언의 일종이므로 뒤에 격 조사가 결합될 수 있지만 수 관형사는 뒤의 체언을 꾸민다. 가령 '철수는 여섯을 모아 갔다'에서 '여섯'은 목적격 조사 '을'이 결합되고 있으므로 수사라고 볼 수 있지만 '철수는 여섯 사람을 모아 갔다'의 '여섯'은 명사 '사람'을 수식하므로 관형사라고 볼 수 있다.

① '아이가 싸운 것은 제 잘못입니다.'의 '잘못'은 서술격 조사가 결합되어 있으므로 명사이지만, '뜻을 잘못 이해하여 시험이 어려웠다.'의 '잘못'은 동사를 수식하므로 부사이다.
② '오늘이 내 생일이다.'의 '오늘'은 주격 조사가 결합되어 있으므로 명사이지만, '그가 드디어 오늘 왔다.'의 '오늘'은 동사를 수식하므로 부사이다.
③ '들어오는 대로 전화 좀 해'의 '대로'는 관형어의 수식을 받으므로 명사이지만 '네 멋대로 일을 처리하면 안 된다.'의 '대로'는 명사 뒤에 결합되므로 조사이다.
④ '비교적으로 날씨가 좋다'의 '비교적'은 격 조사가 결합되어 있으므로 명사이지만, '비교적 교통이 편리하다'의 '비교적'은 뒤의 명사를 수식하므로 관형사이다.

4. 다음 글의 전개 순서로 가장 자연스러운 것은?

사회적 계급이 엄격했던 중세 사회는 사람들이 식사를 하는 방식과 먹는 음식이 사회적 지위를 반영했다.

ㄱ. 소금 그릇이 있는 곳에서 위쪽으로 식탁 끝에 가까운 자리가 상석이었다.
ㄴ. 연회석에서 앉을 자리 또한 소금이 있는 곳을 기준으로 사회적 지위에 따라 결정되었다.
ㄷ. 높은 식탁을 사용했던 계층이 누릴 수 있었던 식사 특권 중 대표적인 것으로 소금에 대한 접근권이 있다.
ㄹ. 18세기까지만 해도 소금은 매우 비싸고 귀했기 때문에 주빈석에 있는 그릇에 놓였는데, 이를 먹을 수 있다는 것은 사회적 지위가 높다는 것을 의미했다.
ㅁ. 중세 유럽에서 왕족과 귀족은 상단에 마련된 높은 식탁에 앉았던 반면, 사회적으로 지위가 낮은 이들은 그들 아래에 있는 낮은 식탁에서 식사를 했다.

① ㄹ-ㄴ-ㄱ-ㅁ-ㄷ
② ㄹ-ㄷ-ㄴ-ㄱ-ㅁ
③ ㅁ-ㄴ-ㄱ-ㄷ-ㄹ
④ ㅁ-ㄷ-ㄹ-ㄴ-ㄱ

[5-6] 다음 글을 읽고 물음에 답하시오.

김광균은 1930년대 모더니스트 중에서 가장 특이한 시적 이미지를 만들어 낸 시인이다. 그는 이성에 바탕을 둔 감각적 이미지와 감성에 바탕을 둔 정서적 이미지를 동시에 구사하여 시적 대상을 형상화해왔다. 모더니즘이라는 관점에서 그의 시를 분석한다면 주지적 경향의 감각적 이미지에 낭만적 경향의 정서적 이미지가 혼재되어 나타난 것이라고 볼 수도 있다. 김광균의 <와사등>은 화자의 시선과 시공간이 상호 융합하는 것이 아니라, 대립적 작용을 ㉠ 일으키면서 독특한 이미지를 형성한다. 작품의 공간은 상방의 하늘, 중앙의 등불, 하방의 거리로 삼분절되어 있다. 이때 상방의 하늘과 하방의 도시적 거리는 이항대립하며 매개항인 등불은 양항을 중재하는 기능을 한다. 하늘이 밝고 조용하게 비어 있는 공간이라면, 지상의 도시 공간은 묘석 같은 고층건물과 무성한 잡초 같은 야경, 넘쳐나는 아우성 소리, 무수한 군중 행렬로 표상된다. 이에 따라 전자에는 긍정적인 의미가, 후자에는 부정적인 의미가 부여되게 된다. 전자가 탈속적이고 생명적인 밝은 공간이라면 후자는 세속적이고 비생명적인 어두운 공간이다. 하늘과 지상의 도시 공간이 대립하는 상황 속에서 이를 중재하는 것은 제목의 와사등, 즉 '차단한 등불'이다.

5. 윗글을 읽고 추론할 수 있는 내용으로 적절하지 않은 것은?
① <와사등>에서 하늘과 도시의 대비는 탈속적 공간과 세속적 공간의 대립으로 이해될 수 있다.
② 김광균의 시는 감각적 이미지와 정서적 이미지가 섞여 독특한 시적 효과를 창출한다.
③ 와사등은 긍정적 이미지인 하늘과 부정적 이미지인 도시 공간을 대립시키는 존재로서 기능한다.
④ <와사등>은 상방의 하늘과 하방의 도시적 거리가 명확하게 대조되면서도, 이 두 공간을 연결하는 중요한 매개체가 존재한다.

6. 문맥상 ㉠의 의미와 가장 가까운 것은?
① 철수는 밝게 웃으며 몸을 일으켰다.
② 여자 혼자 힘으로 쓰러진 가세를 일으켰다.
③ 버스가 부연 먼지를 일으키며 가고 있다.
④ 경제 위기로 인한 빈부격차가 사회 문제를 일으켰다.

7. 다음 글에서 추론한 내용으로 가장 적절한 것은?

계약 자유의 원칙은 개인이 스스로 계약을 체결하고 그 조건을 정할 자유를 최대한 보장해야 한다는 입장이다. 이는 자유시장 경제와 밀접하게 연관되며, 국가가 계약의 내용에 간섭하는 것은 개인의 경제적 자유를 침해할 수 있다고 본다. 고전적 자유주의를 바탕으로 하는 이 원칙은 '계약은 법과 도덕에 반하지 않는 한 존중되어야 한다'는 기본 원칙을 따른다. 고용 계약에서 노동자가 자신의 임금과 근무 조건을 자유롭게 협상할 수 있어야 하며, 국가가 임금 수준이나 노동 시간에 개입하는 것은 계약의 자율성을 훼손한다고 여긴다. 이 원칙은 개인의 책임과 선택을 강조하며, 시장이 자율적으로 운영될 때 가장 효율적인 결과를 가져올 수 있다고 주장한다.
공정성 보호 법리는 계약이 단순한 개인 간의 합의를 넘어, 사회적 형평성과 정의를 반영해야 한다고 본다. 계약은 법적 형식만으로 유효한 것이 아니라, 실질적인 공정성이 보장되어야 한다는 것이다. 고용주와 노동자, 대기업과 중소기업 간의 계약에서 힘의 균형이 불균형할 경우, 공정한 계약이 체결되기 어렵다고 인식한다. 따라서 최저임금제, 소비자 보호법, 약관 규제법과 같은 법적 장치를 통해 계약이 공정한 방식으로 이루어지도록 규제해야 한다고 주장한다. 현대 법원은 불공정 계약 원칙을 적용하여, 지나치게 불리한 계약을 무효화하거나 수정할 수 있는 권한을 가진다.

① 계약 자유의 원칙에 따르면, 개인의 경제적 자유를 보장하는 계약이 법에 저촉된다면 계약의 효력이 인정되지 않을 수 있다.
② 공정성 보호 법리는 계약이 법적 형식보다 사회적 형평성과 정의를 반영하는 실질적인 공정성을 더 보장해야 한다고 본다.
③ 계약 자유의 원칙과 공정성 보호 법리는 계약의 자율성을 최우선 가치로 삼는다.
④ 공정성 보호 법리에 따르면, 계약은 법원의 개입을 통해야만 유효성을 가질 수 있다.

8. 다음 글의 ㉠~㉣ 중 어색한 곳을 찾아 가장 적절하게 수정한 것은?

동아시아 벼농사 체제는 자원을 공유하고 공동체의 협력을 중시하는 구조로, 한국 사회에 독특한 위계질서와 불평등의 기반을 형성하는 데 기여했다. 벼농사 체제에서 ㉠ 자원과 생산물을 평등하게 나누는 방식은 모든 구성원이 협력하도록 유도했으나, 이 과정에서 개인의 독립적 발전보다는 집단 내 서열을 강화하는 결과를 낳았다. 이러한 공동체적 구조는 ㉡ 공동체적 의무와 상호 의존을 중시하는 환경으로 자리 잡기보다는, 위계질서를 강화하여 상호 견제와 질시를 낳는 체계로 변질되었다. 벼농사 체제는 '공동 생산-개별 소유'라는 이중 구조 속에서 공동체 의무가 강하게 작용했으며, 이는 ㉢ 성과에 따른 보상으로 이어졌다. 이로 인해 노동 과정에서 개인의 성과보다 서열이 중요한 요소로 작용했고, 결과적으로 불평등이 당연시되는 사회적 관념이 자리 잡았다. 마지막으로, 벼농사 체제는 ㉣ 구성원 모두에게 균등한 보상과 기회를 보장하는 이상적인 체계라기보다는, 공동체의 규율과 상호 의존을 강요하며 불평등을 정당화하는 기반이 되었다. 이러한 특성은 한국 사회의 연공제와 계층적 보상 체계를 형성하는 데 큰 영향을 미쳤다.

① ㉠: 자원과 생산물을 개별적으로 관리하는 방식
② ㉡: 개인의 독립적 성장이 강조되는 환경
③ ㉢: 서열에 따른 차등 보상
④ ㉣: 구성원의 성과에 따른 개별적 보상 구조

9. 다음 글의 빈칸 ㉠에 들어갈 내용으로 가장 적절한 것은?

법치의 개념은 역사적으로 두 가지 관점에서 발전해왔다. 전제 군주 시대의 법가사상은 군주의 통치를 위한 수단으로서 법을 강조했다. 군주는 법 위에 존재했으며, 법은 백성을 통제하고 부국강병을 달성하기 위한 도구였다. 한비자는 군주가 법도에 의해 통치하되 스스로는 법률의 제재를 받지 않으며, 상벌의 권한을 철저히 장악해야 한다고 주장했다. 상앙 역시 엄격한 법치를 통해 진나라의 통일 기반을 닦았지만, 결국 그의 가혹한 법치는 민심을 잃고 자신의 죽음으로 이어졌다. 이러한 법가사상의 한계는 덕치를 통해 보완될 필요가 있었다. 반면 근대의 법치주의는 영국의 '법의 지배' 원리에서 시작되어, 국왕도 신과 법 아래에 있다는 관념을 발전시켰다. 특히 나치 독일과 같은 전체주의 체제가 법을 통치의 도구로 악용한 것을 반성하며 등장한 실질적 법치주의는 법이 정의와 인권을 실현하는 수단이 되어야 한다고 본다. 이를 위해 권력 분립, 헌법재판, 죄형법정주의 등 다양한 제도적 장치가 마련되었다. 이처럼 법치의 의미는 군주의 통치 수단에서 인권과 정의를 실현하는 제도로 ㉠

① 통치의 효율성과 안정성을 강화하는 방향으로 변화해왔다.
② 형식적 절차와 규범을 체계화하는 방향으로 발전해왔다.
③ 도덕적 가치와 결합하는 방향으로 진화해왔다.
④ 권력을 제한하고 기본권을 보장하는 방향으로 진화해왔다.

10. 다음 글의 전개 방식으로 적절하지 않은 것은?

심폐 소생술은 심폐의 기능이 정지하거나 호흡이 멎었을 때 사용하는 응급처치다. 심장이 멈추고 숨을 쉬지 않는 사람을 발견했다면, 우선 주변에 위험물이 있는지 확인하여 심폐 소생술을 행하는 사람의 안전을 확보해야 한다. 이후 평평하고 딱딱한 바닥에 환자를 반듯하게 눕혀 목을 뒤로 젖히고 가슴압박을 실시한다. 다음에는 주변에 도움을 요청하고, 119에 신고하여 상황을 알린다. 그 후, 양손을 위아래로 겹쳐 깍지를 끼고 아래쪽 손가락을 위로 젖힌 상태에서 가슴뼈의 아래쪽 절반 부위에 깍지를 낀 두 손의 손바닥 뒤꿈치를 댄다. 이 상태에서 가슴 중앙을 5~6cm 깊이, 분당 100-120회의 속도로 30회 압박하되, 손가락 끝이 몸에 닿지 않도록 한다. 이는 흉곽의 절반 이상이 함몰될 정도의 기준으로, 초심자에게는 결코 쉽지 않다. 그러므로 심폐 소생술을 시행하는 사람은 반드시 2분마다 교대되어야 하는데, 이때 가슴압박을 중단하는 시간은 10초를 넘기면 안 된다.

① 심폐 소생술이 무엇인지 정의한 뒤 심폐 소생술 방법을 설명하고 있다.
② 심폐 소생술 방법을 과정의 방식에 따라 설명하고 있다.
③ 구체적인 수치를 제시하여 심폐 소생술 방법을 명확하게 설명하고 있다.
④ 실제 사례를 들어 심폐 소생술을 시행해야 하는 상황과 방법을 설명하고 있다.

11. 다음 중 ㉠을 약화하는 근거로 적절하지 않은 것은?

AI가 급격히 발전하면서 일자리에 미치는 영향에 대한 논의가 활발하다. 한국은행의 연구에 따르면, AI가 국내 일자리 중 약 341만 개를 대체할 가능성이 크다고 한다. 이는 주로 고학력·고소득 근로자들이 맡고 있는 직업들이 AI에 의해 대체될 수 있다는 점에서 주목할 만하다. AI 규제 찬성론자들은 AI로 인한 실업 증가와 그로 인한 사회적 비용을 우려하며, AI 기술의 발전 속도를 조절하고 규제를 강화해야 한다고 주장한다. 이들은 대규모 실업이 발생할 경우 사회적 충격이 클 것이며, 이를 예방하기 위해서는 AI의 발전을 점진적으로 이루어야 한다고 본다. 또한, AI 기술의 발전이 윤리적 문제와 전통적 지적재산권 체계와 충돌할 수 있다는 점도 규제의 필요성을 강조하는 이유 중 하나이다.
반면, ㉠ AI 규제 반대론자들은 신기술이 기존 일자리를 대체하는 것은 역사적으로 항상 새로운 일자리 창출로 이어졌다고 주장한다. 산업혁명과 정보혁명이 그러했듯이, AI 혁명도 새로운 고부가가치 일자리를 만들어낼 것이며, 이는 산업 전반의 생산성 향상과 서비스산업의 확대로 이어질 것이라고 본다. 따라서 이들은 AI 기술의 발전을 가로막는 규제가 오히려 경제 발전을 저해할 수 있다고 우려하며, AI 기술을 적극적으로 수용하고 이를 활용한 새로운 산업을 육성해야 한다고 주장한다.

① AI가 대체한 직업군에서 대규모 실업이 발생하면서 사회적 불안이 증가한 사례가 보고되었다.
② AI 기술의 발전으로 인해 딥페이크 등의 문제가 대두되었고, 이로 인해 여러 법적 분쟁이 발생한 사례가 다수 나타났다.
③ AI가 새로운 일자리를 창조하면서 대규모 실업이 발생하지 않았다는 연구결과가 발표되었다.
④ 새로운 AI 기반 서비스 산업이 빠르게 발전하면서 저학력 노동자의 일자리가 줄었다는 연구 결과가 보고되었다.

12. 지혜는 주말에 할 여가 활동을 정하기 위해 ㉠~㉢과 같은 기준을 세웠다. 이를 따를 때, 반드시 참이라고 할 수 없는 것은?

㉠ 등산을 하면 캠핑을 하지 않는다.
㉡ 영화 감상을 하면 독서를 한다.
㉢ 등산과 영화 감상 중 적어도 하나의 활동은 한다.

① 캠핑을 하면 독서와 영화 감상을 모두 한다.
② 등산을 할 때 독서를 하지 않을 수도 있다.
③ 1개의 활동만 하는 경우는 없다.
④ 3개 이상의 활동을 할 수도 있다.

[13-14] 다음 글을 읽고 물음에 답하시오.

법적 의무의 근거에 관해 두 가지 대립적 입장이 존재한다. (가) 법실증주의는 법적 의무가 국가 권위에 의해 제정된 실정법에 근거한다고 본다. 이에 따르면 법은 사회적 사실로서 존재하며, 도덕적 가치와 독립적으로 효력을 갖는다. 반면 (나) 자연법론은 법적 의무의 궁극적 근거가 보편적 도덕 원리에 있다고 주장한다. 따라서 실정법이 기본적 도덕 원리에 위배된다면 법으로서의 효력을 상실한다고 본다. 이러한 두 입장은 위법한 법률에 대한 태도에서 차이를 보인다. ㉠ 전자는 부도덕한 법이라도 적법한 절차로 제정되었다면 유효하다고 보는 반면, ㉡ 후자는 법의 효력을 부정한다. 예컨대 나치 시대의 유대인 차별법이나 인종차별을 정당화했던 미국 남부의 법률에 대해, ㉢ 이들은 무효로 간주한다.

법적 해석의 방법론에서도 두 관점은 뚜렷한 차이를 보인다. 입법자의 의도에 초점을 맞추는 해석이 ㉣ 두 관점 중 하나와 연결된다면, 정의의 원리를 중시하는 해석은 ㉤ 다른 하나와 이어진다. 현대 법학에서는 두 입장의 장단점을 인정하고 절충적 관점을 모색하려는 경향이 있다. 자연법론의 이상을 인정하면서도 ㉥ 그것의 불명확성과 주관성이라는 약점을 보완하고, 법실증주의의 한계를 인정하면서도 그것의 법적 안정성과 예측 가능성이라는 가치를 수용하려는 시도가 이루어지고 있다.

13. 윗글을 읽고 평가한 내용으로 적절한 것은?
① 독재 국가에서 적법한 절차를 거쳐 제정된 인권 침해 법률이 국제사회에서 무효로 선언된다면, 이는 (가)의 주장을 강화한다.
② 법관들이 동일한 법조문을 해석할 때 개인적 가치관에 따라 판결이 크게 달라진다는 실증 연구가 제시된다면, 이는 (가)의 주장을 약화한다.
③ 실정법의 근본 원칙들이 시대와 문화를 초월하여 유사한 형태로 발견된다는 인류학적 연구 결과가 발표된다면, 이는 (나)의 주장을 강화한다.
④ 다양한 문화권에서 공통적으로 인정되는 보편적 도덕 원칙들이 객관적으로 입증된다면, 이는 (나)의 주장을 약화한다.

14. 문맥상 ㉠~㉥ 중 지시 대상이 같은 것만으로 묶인 것은?
① ㉠, ㉣
② ㉡, ㉣
③ ㉠, ㉤, ㉥
④ ㉢, ㉣, ㉥

15. 다음 글의 ㉠~㉢에 들어갈 접속 부사로 가장 적절한 것은?

지난 100년 동안 한반도의 이상기후 현상은 지속적으로 심화되는 양상을 보이고 있다. 열대야 일수는 매 10년마다 0./9일씩 증가하고 있으며 폭염일수, 강수강도, 980mm 이상의 강한 강수 빈도와 양 모두 증가하고 있는 것으로 보고되었다. 이러한 이상 기후의 발생 빈도와 강도는 미래에도 점점 증가할 것으로 전망되고 있어 대비책이 필요하다. 이러한 이상기후는 기후 의존성이 높은 농가에 직접적인 영향을 미칠 우려가 있다. (㉠) 기후가 변화하게 되면 작물 생산성과 품질을 떨어뜨릴 뿐만 아니라 재배작물종의 변화까지도 초래할 수 있다. (㉡) 고온성 병해충이 확산되면 농작물의 피해가 증가할 수 있으며 원활한 물 공급이 이루어지지 않아 농작물 재배시스템의 붕괴를 초래할 수도 있다. 이로 인해 야기되는 작물 생산성 감소는 농산물 판매가격을 상승시켜 소비자들에게도 부정적 영향을 미치게 되고, 이상기후가 반복될 경우 식량 자급률이 낮은 우리나라에서는 심각한 식량안보 문제를 초래할 수 있다. (㉢) 이상기후 대응기술을 개발하고, 농업인들을 중심으로 이상기후 대응기술을 교육하여 현재의 위기에 대응하기 위해 노력해야 한다.

	㉠	㉡	㉢
①	그런데	뿐만 아니라	그러므로
②	그런데	따라서	이처럼
③	하지만	따라서	이처럼
④	하지만	뿐만 아니라	그래서

16. ㉠~㉣의 관계에 대한 평가로 적절한 것을 <보기>에서 있는 대로 고른 것은?

㉠ 어떤 학생은 성적이 우수하지 않다.
㉡ 어떤 학생은 성실하지 않다.
㉢ 성적이 우수하지 않은 모든 사람은 성실하다.
㉣ 성실한 모든 사람은 성적이 우수하지 않다.

<보 기>
가. ㉠과 ㉢이 참이면 ㉡이 반드시 참이다.
나. ㉡과 ㉢이 참이면 ㉠이 참일 수 있다.
다. ㉠과 ㉣이 참이면 ㉢은 반드시 거짓이다.

① 가
② 나
③ 가, 다
④ 나, 다

17. 다음 글에서 추론한 내용으로 가장 적절한 것은?

중심극한정리란 모든 사건은 정규분포곡선을 따른다는 이론이다. 모든 사건이 정규분포곡선을 따른다면, 비일상적인 사건들이 실제로 일어날 가능성은 거의 없다. 만약 이 이론이 옳다면 비일상적인 사건들은 과감히 무시해야 한다. 기우에 빠지지 않고, 일상적인 사건 중 중요한 사건들에 자원과 에너지를 집중시켜 충실하게 살아가는 것이 지혜로운 삶의 태도이기 때문이다. 그런데 최근 몇 년간 발생한 다음 사건들을 살펴보자.

- 코로나 바이러스가 전 세계를 휩쓸었다.
- 러시아가 우크라이나를 침공했다.
- 팔레스타인이 이스라엘에 로켓을 발사했다.

중심극한정리에 의할 때, 위 사건들은 비일상적인 사건들이다. 중심극한정리에 근거해 예측하면 몇억 년에 한 번 발생할 법한 사건들이다. 그런데 위와 같은 사건들이 정말 몇억 년에 한 번 발생하는가? 과연 비일상적인 사건들이 일어날 가능성이 거의 없다고 말할 수 있을까? 정말 위와 같은 사건들을 과감히 무시하는 것이 맞을까? 성공한 투자자인 탈레브는 비일상적인 사건을 결코 무시해서는 안 된다고 주장한다. 그는 오히려 위와 같은 사건들이 부를 쌓을 수 있는 절호의 기회가 될 수 있으므로, 반드시 비일상적인 사건을 고려해 투자 전략을 세워야 한다고 조언한다.

① 중심극한정리에 따르면 오직 일상적인 사건들만 정규분포곡선을 따른다.
② 중심극한정리에 따라 지혜로운 삶의 태도로 살 때, 에너지를 집중시키지 않는 사건은 비일상적인 사건이다.
③ 탈레브에 따르면 러시아의 우크라이나 침공은 일상적인 사건이다.
④ 탈레브에 따르면 모든 사건은 정규분포곡선을 따른다는 이론은 옳지 않다.

18. 다음 글에서 추론한 내용으로 가장 적절한 것은?

사회적 자본은 현대 사회과학의 핵심 개념이다. 개인과 집단의 상호 작용을 통해 형성되는 무형의 자원은 사회 발전의 중요한 동력이 된다.
구조적 접근은 사회적 자본의 힘을 네트워크의 구조에서 찾는다. 사회적 관계의 형태와 연결망이 자원과 기회의 흐름을 결정한다고 본다. 기업 내에서 여러 부서와 연결된 관리자는 제한된 네트워크 내 직원보다 더 많은 정보와 영향력을 가질 수 있다. 이 관점은 연결의 지형도가 사회적 자본을 만든다고 강조한다.
관계적 접근은 반대로 신뢰와 유대감에 주목한다. 개인 간의 깊은 신뢰와 호혜성이 사회적 자본의 핵심이라고 본다. 신뢰가 높은 공동체는 더 낮은 범죄율, 더 활발한 경제 활동을 만들어낸다. 서로를 믿고 협력하는 조직은 더 높은 효율성을 성취할 수 있다.
결국 사회적 자본은 구조적 네트워크와 관계적 신뢰가 복합적으로 작용하는 과정에서 형성된다. 어느 한쪽에 치우치지 않고 균형 있는 접근이 사회 발전의 핵심 요소가 될 수 있다.

① 사회적 자본은 개인의 성격이나 능력보다 경제적 자산의 축적 여부에 의해 결정된다.
② 사회적 자본은 개방된 네트워크일수록, 관계의 호혜성이 높을수록 더 잘 성취된다.
③ 제한된 네트워크 내에 있는 직원이 개인 간의 깊은 신뢰와 호혜성이 있다면 사회적 자본은 효율적으로 형성된다.
④ 사회적 자본은 오직 개인 간의 신뢰와 협력을 통해 형성되며, 네트워크 구조는 이에 영향을 미치지 않는다.

19. 다음 글의 ⊙의 사례가 포함되어 있지 않은 것은?

피동문은 문장의 서술어가 피동사로 된 문장으로 주어가 당하는 의미를 나타낸다. 짧은 피동의 경우에는 '-이-, -히-, -리-, -기-, -되-' 등의 피동 접미사가 결합되며 긴 피동의 경우에는 '-어지다, -게 되다'가 활용되어 사용된다. 피동문의 남용은 일상생활에서 흔히 보이는 현상인데, 특히 ⊙'이중 피동'을 쓰지 않도록 유의해야 한다.
이중 피동은 피동 표현이 중복되어 잘못된 문법 표현으로 쓰이는데, 주로 피동 접미사와 함께 '-어지다'가 중복 사용되면서 발생한다. 가령, '창문이 닫혀졌다.'의 경우 창문이 닫음을 당하는 의미가 있는 피동문인데, '닫+히+어지+었+다'에서 '-히-'는 피동 접미사, '-어지-'는 긴 피동 표현이므로 잘못된 이중 피동이 쓰였다고 볼 수 있다.

① 최근 독감 의심 환자의 1/2가량은 신종 플루 감염으로 보여짐.
② 그의 이론은 학계에서 널리 밝혀지고 있다.
③ 통신 선로가 드디어 복구되어졌다.
④ 그 소재는 많은 드라마 작가들에게 쓰여졌다.

20. ⊙을 평가한 내용으로 적절한 것만을 <보기>에서 모두 고르면?

코로나19 팬데믹은 기존 복지체계의 한계를 드러내며 보편복지에 대한 사회적 논의를 촉진시켰다. 특히 한국 정부가 시행한 제1차 긴급재난지원금은 소득 수준과 무관하게 전 국민에게 지급되어 보편복지의 가능성을 실험한 사례로 평가된다. 긴급재난지원금은 팬데믹으로 위축된 소비심리를 회복하고, 국민 모두가 국가의 보호 아래 있다는 심리적 안정감을 제공했다. 이는 공동소유와 상호부조를 중시하는 ⊙ 공생주의 원리에 부합한다. 다만 일회성 지원이 아닌 지속 가능한 복지 체계를 마련하기 위해서는 재정 안정성 확보와 더불어 정책의 철학적 정당성이 뒷받침되어야 한다는 지적도 있다.
재정 부담과 포퓰리즘 논란은 국가가 보편복지를 지속 가능하게 운영하기 위해 철학적 비전과 사회적 합의를 구축해야 함을 시사한다. 더욱이 코로나19 이후 기본소득과 보편복지에 대한 논의가 활발히 이어지면서, 국민 사이에서는 복지 확대에 대한 기대와 함께 조세 부담에 대한 인식 전환이 요구되고 있다. 공생주의는 국민의 생존권과 존엄성을 보장하는 것을 국가의 기본 책무로 보며, 이를 위해 보편복지를 확대하고 지속 가능한 재원 조달 방안을 마련해야 한다고 강조한다. 이는 단순한 재분배 차원을 넘어 국민 모두가 공동체 구성원으로서 상호 책임을 나누는 사회로 나아가기 위한 기반이 될 것이다.

<보 기>
ㄱ. 모든 시민에게 의료서비스를 제공하는 국가 의료보험 체계를 도입한 국가들이 의료 접근성 격차 해소와 함께 전체 의료비 지출 효율성도 향상되었다는 국제 비교 연구가 있다면, 이는 ⊙을 강화한다.
ㄴ. 재난 상황에서 상호부조 네트워크가 형성되지 못한 지역사회가 그러한 지역보다 위기 극복 속도가 3배 이상 느렸으며, 심리적 회복력도 낮게 나타났다는 조사 결과가 있다면, 이는 ⊙을 강화한다.
ㄷ. 높은 세율의 보편복지 체계를 운영하는 국가들에서 근로 의욕 저하와 경제 성장률 둔화 현상이 지속적으로 관찰되고 있다는 경제 지표 분석이 발표되었다면, 이는 ⊙을 강화한다.

① ㄱ, ㄴ ② ㄴ, ㄷ ③ ㄱ, ㄷ ④ ㄱ, ㄴ, ㄷ

2025 공무원 시험 대비 적중동형 모의고사
국어
제5회

응시번호		문제책형
성 명		

제1과목	국어	제2과목	영어	제3과목	한국사
제4과목		제5과목			

응시자 주의사항

1. **시험시작 전 시험문제를 열람하는 행위나 시험종료 후 답안을 작성하는 행위를 한 사람은 「지방공무원 임용령」 제65조 등 관련 법령에 의거 부정행위자로 처리됩니다.**
2. 시험이 시작되면 문제를 주의 깊게 읽은 후, 문항의 취지에 가장 적합한 하나의 정답만을 고르며, 문제내용에 관한 질문은 할 수 없습니다.
3. **답안은 문제책 표지의 과목 순서에 따라 답안지에 인쇄된 순서에 맞추어 표기해야 하며, 과목 순서를 바꾸어 표기한 경우에도 문제책 표지의 과목 순서대로 채점되므로 유의하시기 바랍니다.**
4. 법령, 고시, 판례 등에 관한 문제는 **2025년 4월 30일 현재 유효한 법령, 고시, 판례 등을 기준**으로 정답을 구해야 합니다. 다만, 개별 과목 또는 문항에서 별도의 기준을 적용하도록 명시한 경우에는 그 기준을 적용하여 정답을 구해야 합니다.
5. **시험시간 관리의 책임은 응시자 본인에게 있습니다.**
   ※ 문제책은 시험종료 후 가지고 갈 수 있습니다.

정답공개 및 이의제기 안내

1. 정답공개 일시: 정답가안 6.21.(토) 14:00 / 최종정답 6.30.(월) 18:00
2. 정답공개 방법: 사이버국가고시센터(www.gosi.kr) ➔ [시험문제 / 정답 → 문제 / 정답 안내]
3. 이의제기 기간: 6.21.(토) 18:00 ~ 6.24.(화) 18:00
4. 이의제기 방법
   - 사이버국가고시센터 ➔ [시험문제 / 정답 → 정답 이의제기]
   - 구체적인 이의제기 방법은 정답가안 공개 시 공지 예정

국 어

1. <공문서 작성 지침>에 따라 <공문서>의 ㉠~㉣을 수정한 것으로 적절하지 않은 것은?

―――――― <공문서 작성 지침> ――――――
- 필수적인 문장 성분이 생략되지 않도록 주의할 것.
- 주어와 서술어의 호응을 고려할 것.
- 피동·사동 표현이 오용되지 않도록 주의할 것.
- 대등한 것끼리 접속할 때는 구조가 같은 표현을 사용할 것.

―――――― <공문서> ――――――
지역 근로자 정주여건 개선 사업 성과보고

수신 전국 지방자치단체장
(경유)
제목 2023년 지역 근로자 정주여건 개선사업 성과 안내

1. ○○부는 '2023년 지역 근로자 정주여건 개선 사업' 공모를 통해 ○○시, □□군, △△시 3곳을 최종 선정하였습니다. ㉠ 총 120억 원의 특별교부세가 지원되며, 공공임대주택 1개소에는 70억 원, 복합문화센터 2개소에는 각각 25억 원이 지원됩니다.
2. 이번 사업은 기업의 지방 투자를 유도하기 위하여 입지, 인력 공급, 근로자 교육 및 정주여건 등을 패키지로 제공합니다. ○○부는 기업이 지방 이전 후 안정적으로 정착할 수 있도록 ㉡ 지자체의 지원사업과 연계하여 기업에게 특별교부세를 지원해야 합니다.
3. 이를 통해 ㉢ 근로자와 주민의 생활 여건이 개선할 것으로 기대됩니다.
4. ○○부는 올해부터 자치단체와 협력해 ㉣ 빈집 문제와 지역 활성화나 생활인구 유입을 목표로 '빈집 정비 사업'을 본격 추진할 계획입니다.

① ㉠: 선정된 지역에는 총 120억 원의 특별교부세가 지원되며
② ㉡: 지자체의 지원사업과 연계하여 특별교부세를 지원하는 것이 특징입니다
③ ㉢: 근로자와 주민의 생활 여건이 개선될 것으로
④ ㉣: 빈집 문제에 대한 대응과 지역의 활성화나 생활인구의 유입을 목표로

2. 다음 대화를 분석한 내용으로 적절한 것은?

> 갑: 최근 도시에서 옥상 텃밭이 인기를 끌고 있다더라. 아파트나 회사 건물 옥상을 활용해서 채소를 기르는 거야.
> 을: 그런데 도시 농업이 과연 실효성이 있을까? 수확량도 적을 텐데, 관리도 쉽지 않을 것 같아.
> 병: 나는 수확량보다는 도시민들이 농업을 체험하고 이해할 수 있다는 점에 의미가 있다고 봐. 먹거리의 소중함도 깨달을 수 있고.
> 갑: 환경적인 측면에서도 도움이 될 것 같아. 도시의 온도를 낮추고 공기도 정화할 수 있으니까.
> 을: 좋은 점도 있겠지만, 안전이나 관리 책임 같은 현실적인 문제도 따져봐야 할 것 같아. 누가 어떻게 책임지고 운영할 건지.
> 병: 맞아. 누가 어떻게 책임지고 운영할 건지 주민들과 지자체가 협력해서 정해야 할 필요성이 있는 거 같아.

① 대화 참여자 중 한 명은 논의 과정에서 긍정적 입장에서 부정적 입장으로 선회하고 있다.
② 대화 참여자 중 한 명은 상대방의 우려를 해소할 구체적 근거를 제시하고 있다.
③ 대화 참여자 중 한 명은 자신의 실패 경험을 바탕으로 문제점을 지적하고 있다.
④ 대화 참여자 중 한 명은 자신과 대립되는 측이 주장하는 문제를 인정하는 균형 잡힌 태도를 보인다.

3. 다음 글의 (가)~(라)를 맥락에 맞게 순서대로 나열한 것은?

> (가) 이렇게 가짜 뉴스는 더 이상 동요나 입소문을 통해 퍼지지 않는다. 누구나 쉽게 이용하는 매체에 '정식 기사'의 얼굴을 하고 나타난다. 감쪽같이 변장한 가짜 뉴스들은 대중이 뉴스를 접하는 채널이 신문·방송 같은 전통적 매체에서 포털, SNS 등의 디지털 매체로 옮겨 가면서 쉽게 유통되고 확산된다.
> (나) 우리는 거짓이 사실을 압도하는 사회에서 살고 있다. 사실에 사회적 맥락이 더해진 진실도 자연스레 설 자리를 잃었다. 2016년에 옥스퍼드 사전은 세계의 단어로 '탈진실'을 선정하며 탈진실화가 국지적 현상이 아니라 세계적으로 나타나는 시대적 특성이라고 진단했다.
> (다) '21세기형 가짜 뉴스'의 특징은 논란의 중심에 글로벌 IT 기업이 있다는 점이다. 이들은 뉴스 유통 플랫폼으로서 정보의 흐름을 통제하는 역할을 하지만, 정보의 진위나 품질에 대한 충분한 필터링 체계를 갖추지 못했다는 비판을 받고 있다. 이로 인해 허위정보가 무분별하게 확산되는 현상이 심화되고 있다.
> (라) 탈진실의 시대가 시작된 것을 반증하기라도 하듯 '가짜 뉴스'가 사회적 논란거리로 떠올랐다. 가짜 뉴스의 정의와 범위에 대해선 의견이 여러 갈래로 나뉜다. 2017년 2월 한국언론학회와 한국언론진흥재단이 주최한 세미나에서는 가짜 뉴스를 '정치적·경제적 이익을 위해 의도적으로 언론 보도의 형식을 하고 유포된 거짓 정보'라고 정의하였다.

① (가) - (나) - (라) - (다)
② (가) - (다) - (라) - (나)
③ (나) - (라) - (가) - (다)
④ (나) - (라) - (다) - (가)

[4-5] 다음 글을 읽고 물음에 답하시오.

과학적 이론의 선택 기준은 오랜 기간 논쟁의 중심에 있어 왔다. 일부는 실험과 관찰을 통해 검증될 수 있어야 한다고 주장하는 반면, 일부는 내부적으로 논리적 일관성이 중요하다고 본다.

경험적 검증을 중시하는 입장에서는 과학이 관찰과 실험을 바탕으로 구축된다는 점을 강조한다. 뉴턴의 역학 법칙은 행성의 운동을 정밀하게 예측할 수 있었기에 오랫동안 과학적 사실로 인정받았지만, 이후 아인슈타인의 상대성 이론이 이를 수정하며 더 정밀한 예측을 가능하게 했다. 이처럼 과학 이론은 지속적으로 경험적 증거를 통해 검토되고 발전한다.

반면, 논리적 일관성을 강조하는 입장에서는 개별 법칙들이 조화를 이루며 논리적으로 연결되는 것이 중요하다고 본다. 예를 들어, 상대성 이론은 발표 초기 충분한 실험적 증거가 없었으나, 기존 물리학과 수학적 원리와의 정합성을 유지하며 설득력을 가졌다. 이후 중력 렌즈 현상과 중력파 검출 등의 증거가 발견되면서 그 타당성이 더욱 강화되었다.

과학적 이론은 경험적 검증과 논리적 일관성이 조화를 이룰 때 더욱 신뢰를 ㉠ 얻을 수 있다. 경험적 데이터가 부족하면 과학적 근거가 약해지고, 논리가 부족하면 설명력이 떨어진다. 따라서 두 기준을 균형 있게 충족하는 것이 과학 발전의 핵심이라 할 수 있다.

4. 윗글에서 추론한 내용으로 가장 적절한 것은?
① 뉴턴의 역학 법칙은 아인슈타인의 상대성 이론보다 경험적 검증이 더 중요하게 작용했다.
② 중력 렌즈 현상과 중력파 검출은 물리학 이론의 발전 과정에서 가장 중요한 발견이었다.
③ 과학적 이론의 발전에는 논리적 일관성보다 경험적 검증이 더 핵심적인 역할을 한다.
④ 뉴턴의 역학 법칙은 경험적 데이터와 논리적 일관성이 부족해져 아주 정밀한 예측은 하기 어려워졌다.

5. 문맥상 ㉠의 의미와 가장 가까운 것은?
① 그는 친구의 도움에 용기를 <u>얻고</u> 하던 일을 계속했다.
② 박 씨는 어찌나 재주가 용하던지 그 노랑이 김 씨로부터 장리 빚까지 <u>얻어</u> 썼다는군.
③ 일할 사람을 <u>얻는</u> 일이 쉽지가 않다.
④ 친구에게서 중요한 정보를 <u>얻어</u> 위기를 극복할 수 있었다.

6. 다음 대화의 ㉠에 들어갈 말로 가장 적절한 것은?

> 지훈: 이번 운동 종목 조사 결과를 보니까, 수영을 하거나 자전거를 타는 사람은 존재하지 않더라.
> 혜진: 맞아. 그런데 달리기를 하고 자전거를 타지 않는 사람은 존재하지 않아.
> 지훈: 아, 그러면 ㉠ .

① 수영, 자전거, 달리기를 모두 하지 않은 사람이 있겠구나
② 수영, 자전거, 달리기를 모두 한 사람이 있겠구나
③ 수영, 자전거, 달리기를 모두 한 사람은 없겠구나
④ 수영을 한 사람 중 달리기를 하지 않은 사람이 있겠구나

7. 다음 규정을 바탕으로 표준 발음을 탐구한 내용으로 적절하지 않은 것은?

> 표준 발음법 제4항은 국어의 단모음 발음을 규정해 놓은 것으로, 이에 따르면 'ㅏ ㅐ ㅓ ㅔ ㅗ ㅚ ㅜ ㅟ ㅡ ㅣ'의 10개 모음은 단모음으로 발음한다. 이중 'ㅚ, ㅟ'는 이 조항의 [붙임]에 의해 각각 [ㅚ/ㅞ], [ㅟ/wi]에서처럼 이중 모음으로도 발음할 수 있다.
> 표준 발음법 제5항은 이중 모음에 대한 규정으로, 'ㅑ ㅒ ㅕ ㅖ ㅘ ㅙ ㅛ ㅝ ㅞ ㅠ ㅢ'는 이중 모음으로 발음하도록 했다. 그런데 이들 이중 모음은 경우에 따라 단모음으로 발음할 수 있다. 우선, '가져[가저]'와 같이 용언의 활용형에 나타나는 '져, 쪄, 쳐'의 'ㅕ'는 [ㅓ]로 발음한다는 단서 조항이 있다. 또, '예, 례' 이외의 'ㅖ'는 [ㅔ]로도 발음한다고 밝혀 두었다. 이는 '예, 례'는 [ㅖ]로만 발음됨을 알 수 있다. '가령 '혜택'은 [혜택/헤택]으로 발음되지만 '혼례'는 [홀례]로만 발음이 된다. 또, 단어의 첫음절의 '의'는 표기대로 [ㅢ]로 발음되지만 단어의 첫음절 이외의 '의'는 [ㅣ]로, 조사 '의'는 [ㅔ]로 발음함도 허용한다고 밝혀 두었다. 이에 따라 '예의'는 [예이]로, '우리의'는 [우리에]로도 발음할 수 있다. 한편, 자음을 첫소리로 가지고 있는 음절의 'ㅢ'는 [ㅣ]로 발음하도록 했다. 즉, '희망'은 표기대로 읽을 수 없고, [히망]으로 발음해야 한다.

① '폐해'를 [페해]로 발음하는 것은 표준 발음에 해당하지 않는다.
② '정의의 심판'에서 '정의의'를 [정이에]로 발음하는 것은 표준 발음에 해당한다.
③ '쳐서'는 [처서]로 발음할 수 있다.
④ '의지'를 [이지]로 발음하는 것은 표준 발음에 해당하지 않는다.

8. <지침>에 따라 <개요>를 작성할 때 ㉠~㉣에 들어갈 내용으로 적절하지 않은 것은?

― <지 침> ―
- 서론은 주제의 정의와 그 중요성을 설명할 것.
- 본론은 세 개의 장으로 나누되 두 번째 장과 세 번째 장의 하위 항목이 호응하도록 구성할 것.
- 결론은 본론과 조화를 이루며 층간소음 문제 해결 시의 기대 효과와 향후 전망을 제시할 것.

― <개 요> ―
- 제목: 공동주택 층간소음 문제와 해결 방안
- Ⅰ. 서론
  1. 공동주택 층간소음의 정의
  2. ㉠
- Ⅱ. 층간소음 문제의 현황
  1. 층간소음으로 인한 이웃 간 갈등 사례
  2. ㉡
- Ⅲ. 층간소음 문제의 원인과 부작용
  1. 건축 구조적 문제로 인한 소음 발생
  2. 층간소음으로 인한 심리적 스트레스 증가
- Ⅳ. 층간소음 문제 해결 방안
  1. 소음 차단 건축기술 도입
  2. ㉢
- Ⅴ. 결론
  1. ㉣
  2. 층간소음 문제 해결을 위한 지속적인 관심 필요

① ㉠: 층간소음 문제로 인한 사회적 갈등 증가
② ㉡: 층간소음의 심리적 영향에 대한 종합평가
③ ㉢: 층간소음 방지법 제정 및 시행으로 피해 완화
④ ㉣: 주거 환경 개선과 생활의 질적 향상

9. ㉠~㉣ 중 어색한 곳을 찾아 수정하는 방안으로 가장 적절한 것은?

　　부모가 자녀를 살해한 뒤 자살하는 참극을 자녀의 인권유린과 폭력, 범죄의 관점으로 바라보지 않고 '동반자살'이라 부르며 동정하는 시선에는 가족주의가 진하게 배어 있다. 살해의 비윤리성보다는 가족이 운명공동체이므로 ㉠ 부모가 끝까지 책임을 지기 위해 자식의 목숨도 결정할 수 있다는 전제가 있는 것이다. 한국의 가족주의는 이처럼 부모의 무한책임 정서 위에 구축되어 있으며 여기에서 자녀의 독립적 인격과 개별성은 무시된다. 그런데 이러한 현상은 ㉡ 동아시아 유교문화권에서 특징적으로 관찰된다. 일본, 한국, 대만, 홍콩은 부모의 자녀 살해 후 자살 사건을 '가족 동반자살'이라고 부르며 마치 가족 구성원 전체의 자발적 결정인 양 다룬다. 하지만 중국 본토에서는 이러한 유형의 사건이 거의 발견되지 않으며 그런 사건이 발생하더라도 언론은 이를 한국·일본과 달리 '가족 자살'이라 부르지 않고 '윤리 참극'이라고 지칭한다. 중국 본토에서는 엄격히 살인 행위임을 강조하고 ㉢ 자녀는 부모의 소유물이지만, 함부로 부모가 그 생사 여부를 결정할 수 없는 국가의 성원이라고 본다. ㉣ 한국과 일본에서는 '가족' 윤리가 우위에 있지만 중국에서는 '개인' 윤리가 우선하는 것이다.

① ㉠: 부모가 자녀의 운명을 결정해서는 안 된다는
② ㉡: 중국 본토에서 주로 많이 발견된다
③ ㉢: 자녀는 부모의 소유물이 아니며
④ ㉣: 한국과 일본에서는 '가족' 윤리가 경시되었지만

10. 다음 글의 빈칸 ㉠에 들어갈 내용으로 가장 적절한 것은?

　　과학의 발전 과정에서 패러다임의 변화는 중요한 의미를 지닌다. 패러다임이란 과학계가 공유하는 가정, 기법, 방법론, 전문용어, 세계관 등을 총칭하는 것이다. 기존 패러다임 하에서 과학자들은 세부 사항을 채우고 난제를 해결하는 정상 과학 활동을 수행한다. 이때는 모든 구성원이 같은 규정과 용어를 사용하기 때문에 연구의 타당성을 판단하는 것이 비교적 용이하다. 그러나 해결할 수 없는 난제나 부합하지 않는 경험적 사실이 누적되면 과학혁명이 발생하게 된다. 이 과정에서 서로 다른 패러다임이 경쟁하게 되는데, 과학자들이 서로 다른 용어와 세계관을 가지고 있어 단순한 경험적 비교만으로는 우열을 가리기 어렵다. 그럼에도 불구하고 새로운 패러다임은 결국 과학계의 합의를 통해 정착된다. 이는 반증된 진술의 수와 같은 경험적 기준과, 활발한 연구 활동을 이끌어내는 것과 같은 비경험적 기준이 함께 작용한 결과이다. 개별 과학자들이 이론에 부합하는 관찰 결과를 정리하는 과정에서 점차 통일된 세계관이 형성되고, 이러한 개별적 결정들이 모여 전체 과학계의 합의된 결론으로 발전하는 것이다. 따라서 과학혁명 시기의 패러다임 전환은 　㉠　.

① 객관적 사실의 축적을 통해 자연스럽게 이루어지는 진보의 과정이다.
② 소수 천재 과학자들의 혁신적 발견이 다수에게 수용되는 설득의 과정이다.
③ 기존 패러다임의 한계를 극복하며 새로운 체계가 정립되는 불연속적 변화의 과정이다.
④ 새로운 패러다임은 기존 체계와 조화를 이루며 점진적으로 발전하는 과정을 통해 정착된다.

11. 다음 글의 맥락을 고려할 때 빈칸에 들어갈 말로 가장 적절한 것은?

　　전쟁 상황에서 정치 지도자의 언어는 단순한 표현이 아니라, 대중을 설득하고 여론을 조작하는 강력한 수단이 된다. 특히, 블라디미르 푸틴과 볼로디미르 젤렌스키의 전쟁 연설을 분석하면, 정치적 갈등 속에서 언어가 어떻게 사용되는지 분명하게 드러난다. 푸틴의 연설은 정당화와 피해자 서사를 중심으로 구성된다. 그는 러시아의 군사 작전을 '특별 군사 작전'이라고 부르며, 우크라이나를 서방의 도구로 묘사하면서 러시아의 안보를 위협하는 존재로 규정한다. 또한, 서방 국가들이 러시아를 고립시키려 한다는 서사를 구축하며, 자국민에게 애국심과 결속을 강조한다. 이러한 방식은　(가)　전형적인 전쟁 수사의 특징을 보여준다.

　　반면, 젤렌스키의 연설은 저항과 희생의 서사를 중심으로 전개된다. 그는 우크라이나가 '민주주의를 수호하는 최전선'에 있으며, 러시아의 침략이 정당하지 않음을 강조한다. 또한, 국제사회의 지원을 호소하면서 우크라이나 국민들에게 저항의 중요성을 부각한다. 그의 언어는 감성적 호소를 기반으로 하며,　(나)　전략을 사용한다. 두 지도자의 수사는 각각 다른 방식으로 대중을 설득하고 있으며, 이는 단순한 언어적 차원이 아니라 국제 정치와 전쟁의 방향을 결정짓는 요소로 작용한다. 전쟁 속에서 언어는 단순한 정보 전달의 도구가 아니라, 현실을 재구성하고 여론을 움직이는 중요한 전략임을 다시금 확인할 수 있다.

① (가): 외부의 적을 부각하여 내부 결속을 강화하는
　(나): 우크라이나를 희생자로 묘사함으로써 전 세계의 동정을 유도하는
② (가): 자국의 역사적 정통성을 강조하여 침략을 합리화하는
　(나): 우크라이나를 희생자로 묘사함으로써 전 세계의 동정을 유도하는
③ (가): 외부의 적을 부각하여 내부 결속을 강화하는
　(나): 군사적 승리의 가능성을 강조하여 자국민의 사기를 고취하는
④ (가): 자국의 역사적 정통성을 강조하여 침략을 합리화하는
　(나): 군사적 승리의 가능성을 강조하여 자국민의 사기를 고취하는

12. ㉠~㉣에 대한 평가로 적절한 것을 <보기>에서 모두 고르면?

㉠ 어떤 고객은 특별 할인 혜택을 받지 않는다.
㉡ 회원이 아닌 사람은 특별 할인 혜택을 받는다.
㉢ 회원인 사람은 특별 할인 혜택을 받지 않는다.
㉣ 어떤 고객은 회원이다.

━━━━ <보 기> ━━━━
㉮ ㉠과 ㉡이 참일 경우 ㉣은 거짓일 수 있다.
㉯ ㉠과 ㉢이 참일 경우 ㉣은 반드시 참이다.
㉰ ㉢과 ㉣이 참일 경우 ㉠은 반드시 참이다.

① ㉯
② ㉰
③ ㉮, ㉰
④ ㉯, ㉰

13. 다음 글을 평가한 내용으로 적절하지 않은 것은?

> 과학적 발견은 우연과 체계적인 연구가 결합된 복합적인 과정이다. 많은 과학자들은 과거의 우연한 발견들이 과학적 진보에 중요한 역할을 했다고 주장한다. 예를 들어, 페니실린의 발견은 알렉산더 플레밍이 실험 중 우연히 곰팡이가 세균을 죽이는 효과를 발견하면서 이루어졌다. 이런 우연한 발견은 과학의 발전에서 중요한 순간이었으며, 계획되지 않은 실험이 과학적 돌파구를 만들 수 있음을 보여준다.
> 그러나 다른 입장에서는 우연한 발견이 과학의 본질적인 발전 과정을 과장되게 설명한다고 비판한다. 그들은 체계적이고 계획적인 연구와 실험이 과학적 발견의 핵심이라고 주장하며, 페니실린과 같은 발견조차도 뒤따르는 체계적인 실험과 연구 없이는 진정한 과학적 혁신으로 이어지지 못했을 것이라고 본다. 이 입장에 따르면, 과학적 발견은 계획된 연구의 산물이며, 우연적인 요소는 극히 제한적이다.

① 음극선(전자 빔)이 특정 물질을 통과할 때 발생하는 현상을 연구하다가 인체 내부를 촬영하는 'X선'을 발견했다면, 이는 체계적 연구보다 우연적 요소의 중요성을 강화할 수 있다.
② 과학적 혁신이 체계적 연구의 결과로만 이루어진다는 주장이 학계에서 받아들여진다면, 이는 우연한 발견의 역할을 약화할 수 있다.
③ 멘델이 수년간 완두콩을 재배하며 형질(색깔, 모양 등)의 유전 패턴을 체계적으로 분석하여 DNA 구조 발견의 기반을 제공했다면, 이는 체계적 연구의 중요성을 강화할 수 있다.
④ 전자 현미경이라는 새로운 기술이 개발되면서 이를 활용해 기존에 몰랐던 바이러스를 분석하여 구조를 규명했다면, 이는 체계적 연구의 중요성을 약화할 수 있다.

14. 다음 글에서 추론한 내용으로 가장 적절한 것은?

> 예술이란 무엇이며, 그것이 현실과 어떤 관계를 맺는가에 대한 논의는 고대 철학에서도 중요한 문제였다. 플라톤과 아리스토텔레스는 예술의 본질을 바라보는 방식에서 큰 차이를 보인다.
> 플라톤은 예술을 이데아의 모방으로 간주하였다. 그의 철학에 따르면 우리가 감각하는 현실 세계는 완전한 존재가 아니라, 보다 높은 차원의 이데아를 불완전하게 모방한 것이다. 따라서 예술은 현실을 흉내 내는 이차적인 모방에 불과하며, 이는 진리에 도달하는 데 방해가 될 수 있다고 보았다. 예를 들어, 화가는 사과를 그릴 수 있지만, 그 그림은 실제 사과가 아니며, 더욱이 실제 사과조차도 이데아로서의 완벽한 사과를 온전히 구현하지 못한다. 이런 이유로 플라톤은 예술이 인간의 진리 인식을 왜곡할 위험이 있다고 보았으며, 심지어 『국가』에서 시인과 예술가들을 이상적인 국가에서 배제해야 한다고 주장하기도 했다.
> 반면, 아리스토텔레스는 예술이 단순한 모방이 아니라 현실을 해석하고 정리하는 방식이라고 보았다. 그는 예술이 인간 경험을 반영하면서도 이를 재구성하여 보다 깊은 의미를 전달할 수 있다고 주장했다. 특히 비극을 통해 관객이 '카타르시스'를 경험한다고 보았는데, 이는 감정을 정화하고 삶에 대한 이해를 돕는 과정이다. 즉, 아리스토텔레스에게 예술은 단순한 모방이 아니라 인간 삶의 진리를 효과적으로 전달하는 수단이었다.

① 플라톤은 예술이 이데아를 직접적으로 표현할 수 있다고 보아 예술가들의 역할을 중시했다.
② 아리스토텔레스는 예술이 현실을 있는 그대로 모방해야만 카타르시스를 일으킬 수 있다고 주장했다.
③ 고대 철학에서는 철학자들이 예술의 가치를 부정적으로 평가했다.
④ 아리스토텔레스는 예술이 현실을 재구성하여 인간 삶의 진리를 전달할 수 있다고 보았다.

15. 다음 글의 ㉠을 약화하는 근거로 가장 적절한 것은?

> 플라톤은 그의 저서 《국가》에서 철학자가 지배하는 이상적인 국가, 이른바 '철인왕'이 다스리는 국가를 제시하였다. 플라톤은 이 이상국가에서 정의를 실현하기 위해 각 개인이 자신의 능력에 따라 역할을 분담하고, 철학자가 통치하는 것이 가장 이상적이라고 보았다. 그는 철학자가 진리를 탐구하고, 이성에 기반한 통치를 통해 사회를 이끌어 나가야 한다고 주장했다. 이러한 철인왕 체제는 사회의 조화를 이루고, 모든 구성원이 각자의 역할을 다할 때 정의가 실현될 수 있다는 플라톤의 신념에 근거한다.
> 반면, ㉠ 플라톤의 이상국가 개념에 대한 비판도 존재한다. 일부 철학자들은 철인왕의 통치가 지나치게 엘리트주의적이며, 민주적 절차와는 거리가 멀다고 비판한다. 이들은 플라톤의 이상국가가 현실적인 실현 가능성이 없고, 다양한 의견과 가치가 존중되지 않는 비현실적인 사회를 상정하고 있다고 주장한다. 또한, 철학자가 통치하는 체제는 권력의 집중을 초래할 위험이 있다고 경고한다.

① 여러 국가에서 엘리트 그룹이 주도하는 정책 결정이 오히려 사회적 안정과 번영을 가져온 사례가 보고되었다.
② 현대 사회에서 철학적 지식과 이성을 바탕으로 정책을 결정하는 사례들이 점차 늘어나고 있다는 연구 결과가 발표되었다.
③ 플라톤의 이상국가 개념이 엘리트주의를 강조하면서, 다양한 사회적 가치를 수용하지 못할 수 있다는 우려가 제기되었다.
④ 권력의 집중이 사회적 불안을 초래할 수 있다는 점에서, 철인왕 체제의 위험성을 경고하는 학자들이 늘고 있다.

16. 다음 글을 읽고 추론한 내용으로 적절하지 않은 것은?

> 일제강점기에 태어나 일제강점기에 사망한 이육사는, 문학과 행위를 일치시킨 보기 드문 시인이었다. 그의 시는 한시 3편을 포함하여 총 39편이 발굴되었다고 알려져 있다. <교목>은 <절정>과 함께 육사의 생애를 집약하고 선비 정신의 치열성과 강렬성을 형상화한 대표작으로 꼽힌다. 시의 제목인 '교목'은 줄기가 곧고 굵으며 높이 자라는 나무를 말하며, 선비의 자세를 나타내는 표상이다. 교목이 예로부터 교목세가, 교목세신이라는 말이 있었고 여러 대를 현달한 지위에 있으며 나라와 고락을 같이한 집안을 가리키는 뜻으로도 사용되어 왔다는 점에서 교목이란 나라와 운명을 같이 하려는 정신을 표상하는 것이다. 교목은 외부의 압력에 불타기는 했지만 하늘에 우뚝 남아 서 있는데 불에 탔으니 꽃을 피우지 못한다. 교목은 이상적 세계인 하늘을 지향하지만 그 세계에 닿을 수 없기에, 호수 속에 비친 푸른 하늘에 뛰어들어 신념을 실현하고자 한다. 이는 표현론적으로 볼 때는 역설에 해당하는데 호수에 투신하는 것은 바로 죽음을 뜻하기 때문이다. 이 작품은 미래에 대한 대안이 제시되어 있지 않다는 점에서 비판받기도 하지만, 더 이상 선택의 여지가 없었던 상황에서 삶과 죽음의 문제를 초월한 작가의 확고한 신념을 드러낸 수작이다.

① <교목>에서 교목은 하늘에 닿을 수 없기에 호수 속에 비친 푸른 하늘에 뛰어들어 신념을 실현하고자 한다.
② <교목>은 나라와 운명을 같이 하려는 정신을 표상하는 작품이지만, 미래에 대한 대안은 제시하지 않았다는 한계가 있다.
③ 교목은 우뚝 남아 서 있으므로 이는 신념을 지키며 살아가기를 지향하는 선비의 자세를 나타낸다.
④ <절정>은 <교목>과는 달리 미래에 대한 대안을 드러냄으로써 시적 성취를 이룬 작품이다.

[17-18] 다음 글을 읽고 물음에 답하시오.

루소는 사회계약론에서 인간 사회의 불평등과 억압을 해결하고, 진정한 평등이 실현된 이상 사회를 이루기 위한 방법으로 사회계약을 제안했다. 그는 각 개인이 자신의 자연적 권리를 공동체에 ㉠ 넘겨줌으로써, 모든 사람의 이익을 대변하는 '일반의지'를 바탕으로 공공선을 추구하는 정치 공동체를 형성해야 한다고 주장했다. 이러한 사회에서는 구성원이 개인의 이익보다 공동체 전체의 이익을 우선시할 때 비로소 진정한 평등과 자유가 ㉡ 지켜질 수 있다고 보았다. 그러나 루소의 이론은 몇 가지 현실적 한계를 지닌다. 예를 들어, 그는 절대왕정의 부패를 ㉢ 막고 일반의지에 따른 통치를 실현하기 위해 모든 시민이 정기적으로 모여 통치자를 교체하는 집회를 열 것을 제안했으나, 당시 유럽 국가들의 인구 규모와 절대 군주의 강력한 권력을 고려할 때 이 방식은 비현실적이었다. 또한, 루소는 교육과 종교의 역할을 통해 개인이 공동체의 이익을 우선하는 도덕적 존재로 성장하도록 지도해야 한다고 강조했다. 하지만 이를 통해 통치자의 이기적 성향을 변화시키는 데는 근본적 한계가 있었다. 루소의 이론은 이상적인 사회의 형태를 제시했으나, 실질적으로 이를 ㉣ 나타내기 위해서는 추가적인 제도적 보완이 필요함을 보여준다.

17. 윗글의 중심 내용으로 가장 적절한 것은?
① 루소는 모든 개인이 공동체의 이익을 추구하는 도덕적 의무를 가질 때만 사회 계약이 성립된다고 주장하였다.
② 루소는 교육과 종교를 통해 절대왕정을 옹호하며, 이를 통치 구조의 근간으로 삼아야 한다고 주장하였다.
③ 루소는 사회계약을 통해 공공의 이익을 우선하는 정치 공동체의 중요성을 강조하였지만 현실적인 제한점이 존재했다.
④ 루소는 유럽 국가들이 일반의지를 실현할 수 있도록 전 시민이 무력 혁명을 주도할 것을 권장하였다.

18. ㉠~㉣과 바꿔 쓸 수 있는 유사한 표현으로 적절하지 않은 것은?
① ㉠: 양도함
② ㉡: 보수될
③ ㉢: 방지하고
④ ㉣: 구현하기

19. 세 명의 학생 A, B, C는 물리, 화학, 생명과학, 지구과학 중 각각 두 과목을 골라 수강하려고 한다. 세 학생이 다음 조건에 따라 수강할 과목을 정할 때, A가 수강할 과목으로 올바른 것을 모두 고르면?

- A는 물리를 수강하지 않는다.
- B가 화학 또는 지구과학을 수강하면 A는 물리를 수강한다.
- A가 생명과학을 수강하면 C는 물리를 수강하지 않는다.
- C는 물리를 수강한다.

① 물리, 생명과학
② 화학, 생명과학
③ 화학, 지구과학
④ 생명과학, 지구과학

20. ㉠을 평가한 내용으로 적절한 것만을 <보기>에서 모두 고르면?

미르치아 엘리아데의 저서 『성과 속』은 성스러운 것과 속된 것의 구분을 통해 종교적 현상을 탐구한 중요한 고전이다. ㉠ 엘리아데는 인간의 경험을 성과 속으로 나누어 설명하며, 성스러움은 종교적 인간의 경험에서 중요한 역할을 한다고 주장하였다. 그에 따르면 성스러운 것은 초월적이고 절대적인 실재로, 이는 인간이 신화와 의식을 통해 경험할 수 있다. 그는 신화가 상징과 이야기를 통해 성스러움을 표현하고, 종교적 인간은 이를 통해 세계를 실재적인 것으로 만들 수 있다고 보았다. 이러한 성스러운 경험은 인간에게 삶의 의미와 목적을 부여하며, 종교적 의식과 관습을 통해 체험된다. 반면, 속된 것은 일상적이고 세속적인 경험으로 성스러운 것과 대비된다. 현대의 비종교적 인간은 우주를 불투명하고 무의미한 존재로 인식하며, 자연의 신성함을 느끼지 못한다. 그러나 엘리아데는 이러한 비종교적 인간도 무의식 속에 종교적 체험의 가능성을 간직하고 있다고 보았다. 그는 인간이 극단적 상황에서 실존적 위기를 경험할 때 종교적 본질을 회복할 수 있다고 주장함으로써 성스러움이 인간의 삶에서 갖는 의미를 밝히려 시도하였다.

<보 기>
ㄱ. 신화와 상징이 성스러운 것을 표현하지 못하고 인간 경험에 중요한 역할을 하지 않는다는 실증적 연구가 발표된다면, 이는 ㉠의 주장을 약화한다.
ㄴ. 제2차 세계대전 중에 독일군 포로가 된 병사들이 실존적 위기를 느낀다면, 이는 ㉠의 주장을 강화한다.
ㄷ. 현대 사회에서 종교적 의식이 여전히 중요한 역할을 한다는 사례가 보고된다면, 이는 ㉠의 주장을 강화한다.

① ㄱ
② ㄱ, ㄷ
③ ㄴ, ㄷ
④ ㄱ, ㄴ, ㄷ

2025 공무원 시험 대비

적중동형 봉투모의고사

Vol. 2

국 어

| 제6회 ~ 제10회 |

합격까지

박문각

2025 공무원 시험 대비 적중동형 모의고사
국어
▌제6회▐

응시번호

성 명

문제책형

제1과목	국어	제2과목	영어	제3과목	한국사
제4과목		제5과목			

응시자 주의사항

1. **시험시작 전 시험문제를 열람하는 행위나 시험종료 후 답안을 작성하는 행위를 한 사람은** 「지방공무원 임용령」 제65조 등 관련 법령에 의거 **부정행위자로** 처리됩니다.
2. 시험이 시작되면 문제를 주의 깊게 읽은 후, **문항의 취지에 가장 적합한 하나의 정답만을 고르며**, 문제내용에 관한 질문은 할 수 없습니다.
3. **답안은 문제책 표지의 과목 순서에 따라 답안지에 인쇄된 순서에 맞추어 표기해야 하며**, 과목 순서를 바꾸어 표기한 경우에도 문제책 표지의 과목 순서대로 채점되므로 유의하시기 바랍니다.
4. 법령, 고시, 판례 등에 관한 문제는 **2025년 4월 30일 현재 유효한 법령, 고시, 판례 등을 기준**으로 정답을 구해야 합니다. 다만, 개별 과목 또는 문항에서 별도의 기준을 적용하도록 명시한 경우에는 그 기준을 적용하여 정답을 구해야 합니다.
5. **시험시간 관리의 책임은 응시자 본인에게 있습니다.**
   ※ 문제책은 시험종료 후 가지고 갈 수 있습니다.

정답공개 및
이의제기 안내

1. 정답공개 일시: 정답가안 6.21.(토) 14:00 / 최종정답 6.30.(월) 18:00
2. 정답공개 방법: 사이버국가고시센터(www.gosi.kr) ➡ [시험문제 / 정답 → 문제 / 정답 안내]
3. 이의제기 기간: 6.21.(토) 18:00 ~ 6.24.(화) 18:00
4. 이의제기 방법
   ■ 사이버국가고시센터 ➡ [시험문제 / 정답 → 정답 이의제기]
   ■ 구체적인 이의제기 방법은 정답가안 공개 시 공지 예정

박문각

국 어

1. <공문서 작성 지침>에 따라 <공문서>의 ㉠~㉣을 수정한 것으로 적절하지 않은 것은?

―――― <공문서 작성 지침> ――――
• 문장 성분 간의 호응을 고려할 것.
• 문장이 이어질 때는 적절한 연결사를 사용할 것.
• 불필요한 표현을 사용하지 않도록 주의할 것.
• 필요한 문장 성분이 생략되지 않도록 할 것.

―――――― <공문서> ――――――
○○부

수신 전국 지방자치단체장
(경유)
제목 고향사랑 지정 기부제 시행 안내

○○부는 고향사랑 지정 기부제를 6월 4일(화) 오전 9시부터 공식 시행한다고 밝혔습니다. 지정 기부란 ㉠ 지방자치단체가 지역사회 문제, 취약계층을 지원하기 위해 준비한 사업들 중에서 기부자 본인이 기부금이 사용되기를 원하는 사업을 지정하여 하는 기부입니다. 기존의 일반기부는 ㉡ 기부자가 원하는 지자체에 기부하는 방식일 뿐만 아니라 지정기부는 미리 준비된 지자체의 '사업'에 기부한다는 점에서 차이가 있습니다. 즉, 일반기부의 경우 지자체가 모은 기부금을 사용할 사업을 추후에 정하지만, 지정 기부는 ㉢ 기부자가 미리 본인의 기부금이 사용될 사업과 지원대상을 알면서 기부하기에 만족감이 더욱 높아질 것으로 기대됩니다. ㉣ 지역사회에 실질적인 도움이 되기를 기원합니다.

① ㉠: 지방자치단체가 지역사회 문제를 해결하고, 취약계층을 지원하기 위해
② ㉡: 기부자가 원하는 지자체에 기부하는 방식인 반면에
③ ㉢: 지정 기부를 선택한 기부자가 미리 본인의 기부금이 사용될 사업과 지원 대상을 알면서 기부
④ ㉣: 이 제도가 지역사회에 실질적인 도움이 되기

2. 갑~병의 주장을 분석한 내용으로 적절한 것만을 <보기>에서 모두 고르면?

갑: 장 폴 사르트르의 실존주의는 '실존은 본질에 선행한다'고 주장하는 입장이며 나는 이에 동의한다. 그는 인간이 먼저 존재하고, 그 후에 자신의 본질을 정의한다고 보았다. 따라서 인간은 자신의 선택과 행동에 대한 전적인 책임을 지니며, 외부의 규범이나 본질에 의존하지 않는다. 그는 '인간의 주체적 존재'를 강조하며, 개인의 자유와 책임을 중시한다. 이러한 관점에서 실존주의는 개인의 자유와 책임을 강조하며, 인간의 주체적 존재를 중심으로 한다.

을: 프리드리히 니체는 '신은 죽었다'고 선언하며 전통적인 가치 체계의 붕괴를 강조하였는데 나는 그의 관점을 지지한다. 그는 기존의 도덕적 규범이나 사회적 기대에 얽매이지 않고, 스스로의 가치와 목적을 찾아야 한다고 본다. 니체는 '초인' 개념을 통해, 개인이 자신의 한계를 극복하고 새로운 가치를 창조해야 한다고 주장하였다. 따라서 니체의 실존주의는 개인의 창의성과 자기 초월을 강조하며, 기존의 도덕적 틀을 넘어서는 자유로운 선택을 중시하는 철학이라고 할 수 있다.

병: 카를 야스퍼스는 실존주의가 인간의 주체성과 자유를 강조하는 동시에, 그 자유가 가져오는 불안과 고독을 인정한다고 보았는데 나는 그의 관점을 지지한다. 그는 인간이 본질적으로 무한한 가능성을 가지고 있지만, 그로 인해 존재의 불확실성과 고독을 겪는다고 주장하였다. 야스퍼스는 '경계 상황'을 통해 인간이 자신의 존재를 직면하고, 이를 통해 진정한 자아를 발견할 수 있다고 보았다. 따라서 실존주의는 단순히 자유를 찬양하는 것이 아니라, 그 자유가 가져오는 심리적 부담과 존재적 위기를 이해하고 수용하는 데 중점을 둔다.

―――― <보 기> ――――
ㄱ. 갑의 주장과 을의 주장은 대립한다.
ㄴ. 을의 주장과 병의 주장은 대립한다.
ㄷ. 병의 주장과 갑의 주장은 대립하지 않는다.

① ㄱ
② ㄴ
③ ㄷ
④ ㄱ, ㄷ

3. 한 레스토랑의 셰프는 고객들의 선호도를 조사하던 중, 설문지에 다음과 같은 메모를 발견하였다. 셰프가 이 메모를 보고 "아, 고객들이 스테이크를 가장 좋아하는구나!"라고 믿기 위해 보충되어야 할 전제는?

파스타가 고객들이 가장 좋아하는 음식이 아닐 경우에만, 피자는 고객들이 가장 좋아하는 음식이 아니다. 피자와 샐러드 중 하나만 고객들이 가장 좋아하는 음식이다. 샐러드가 고객들이 가장 좋아하는 음식이 아니라면, 스테이크는 고객들이 가장 좋아하는 음식이다.

① 고객들이 샐러드를 가장 좋아한다.
② 고객들이 파스타를 가장 좋아한다.
③ 파스타는 고객들이 가장 좋아하는 음식이 아니다.
④ 피자는 고객들이 가장 좋아하는 음식이 아니다.

[4-5] 다음 글을 읽고 물음에 답하시오.

아름다움은 절대적인 기준에 의해 결정되는가, 아니면 시대와 문화에 따라 달라지는가? 이는 오랫동안 철학과 미학에서 논의되어 온 문제이다.

보편적 미를 주장하는 입장에서는 아름다움이 인간의 본성에 내재한 보편적 기준을 ㉠ 따른다고 본다. 예를 들어, 고대 그리스에서는 조화, 균형, 비율을 아름다움의 필수 요소로 여겼으며, 이러한 원리는 오늘날에도 건축, 회화, 조각 등 다양한 예술 분야에서 중요한 역할을 한다. 황금비율을 적용한 조각이나 건축물이 시대와 문화를 초월해 미적으로 우수하게 평가받는 것은 이러한 보편적 미의 존재를 뒷받침하는 사례로 볼 수 있다. 또한, 대칭적인 얼굴이 많은 문화권에서 매력적으로 평가되는 경향도 인간이 미를 공통적으로 인식하는 방식이 존재함을 시사한다.

반면, 상대적 미를 주장하는 입장에서는 아름다움이 시대와 문화에 따라 다르게 정의된다고 본다. 예를 들어, 중세 유럽에서는 신체적 아름다움보다 종교적 숭고함이 더 중요한 미적 가치로 여겨졌으며, 17세기 바로크 시대에는 역동적이고 화려한 형태가 미의 기준이 되었다. 현대에도 미의 기준은 지역과 문화에 따라 차이를 보인다. 서구에서는 날씬한 몸매가 미의 이상으로 간주되는 반면, 일부 아프리카나 폴리네시아 문화권에서는 풍만한 몸매가 건강과 아름다움의 상징으로 여겨진다.

4. 윗글에서 추론한 내용으로 가장 적절한 것은?
① 바로크 시대의 미적 가치는 중세 유럽의 종교적 숭고함보다 더 보편적이었다.
② 각 시대와 문화권에 따라 중요하게 여기는 미적 가치와 기준이 다르게 나타난다.
③ 현대 사회에서는 문화권과 관계없이 날씬한 몸매가 미의 기준으로 자리 잡았다.
④ 황금비율이 적용된 건축물은 모든 문화권에서 가장 완벽한 형태의 미로 인정받았다.

5. 문맥상 ㉠의 의미와 가장 가까운 것은?
① 국회에서는 법에 따라 일을 처리하였다.
② 증시가 회복됨에 따라 경제도 서서히 회복되어 간다.
③ 그는 아버지의 뜻을 따라서 법대에 진학했다.
④ 아무도 어머니의 음식 솜씨를 따를 수 없다.

6. 다음 글에서 추론한 내용으로 적절하지 않은 것은?

음절의 끝소리에서 두 개의 자음이 동시에 발음될 수 없다. 따라서 음절의 끝이나 자음 앞에서 두 개의 자음 중 하나가 탈락해야 하는데 이를 자음군 단순화 현상이라 한다. 예를 들어, 명사 '값'의 경우, 종성에 자음이 두 개 있으므로 하나가 탈락해야 한다. 이러한 경우, 'ㅅ'이 탈락하여 최종적으로는 [갑]으로 발음된다. 음절 뒤에 자음이 연결되는 경우에도 동일한 현상이 발생한다.

한편, 뒤에 모음이 연결되는 경우에는 형태소의 성질에 따라 양상이 달라질 수 있다. 겹받침 뒤에 모음으로 시작하는 형식 형태소, 즉 모음으로 시작하는 조사나 어미, 접사가 오는 경우에 겹받침 중 뒤에 위치한 자음을 형식 형태소의 초성으로 그대로 연음한다. 예를 들어, '값이'의 경우, '이'가 조사이므로 형식 형태소이다. 이러한 경우 겹받침 중 뒤의 자음인 'ㅅ'을 '이'의 초성으로 연음시켜 최종적으로는 [갑씨]로 발음한다. 겹받침 'ㅄ'의 경우에는 연음 시에 'ㅅ'이 된소리가 된 채로 넘어가기 때문이다. 하지만 '값있다'의 경우, 용언의 어간 '있-'은 실질 형태소이므로 겹받침 중 'ㅅ'을 탈락시킨 후 'ㅂ'을 연음하여 최종적으로는 [가빋따]로 발음한다.

① '없어'는 겹받침 뒤에 모음으로 시작하는 형식 형태소가 연결되는 경우이므로 [업써]로 발음한다.
② '여덟이'는 겹받침 뒤에 모음으로 시작하는 형식 형태소가 연결되는 경우이므로 [여더비]로 발음한다.
③ '넋 안에'는 겹받침 뒤에 모음으로 시작하는 실질 형태소가 연결되므로 [너가네]로 발음한다.
④ '외곬'은 자음군 단순화 현상에 따라 [외골]로 발음한다.

7. 다음 글의 ㉠~㉣ 중 어색한 곳을 찾아 가장 적절하게 수정한 것은?

기억의 작동 원리에 대해서는 여러 이론이 제시되어 왔다. 쇠잔 이론에 따르면, ㉠ 기억은 시간이 지남에 따라 자연스럽게 약화되며, 이는 뇌의 신경 흔적이 점차 사라지기 때문이라고 설명한다. 이 이론은 기억의 소멸을 자연스러운 현상으로 보며, 특히 단기 기억의 손실을 설명하는 데 유용하다. ㉡ 그러나 쇠잔 이론만으로는 오래된 기억이 선명하게 남아 있는 현상을 설명하기 어렵다는 한계가 있다.

한편, 간섭 이론은 ㉢ 새로운 정보가 이전 기억을 방해하거나 이전 기억이 새로운 학습을 방해하는 현상에 주목한다. 이 이론은 기억의 손실이 단순한 시간의 경과 때문이 아니라, 다른 기억들과의 상호작용 때문에 발생한다고 본다. 예를 들어, 새로운 전화번호를 외우면 이전 전화번호를 잊게 되는 현상이 이에 해당한다. 간섭 이론은 기억 손실의 구체적 메커니즘을 설명하고, ㉣ 이를 통해 노화에 따른 기억력 감퇴를 획기적으로 개선할 수 있는 방법을 발견했다는 점에서 주목받고 있다. 최근 연구들은 두 이론이 각각 다른 맥락에서 기억의 손실을 설명할 수 있다고 보고 있다.

① ㉠: 기억은 시간이 지나도 자연스럽게 유지되며
② ㉡: 쇠잔 이론은 단기 기억과 장기 기억의 모든 현상을 완벽하게 설명할 수 있다
③ ㉢: 기억들 간의 상호작용이 기억 형성을 촉진하는 현상
④ ㉣: 이를 통해 기억력 향상을 위한 다양한 방안을 제시했다

[8-9] 다음 글을 읽고 물음에 답하시오.

> 한국 사회에서 공정성에 대한 관심은 최근 몇 년 사이 크게 증가했다. 그러나 실제로 공정한 분배에 대한 사회적 합의는 여전히 미흡하고, 이는 성, 세대, 계층 등 다양한 영역에서 갈등을 심화시키고 자원의 왜곡된 분배를 초래하고 있다. 능력주의는 오랫동안 공정한 사회를 ㉠ 만들기 위한 핵심 원칙으로 여겨졌지만, 능력주의에 근거한 분배체계가 경제적 불평등을 정당화하는 역할을 해왔다. 이는 공정한 기회를 ㉡ 준다고 하더라도, 개인들이 출발선에서부터 다른 조건을 가질 수밖에 없다는 현실을 ㉢ 대충 넘기는 문제를 낳았다. 능력주의는 본질적으로 기회 평등을 강조하지만, 실제로는 각자의 출발점이 다르고, 그로 인한 결과의 차이를 공정하게 다룰 수 없다는 비판을 받고 있다. 따라서 능력주의가 요구하는 공정한 분배를 위한 기회 평등을 실현하기 위해서는, 결과적으로 차이가 생길 수밖에 없는 현실을 인정하고, 결과의 공정성을 보장할 수 있는 새로운 사회적 조정 체계를 마련해야 한다. 특히, 경제적 격차가 계속해서 확대되고 있는 상황에서 기회 평등뿐만 아니라, 그로 인한 결과의 격차를 ㉣ 없앨 수 있는 정책적 노력이 필요하다. 이는 단지 개인의 능력만을 평가하는 것이 아니라, 사회적 환경과 구조적 문제들을 고려한 보다 균형 잡힌 접근이 필요함을 의미한다.

8. 윗글의 핵심 논지로 가장 적절한 것은?
① 능력주의는 결과의 공정성을 보장하며, 사회적 불평등을 해결할 수 있다.
② 능력주의는 공정한 기회를 중시하지만, 결과의 불평등을 해소하지 못한다.
③ 기회 평등을 달성하는 것만으로는 경제적 공정성이 완전히 이루어질 수 없다.
④ 능력주의는 경제적 불평등을 줄이는 데 중요한 역할을 하며, 사회적 격차를 해소하는 데 효과적이다.

9. ㉠~㉣과 바꿔 쓸 수 있는 유사한 표현으로 적절하지 않은 것은?
① ㉠: 구축하기
② ㉡: 제공한다
③ ㉢: 간과하는
④ ㉣: 소멸할

10. 다음 글에서 추론한 내용으로 가장 적절한 것은?

> 과학철학의 한 입장인 환원주의는 복잡한 과학적 현상이 더 근본적인 수준으로 환원될 수 있다고 본다. 이에 따르면 생물학적 과정은 화학적 반응으로 설명될 수 있으며, 화학적 현상은 물리 법칙으로 환원될 수 있다. 예를 들어, DNA의 유전 정보 전달 과정은 생물학적 개념처럼 보이지만, 실제로는 분자 수준에서 일어나는 화학 반응의 결과이다. 물리학이 우주를 구성하는 가장 근본적인 법칙을 설명하는 학문이라면 생물학이나 화학도 결국 물리적 과정의 복잡한 표현에 불과하다는 것이 환원주의의 핵심 주장이다.
> 비환원주의는 과학의 각 분야가 독립적인 설명 수준을 가지며, 더 근본적인 학문으로 환원될 수 없다고 본다. 생물학적 현상을 물리학적 법칙으로 분석할 수는 있지만, 생명 시스템의 복잡성과 상호작용을 온전히 설명하기에는 한계가 있다. 예를 들어 의식이나 생명 현상은 개별 원자의 물리적 성질로만 설명할 수 없으며 생물학적 수준에서 다뤄야 이해할 수 있는 측면이 존재한다. 따라서 각 학문은 고유한 개념과 법칙을 바탕으로 별개의 설명 체계를 유지해야 한다는 것이 비환원주의의 입장이다. 과학적 실재를 이해하는 방식은 환원주의와 비환원주의의 균형 속에서 발전해 왔다. 환원주의는 복잡한 현상을 단순한 원리로 정리하는 데 유용하고 비환원주의는 각 학문의 독립성을 인정한다는 의의를 가진다.

① DNA의 유전 정보 전달 과정은 현대 과학에서 가장 중요한 환원주의적 발견이다.
② 비환원주의는 모든 과학적 현상이 물리학의 법칙으로 환원될 수 있다고 주장한다.
③ DNA의 유전 정보 전달 과정을 물리적 성질뿐만 아니라 생물학적으로도 이해할 수 있는 것은 비환원주의에 따른 것이다.
④ 모든 생명 현상은 반드시 생물학적 수준에서만 설명이 가능하므로 물리학적 접근은 불가능하다.

11. 다음 글의 맥락을 고려할 때 빈칸에 들어갈 말로 가장 적절한 것은?

> 현대 사회는 과거보다 훨씬 더 많은 선택지를 제공한다. 우리는 인터넷 쇼핑을 통해 수천 개의 제품을 비교할 수 있으며, 수많은 스트리밍 플랫폼에서 원하는 콘텐츠를 선택할 수 있다. 하지만 최근의 심리학 연구를 살펴보면, 선택지가 지나치게 많을 경우 (가) 고 한다. 이는 '선택 과부하'라는 개념으로 설명될 수 있다. 선택의 자유는 긍정적인 가치지만, 지나치게 많은 옵션이 존재하면 사람들은 올바른 결정을 내리기보다 선택 자체를 회피하거나, 선택한 후에도 후회하는 경향을 보인다. 이러한 문제를 해결하기 위해 일부 연구자들은 결정 피로를 방지하는 방법을 제안한다. 예를 들어, 미리 정해진 원칙에 따라 선택하는 전략을 사용하면 불필요한 고민을 줄일 수 있다. 또한, 중요한 결정을 내릴 때는 정보의 양을 줄이고 핵심적인 요소에 집중하는 것이 효과적이다. 하지만 (나) . 사람들은 다양한 가능성을 원하기 때문에, 선택의 범위를 지나치게 제한하면 불만을 초래할 수 있다.

① (가): 결정의 질이 향상되고 만족도가 높아진다
   (나): 선택지의 개수를 지나치게 줄이는 것은 최선의 해결책이 아니다
② (가): 결정의 질이 향상되고 만족도가 높아진다
   (나): 결정의 효율성을 위해서는 선택지를 최소화하는 것이 바람직하다
③ (가): 오히려 만족도가 낮아지고 결정을 내리는 것이 어려워진다
   (나): 결정의 효율성을 위해서는 선택지를 최소화하는 것이 바람직하다
④ (가): 오히려 만족도가 낮아지고 결정을 내리는 것이 어려워진다
   (나): 선택지의 개수를 지나치게 줄이는 것은 최선의 해결책이 아니다

12. 다음 글의 (가)~(라)를 맥락에 맞게 순서대로 나열한 것은?

> (가) 이 조사 결과, 서남극의 빙판이 빙하기가 끝나고 10,000년이 지났음에도 완전히 녹으려면 아직 7,000년의 기간이 더 필요하다는 것을 발견했다.
> (나) 시간 또한 중요한 요소이다. 얼음은 천천히 녹는다. 빙하와 만년설은 매우 많은 양의 태양열을 표면으로 반사하기 때문에 녹으려면 수천 년이 걸린다. 또한 그 지역의 온도가 얼음을 녹일 정도가 아니면 빙하와 만년설은 더 커지게 될 것이다.
> (다) 더운 온도로 물의 부피는 상승한다. 더운 온도로 더 많은 빙하들이 녹는다. 그러나 더운 온도는 해양과 호수로부터 더 많은 수분을 증발시킨다. 구름이 증발한 수분을 세계의 빙하와 만년설에 옮기고 이는 새로운 얼음층을 형성하는 데 기여할 수 있다.
> (라) 워싱턴 대학의 존 스톤의 연구에 따르면, 지구의 기후 변화는 예상보다 복잡한 양상을 보인다. 스톤 박사와 연구 팀은 남극 대륙의 포드 산맥에 남겨진 암석의 화학 성분을 조사하였다.

① (다) - (나) - (라) - (가)
② (다) - (라) - (가) - (나)
③ (라) - (가) - (다) - (나)
④ (라) - (다) - (가) - (나)

13. 다음 글에서 추론한 내용으로 가장 적절한 것은?

> 무역의 방식을 두고 자유무역과 보호무역 사이의 논쟁이 계속되어 왔다. 자유무역은 각국이 무역 장벽을 최소화하고 상품과 서비스가 자유롭게 교류될 때 경제적 이익이 극대화된다고 주장한다. 반면, 보호무역은 자국 산업을 보호하기 위해 일정한 무역 장벽을 유지해야 한다고 본다.
> 자유무역은 시장의 자율성을 강조하며, 국제 무역이 활성화될수록 각국이 비교우위를 가진 산업에 집중할 수 있어 생산성과 효율성이 높아진다고 본다. 현대 경제에서도 관세 철폐와 무역 장벽 완화를 통해 기업들은 더 넓은 시장을 확보할 수 있고, 소비자는 다양한 상품을 저렴한 가격에 구매할 수 있다. 하지만 자유무역이 항상 긍정적인 결과를 가져오는 것은 아니다. 특정 국가나 산업이 경쟁력을 잃으면 일자리가 감소하고, 국내 경제가 외국의 경제 변화에 지나치게 의존하게 되는 부작용이 발생할 수 있다.
> 반면, 보호무역은 자국의 경제적 자립과 산업 보호를 강조한다. 특히 신흥국이나 산업 기반이 취약한 국가는 무역 장벽을 통해 국내 기업이 성장할 시간을 벌어야 한다고 주장한다. 보호무역을 지지하는 입장에서는 일정 수준의 관세, 수입 제한, 정부 보조금 등의 정책이 필요하다고 주장한다. 보호무역은 단기적으로는 국내 산업을 보호할 수 있지만, 장기적으로는 경쟁력을 약화하고 소비자 선택을 제한할 위험이 있다.

① 산업 기반이 약한 나라는 초반에는 보호 무역을 하는 것이 유리하지만 국제 무역에서도 경쟁력이 강해지면 자유 무역을 선택하는 것이 유리할 것이다.
② 선진국의 자유무역 체제는 후발 산업국의 보호무역 정책보다 더 높은 경제 성장률을 보인다.
③ 신흥국의 무역 장벽과 정부 보조금 정책은 국내 기업의 국제 경쟁력 향상에 도움이 되며, 이는 장기적 경제 성장의 핵심 요인이 된다.
④ 보호무역론은 자유무역론과 달리 소비자의 후생과 시장의 효율성을 고려하지 않는다.

14. 민수는 브라질, 아르헨티나, 칠레, 우루과이 중 여행할 국가를 정하기 위해 ㉠~㉢과 같은 기준을 세웠다. 이를 따를 때, 반드시 참이라고 할 수 없는 것은?

> ㉠ 브라질을 여행하면 칠레를 여행하지 않는다.
> ㉡ 아르헨티나를 여행하지 않으면 우루과이도 여행하지 않는다.
> ㉢ 브라질과 우루과이 가운데 적어도 한 국가는 여행한다.

① 브라질을 여행하면 아르헨티나도 여행한다.
② 우루과이를 여행하면 칠레를 여행하지 않을 수도 있다.
③ 브라질과 우루과이를 모두 여행할 수도 있다.
④ 네 개의 국가를 모두 여행할 수는 없다.

[15-16] 다음 글을 읽고 물음에 답하시오.

> 역사 연구자들이 과거 사회를 이해하는 방법은 크게 두 가지로 나눌 수 있다. (가) 문헌사학자들은 역사적 기록과 사료를 통한 연구를 중시한다. 이들은 과거 사람들이 남긴 문서, 연대기, 서신 등이 당시 사회와 사건에 대한 직접적인 증언을 제공한다고 본다. 반면 (나) 고고학자들은 물질문화의 발굴과 분석을 통한 접근을 강조한다. ㉠ 전자는 문자 기록이 있는 시대의 연구에 강점을 보이며, 역사적 인물의 의도와 사상을 파악하는 데 유리하다. ㉡ 후자는 문헌 기록이 남아 있지 않은 시대나 문자 이전 사회를 밝히는 데 필수적이다.
> 마야 문명 연구에서 두 접근법의 차이가 두드러졌다. ㉢ 쿠퍼는 마야 비문 해독을 통해 ㉣ 그들이 고도의 천문학 지식을 가졌다고 주장했다. 이에 반해 고고학자들을 대변하는 ㉤ 폴슨은 이러한 접근법을 비판하며, ㉥ 그들의 일상을 보여주는 발굴 증거를 중시했다. 또한 그는 문헌 기록이 엘리트들의 관점만 반영할 뿐이라고 지적했다. 한편 두 방법론의 한계도 분명하다. 문헌사학은 과거 기록이 특정 계층이나 목적에 의해 편향되어 있을 가능성을 간과할 위험이 있다. 예를 들어, 고대 이집트의 문헌 기록만으로는 노예와 농민의 실제 생활을 파악하기 어렵다. 고고학의 약점은 물질적 증거만으로는 당시 사람들의 생각과 의도를 정확히 파악하기 힘들다는 것이다. 고고학자들이 발굴한 유물의 용도와 의미를 두고 다양한 해석이 가능하는 점은 역설적이게도 고고학의 맹점이기도 하다.

15. 다음 글을 읽고 평가한 내용으로 가장 적절한 것은?
① 역사적 문헌에 언급되지 않았던 고대 도시가 발굴 조사를 통해 확인된다면, 이는 (가)의 주장을 강화한다.
② 특정 왕조의 공식 역사서와 고고학적 발굴 결과 사이에 심각한 불일치가 발견된다면, 이는 (가)의 주장을 약화한다.
③ 고대 문명의 주요 유적지에서 발견된 기록물들이 당시 정치 지도자의 업적을 과장했다는 증거가 발견된다면, 이는 (나)의 주장을 강화한다.
④ 중세 수도원 기록의 분석을 통해 이전에 알려지지 않았던 농업 기술의 발전 과정이 밝혀진다면, 이는 (나)의 주장을 약화한다.

16. 문맥상 ㉠~㉥ 중 지시 대상이 함축하는 의미가 유사한 것만으로 묶인 것은?
① ㉠, ㉤
② ㉣, ㉥
③ ㉠, ㉢, ㉣
④ ㉡, ㉤, ㉥

17. 다음 글을 이해한 내용으로 적절하지 않은 것은?

이육사는 민족주의 문학인이자 독립운동가로 널리 알려진 시인이지만, 그의 생애에서 아나키즘이 차지하는 비중이 크다는 점은 잘 알려지지 않았다. 이육사는 일본 유학 시절 아나키즘 단체 '흑우회'에 가담했으며, 중국에서는 아나키즘 독립운동 단체 '의열단'의 일원으로 활동했다. 이는 이육사가 아나키즘을 자신의 중요한 사상적 기반으로 삼았음을 보여준다. 특히 이육사의 시 <절정>은 아나키즘적 특성을 잘 드러낸다. <절정>은 현실의 억압과 고통을 표현하면서도, 희망의 표상인 "무지개"를 발견하고자 한다. 이를 통해 이육사는 아나키즘이 추구하는 해방과 자유에 대한 갈망을 드러낸다.

한편 이육사의 생애와 작품 경향이 민족주의적 관점에서 주로 논의되어왔던 데에는 아나키즘의 역사적 쇠퇴가 큰 영향을 미쳤다. 일제강점기 독립운동에서 중요한 역할을 했던 아나키즘 계열은 마르크시즘과 민족주의 진영과의 대결에서 패배하면서 점차 잊혀갔다. 이로 인해 이육사의 아나키스트로서의 면모가 충분히 조명받지 못했던 것이다. 그러나 이육사의 생애와 작품에서 드러나는 아나키즘적 특성은 무시할 수 없다. 그의 실천적 삶과 문학적 지향은 분리될 수 없으며, 아나키즘은 이육사의 사상과 작품 세계를 이해하는 데 핵심적인 요소라고 할 수 있다. 따라서 이육사의 생애와 작품을 아나키즘의 관점에서 재평가할 필요가 있다.

① 이육사의 시 <절정>에서는 아나키즘적 특성보다는 민족주의적 사상이 두드러지게 나타난다.
② 이육사는 중국에서 일제강점기 독립운동에서 중요한 역할을 했던 아나키즘 단체에 가담하여 활동했음을 알 수 있다.
③ 일제강점기 아나키즘의 쇠퇴는 이육사의 아나키스트로서의 면모가 널리 알려지지 않은 중요한 이유 중 하나였다.
④ 이육사는 아나키즘 사상을 기반으로 해방과 자유에 대한 갈망을 표현한 작품들을 통해, 당시 사회의 억압적인 구조에 대한 저항을 보여주고 있다.

18. 재민이는 ㉠~㉣의 진술에 따라 친구들과의 여행 계획을 세우려고 한다. ㉠~㉣의 진술이 모두 참이라고 할 때, 재민이의 여행 계획에 포함되는 활동을 모두 고르면?

㉠ 등산을 하거나 수영을 한다.
㉡ 캠핑을 하면 바비큐는 하지 않는다.
㉢ 바비큐를 하지 않으면 수영과 캠핑도 하지 않는다.
㉣ 등산은 하지 않는다.

① 수영
② 바비큐
③ 수영, 캠핑
④ 수영, 바비큐

19. 다음 글의 빈칸 ㉠에 들어갈 내용으로 가장 적절한 것은?

최근 기술 진보로 인한 일자리 소멸에 대한 우려가 팽배해 있다. 그러나 이러한 관점은 기술 진보가 일자리에 미치는 영향의 일면만을 보는 것이다. 특정 기술이 인력을 대체하는 사례에만 주목하여 일자리 소멸을 예측하는 것은 현상의 본질을 제대로 파악하지 못하는 것이다. 일자리의 변화와 대체는 즉각적으로 체감되는 반면, 새로운 일자리의 생성은 쉽게 감지되지 않는다. 실제로 기술 진보가 초래하는 변화의 핵심은 일자리의 총량 감소가 아니라 직무와 업무 방식의 변화에 있다. 기술이 특정 업무를 완전히 대체하는 경우도 있지만, 많은 경우 일부 업무는 대체하고 일부는 보완하는 방식으로 작용한다. 최근의 연구들이 제시하는 일자리 소멸 가능성은 제도와 경제주체의 대응이 적절하게 이루어지지 않을 경우에 발생할 수 있는 부정적 효과를 경고하거나, 기술적 가능성을 이론적으로 검토한 것에 불과하다. 자동화로 인한 생산성 향상은 단기적으로는 필요 인력을 감소시키지만, 장기적으로는 새로운 수요를 창출하여 노동 수요를 증가시킬 수 있다. 특히 적절한 시간적 관점에서 보면, 어떤 일자리의 직무 일부가 대체되더라도 기술과 보완관계에 있는 업무의 생산성이 증가하면 해당 일자리의 수요가 오히려 늘어날 수 있다. 따라서 기술 발전에 따른 일자리 변화를 제대로 이해하고 대응하기 위해서는 ㉠ .

① 일자리 소멸 가능성에 대비하여 새로운 직종 개발에 초점을 맞추어야 한다.
② 단기적 인력 감소보다 장기적 수요 창출 가능성에 주목해야 한다.
③ 기술의 직무 대체 효과와 보완 효과를 종합적으로 고려해야 한다.
④ 생산성 향상으로 인한 고용 감소를 최소화하는 방안을 모색해야 한다.

20. ㉠을 평가한 내용으로 적절한 것만을 <보기>에서 모두 고르면?

심리학자 가드너(Gardner)는 인간의 지능이 단일한 능력이 아니라, 다양한 형태로 존재한다는 다중지능 이론을 제시했다. 그는 전통적인 지능검사가 논리-수리 지능과 언어 지능만을 측정하고 그 지능이 있으면 다른 지능들도 우월할 것이라고 착각하는 것을 비판하며, 인간이 가진 지능은 절대적인 단일 지능 외에도 음악, 공간, 신체운동, 대인관계, 개인이해, 자연탐구 지능 등 다양한 영역으로 나뉠 수 있다고 주장했다. 가드너는 예술가, 운동선수, 지도자 등 각기 다른 분야에서 뛰어난 능력을 발휘하는 사람들이 특정 지능을 중심으로 발달했음을 예로 들며, 지능은 환경 요인과 학습 경험에 따라 발달한다고 보았다. 그는 또한 교육이 개인의 잠재력을 다양한 지능 영역에서 개발하는 방향으로 이루어져야 한다고 강조했다. ㉠<u>다중지능 이론</u>은 인간의 지적 능력을 이해하는 새로운 관점을 제공하며, 교육학과 심리학 분야에서 활발히 논의되고 있다.

<보 기>
ㄱ. 음악 지능이 뛰어난 학생이 학업 성적은 낮지만 작곡에서 큰 성과를 거둔 사례는 ㉠을 강화한다.
ㄴ. 수리, 언어 지능이 뛰어난 사람이 다른 모든 지능 영역에서도 우수한 성과를 보인 사례는 ㉠을 약화한다.
ㄷ. 수리 지능이 낮지만 뛰어난 대인관계 지능으로 사회적 성공을 거둔 지도자의 사례는 ㉠을 강화한다.

① ㄱ
② ㄱ, ㄴ
③ ㄴ, ㄷ
④ ㄱ, ㄴ, ㄷ

2025 공무원 시험 대비 적중동형 모의고사
국어
▍제7회 ▍

응시번호

성 명

문제책형

제1과목	국어	제2과목	영어	제3과목	한국사
제4과목		제5과목			

응시자 주의사항

1. **시험시작 전 시험문제를 열람하는 행위나 시험종료 후 답안을 작성하는 행위를 한 사람은** 「지방공무원 임용령」 제65조 등 관련 법령에 의거 **부정행위자로** 처리됩니다.
2. 시험이 시작되면 문제를 주의 깊게 읽은 후, **문항의 취지에 가장 적합한 하나의 정답만을 고르며**, 문제내용에 관한 질문은 할 수 없습니다.
3. **답안은 문제책 표지의 과목 순서에 따라 답안지에 인쇄된 순서에 맞추어 표기**해야 하며, 과목 순서를 바꾸어 표기한 경우에도 문제책 표지의 과목 순서대로 채점되므로 유의하시기 바랍니다.
4. 법령, 고시, 판례 등에 관한 문제는 **2025년 4월 30일 현재 유효한 법령, 고시, 판례 등을 기준**으로 정답을 구해야 합니다. 다만, 개별 과목 또는 문항에서 별도의 기준을 적용하도록 명시한 경우에는 그 기준을 적용하여 정답을 구해야 합니다.
5. **시험시간 관리의 책임은 응시자 본인에게 있습니다.**
   ※ 문제책은 시험종료 후 가지고 갈 수 있습니다.

정답공개 및 이의제기 안내

1. 정답공개 일시: 정답가안 6.21.(토) 14:00 / 최종정답 6.30.(월) 18:00
2. 정답공개 방법: 사이버국가고시센터(www.gosi.kr) ➡ [시험문제 / 정답 → 문제 / 정답 안내]
3. 이의제기 기간: 6.21.(토) 18:00 ~ 6.24.(화) 18:00
4. 이의제기 방법
   ■ 사이버국가고시센터 ➡ [시험문제 / 정답 → 정답 이의제기]
   ■ 구체적인 이의제기 방법은 정답가안 공개 시 공지 예정

국 어

1. <공공언어 바로 쓰기 원칙>에 따라 수정한 것으로 적절하지 않은 것은?

   ─────── <공공언어 바로 쓰기 원칙> ───────
   • 주어와 서술어의 호응
     ─ ㉠ 주어와 서술어의 관계를 명확하게 표현하기.
   • 어문 규범 지키기
     ─ ㉡ 올바른 국어 표기를 위해 표기법 지키기.
   • 여러 뜻으로 해석되는 표현 삼가기
     ─ ㉢ 중의적인 문장을 삼가기.
   • 외국어 번역 투 삼가기
     ─ ㉣ 영어, 일본어 번역 투 삼가기.

   ① "자율화 방안이 차질 없이 추진 중"을 ㉠에 따라 "자율화 방안을 차질 없이 추진하는 중"으로 수정한다.
   ② "그녀는 수업 계획안을 꼼꼼이 작성하였다."를 ㉡에 따라 "그녀는 수업 계획안을 꼼꼼히 작성하였다."로 수정한다.
   ③ "태풍 피해 예방에 만전을 기해주시기 바랍니다."를 ㉢에 따라 "태풍 피해를 입지 않도록 철저히 대비하시기 바랍니다."로 수정한다.
   ④ "투표하기 전에 후보자에 대하여 알아보기로 했다"를 ㉣에 따라 "투표하기 전에 후보자를 알아보기로 했다."로 수정한다.

2. 다음 글에서 추론한 내용으로 가장 적절한 것은?

   과학의 진보를 바라보는 방식은 객관적 진보와 사회적 구성이라는 두 가지 관점에서 논의될 수 있다. 객관적 진보론은 과학이 점점 더 진리에 가까워진다고 본다. 과학적 지식은 지속적인 관찰, 실험, 이론의 수정 과정을 거치며 점진적으로 발전한다. 예를 들어, 천동설에서 지동설로의 전환, 뉴턴 역학에서 상대성 이론으로의 발전은 과학이 오류를 수정하며 더 정확한 설명을 향해 나아가는 과정이다. 과거의 이론이 불완전했더라도, 새로운 연구와 발견을 통해 과학은 점점 더 정밀하고 보편적인 진리를 추구한다고 객관적 진보론은 주장한다.
   사회적 구성론은 과학이 절대적인 진리를 향해 나아가는 것이 아니라, 사회적·문화적 요인에 의해 형성된다고 본다. 과학적 개념과 이론은 시대적 맥락 속에서 구성되며, 특정한 사회적 조건이 변화하면 과학의 패러다임도 달라진다는 것이다. 예를 들어, 중세에는 신학적 관점이 과학적 탐구를 제약했으며, 20세기 이후 양자역학과 상대성 이론이 등장하면서 과학적 세계관이 급격히 변화했다. 이러한 변화는 과학이 객관적인 진보가 아니라 사회적 필요와 가치에 의해 구성된다는 사회적 구성론의 관점을 뒷받침한다. 하지만 과학의 발전 과정에는 새로운 발견과 이론적 정교화뿐만 아니라 시대적·문화적 영향도 작용하므로, 과학적 진보는 두 관점을 조화롭게 고려할 때 더욱 깊이 이해될 수 있다.

   ① 양자역학과 상대성 이론의 등장은 신학적 관점의 제약에서 벗어나려는 시도로 인해 발생했다.
   ② 과학의 진보 과정에 대한 평가는 보편적 진리를 추구하는 것에 따라 평가되어야 한다.
   ③ 객관적 진보론에서는 과학이 사회적 맥락에 따라 발전 방향이 결정된다고 본다.
   ④ 지동설로의 전환이 15~16세기 교회에 대한 비판으로 이루어졌다면 이는 사회적 구성론을 뒷받침한다.

3. 다음을 읽고 추론한 내용으로 가장 적절한 것은?

   관형절을 안은 문장은 문장 안에서 관형어가 주어 서술어 관계를 갖춘 절인 경우에 해당한다. 예를 들어, '나는 그가 범인이라는 사실을 안다'라는 문장의 관형어는 '그가 범인이라는'이다. 그리고 이는 주어인 '그가'와 서술어인 '범인이다'로 구성되어 있다. 따라서 관형절을 안은 문장이다.
   관형절을 안은 문장은 두 가지 종류로 나뉘는데, 관형절 안에 모든 문장 성분이 빠짐없이 들어가 있는 동격 관형절과 주요 성분이 생략되어 있는 관계 관형절이다. 관계 관형절의 경우 관형절 안에 쓰인 체언과 그 관형절이 수식하는 체언이 같을 경우 관형절 안에서 생략이 이루어지기 때문에 문장이 불완전한 것처럼 보인다.
   예를 들어, 앞서 말한 '나는 그가 범인이라는 사실을 안다'라는 문장의 관형절은 '그가 범인이라는'으로서, 주어와 서술어를 모두 갖추고 있으며 더 필요한 문장 성분이 없다. 하지만 '나는 먹던 밥을 버렸다.'의 경우 해당 문장의 관형어인 '먹던'은 목적어인 '밥을'이 생략되어 있는 형태이다. 즉, 본래 문장은 '밥을 먹다'인 것이다. 하지만 문장의 목적어인 '밥'과 해당 관형절이 수식하는 체언인 '밥'이 같은 대상이기에 생략이 이루어졌다.

   ① '나는 민수가 착한 행동을 했다고 들었다.'라는 문장의 관형절에는 생략된 성분이 없으므로 관계 관형절이다.
   ② '선미가 직접 만든 신발은 정말 튼튼하다'에서의 관형절에는 생략된 성분이 있으므로 동격 관형절이다.
   ③ '내가 어제 읽은 책은 소설이다'의 관형절에서 생략된 주어인 '책은'은 뒤에 수식하는 '책'과 같은 대상이기에 생략이 이루어졌다.
   ④ '매일 새벽에 운동하는 그는 부지런하다'의 관형절에서 생략된 주어인 '그는'은 뒤에 수식하는 '그'와 같은 대상이기에 생략이 이루어졌다.

4. 다음 글의 ㉠~㉢에 들어갈 말을 적절하게 나열한 것은?

   제임스-랑게는 정서 경험을 사물이나 사건에 대한 생리적 반응으로 파악했다. 인간이 정서적 자극을 지각하면 이 지각은 신체적 변화를 일으키고, 이 신체적 변화가 뇌로 전달되어 정서가 경험된다는 것이다. 예를 들어 우리는 사나워 보이는 개를 목격하는 정서적 경험으로 인해 심장 박동 수가 증가하는데, 이러한 심장 박동의 증가가 곧 공포심이다. 그들에 따르면 신체적 반응이 정서적 경험의 ㉠ 이라고 할 수 있다.
   이와 달리 샤흐터는 동일한 신체적 변화가 서로 다른 정서를 유발할 수도 있음을 지적하며 인지주의적 관점의 정서 이론을 펼쳤다. 우리는 많은 사람들 앞에서 발표를 해야 하는 상황이나, 좋아하는 사람과 함께 있을 때 심장 박동의 증가를 느낄 수 있는데 제임스-랑게에 따르면 이는 모두 동일한 정서적 경험으로 귀결되어야 한다. 그러나 샤흐터는 신체적 반응이 동일하더라도 인지적 해석에 따라 개인이 느끼는 정서는 달라질 수 있다고 주장한다. 샤흐터의 이론에 따르면 신체 변화는 정서 경험의 ㉡ 일 뿐이며, ㉢ 은 아니다.

	㉠	㉡	㉢
①	필요충분조건	충분조건	필요조건
②	필요충분조건	필요조건	충분조건
③	충분조건	필요조건	필요충분조건
④	충분조건	필요충분조건	필요조건

5. 다음 글을 읽고 평가한 내용으로 적절한 것만을 <보기>에서 모두 고르면?

현대 사회에서는 다양한 문화적 배경을 가진 사람들이 함께 살아가면서 이민자들의 문화 정체성 문제가 중요한 쟁점이 되고 있다. 다문화주의를 지지하는 입장에서는 이민자들이 자신의 문화적 정체성을 유지하면서도 사회에 기여할 수 있도록 보장해야 한다고 주장한다. 이들은 문화적 다양성이 사회를 풍요롭게 만들며, 서로 다른 문화 간의 교류가 창의성과 혁신을 촉진한다고 본다. 또한, 이민자들의 문화를 인정하고 지원하는 것이 기본적 인권의 문제이며, 강제적인 동화 정책은 오히려 사회적 갈등을 심화시킬 수 있다고 지적한다. 예를 들어, 이민자들에게 모국어 교육과 문화 행사를 지원하는 정책은 이들의 정체성을 보호하면서도 사회 통합을 이룰 수 있는 방안이라고 본다.

반면, 문화 동화주의를 지지하는 입장에서는 이민자들이 기존 사회의 문화와 가치관을 수용할수록 사회적 통합이 원활해진다고 주장한다. 이들은 공통된 언어와 생활 방식의 공유가 사회 안정성과 국가 정체성 유지에 필수적이라고 본다. 또한, 이민자들이 자신들만의 문화적 관습을 고수하는 것이 사회 내 분열을 초래하고, 법과 제도의 충돌을 일으킬 수 있다고 지적한다. 예를 들어, 특정 문화적 관습이 현행법과 충돌하는 경우, 사회 질서 유지를 위해서는 동화 과정이 불가피하다고 본다.

─── <보 기> ───

ㄱ. 미국 내 한인들은 코리안타운(Koreatown)을 형성하여 한국어 사용과 전통 문화를 유지하면서도 다양한 산업에서 성공을 이루었다면 이는 다문화주의 입장을 약화하는 사례이다.

ㄴ. 이민자들이 공용어를 배우고 기존 사회의 가치관을 받아들이면서 사회 통합이 원활해졌다는 연구 결과가 발표된다면, 이는 문화 동화주의 입장을 강화하는 사례이다.

ㄷ. 이민자들이 기존 사회에 적응하지 못하고 고립되면서 문화적 충돌이 발생했다는 연구 결과가 발표된다면, 이는 다문화주의 입장을 약화하는 사례이다.

① ㄴ   ② ㄱ, ㄴ   ③ ㄴ, ㄷ   ④ ㄱ, ㄴ, ㄷ

6. 채연이는 다음 진술에 따라 바흐, 모차르트, 베토벤, 브람스, 슈베르트의 작품 중 행사에서 재생할 작품을 선택하려고 한다. ㉠~㉤의 진술이 참이라고 할 때, 채연이가 재생할 작품의 작곡가를 모두 고르면?

㉠ 브람스의 작품은 재생하지 않는다.
㉡ 슈베르트의 작품을 재생하면 바흐의 작품을 재생하지 않는다.
㉢ 바흐 또는 모차르트의 작품을 재생한다.
㉣ 브람스와 슈베르트의 작품 중 적어도 하나를 재생한다.
㉤ 베토벤의 작품을 재생하면 모차르트의 작품을 재생하지 않는다.

① 바흐, 슈베르트
② 모차르트, 슈베르트
③ 모차르트, 베토벤, 슈베르트
④ 바흐, 모차르트, 베토벤, 슈베르트

7. (가)~(라)를 맥락에 맞게 순서대로 나열한 것은?

(가) 가령, 밝은 곳에 비해 어두운 곳에 가는 선들을 더 빽빽하게 구성하여 명암을 드러내는 것이다. 뒤러는 이러한 방법으로 대상의 명암과 질감, 양감을 유화 못지않게 표현하여 사실성을 구현하였다.

(나) 뒤러 이전의 판화는 흑백의 대조를 위주로 한 단순한 하급 미술 장르에 머물러 있었다. 그런데 뒤러는 '해칭 기법'을 통해 판화의 단순성을 사실성의 경지로 끌어올렸다. 해칭 기법이란 판화나 소묘에서 사용된 방법으로 가늘고 세밀한 평행선이나 교차선을 활용하여 대상의 입체감이나 명암을 표현하는 묘사법이다.

(다) '독일 미술의 아버지'라 불리는 알브레히트 뒤러는 북유럽 르네상스를 대표하는 작가이다. 뒤러가 북유럽 르네상스의 위대한 화가로 명성을 얻은 이유는 그의 뛰어난 판화 작품에서 찾을 수 있다.

(라) 뒤러의 판화에서 볼 수 있는 또 다른 특징은, 과학적인 연구를 통해 선 원근법을 실현하여 그림의 사실성을 높였다는 점이다. 뒤러는 이를 사용하여 실내 배경과 자연의 풍경을 더욱 사실적으로 표현하였다.

① (나) - (가) - (다) - (라)
② (나) - (다) - (라) - (가)
③ (다) - (가) - (나) - (라)
④ (다) - (나) - (가) - (라)

8. <지침>에 따라 <개요>를 작성할 때 ㉠~㉣에 들어갈 내용으로 적절하지 않은 것은?

─── <지 침> ───

• 서론에서는 청년층 경제적 불안의 원인을 분석하고 사회적 중요성을 강조할 것.
• 본론은 경제적, 심리적, 정책적 차원에서 청년 경제 불안 문제를 논의하고 그에 대응하는 방안을 제시할 것.
• 결론에서는 문제 해결을 위한 정책적 대안과 사회적 비전을 제시할 것.

─── <개 요> ───

• 제목 : 청년층 경제적 불안 문제와 사회 안전망 구축 방안
Ⅰ. 서론
  1. 청년층의 경제적 어려움과 고용 불안 현황
  2. ㉠
Ⅱ. 청년 경제적 불안의 주요 요인
  1. 경제적 차원: 고용 기회 부족과 임금 격차
  2. 심리적 차원: 불안정한 미래에 대한 스트레스 증가
  3. ㉡
Ⅲ. 청년 경제 불안을 완화하기 위한 방안
  1. 청년 일자리 창출을 위한 정부 지원 정책 확대
  2. 심리적 안정감을 제공하기 위한 상담 서비스 강화
  3. ㉢
Ⅳ. 결론
  1. 청년층 경제적 불안 문제의 종합적 원인 분석 요약
  2. 청년층의 경제적 자립과 심리적 안정성을 위한 사회적 협력 강조
  3. ㉣

① ㉠: 청년 경제 불안 완화를 위한 사회적 제도 구축 필요
② ㉡: 정책적 차원: 불충분한 청년 복지 제도와 사회적 안전망 미비
③ ㉢: 청년 경제 불안을 완화하기 위한 비정규직 확대
④ ㉣: 청년 경제 문제 해결을 위한 사회적 공감대 형성

[9-10] 다음 글을 읽고 물음에 답하시오.

민주주의의 본질을 두고 오랫동안 논쟁이 이어져 왔다. 고대 아테네에서는 (가) 시민들이 직접 정치에 참여했고, 이것이 진정한 ㉠ 민주주의의 모습이라고 보는 이들이 있다. 이들은 시민들의 활발한 정치 참여를 통해서만 자치가 실현될 수 있다고 주장한다. 하지만 현대 사회의 복잡성을 고려할 때 이러한 방식은 비현실적이라는 비판이 제기된다. 전문적 정치인들에 의한 의사결정이 보다 효율적이며, 대표자를 통한 정치가 불가피하다는 것이다. 실제로 역사적 경험은 두 관점 모두의 근거가 된다. 시민들의 직접 참여가 정치적 안정으로 이어진 사례들이 있는가 하면, 대중의 비합리적 결정이 혼란을 초래한 경우도 있다. ㉡ 전자의 입장에서는 시민의 정치적 덕성 함양이 해결책이 될 수 있다고 보지만, 후자의 관점에서는 제도적 견제 장치의 보완이 더 중요하다고 강조한다. 특히 근대 이후 대의제가 발전하면서 선거를 통한 대표자 선출이 ㉢ 민주주의의 핵심 제도로 자리 잡았다. 대의제는 복잡한 정책을 전문가가 심층적으로 검토할 수 있으며, 직접 민주주의보다 신속한 정책 결정이 가능하다. 이러한 제도적 발전에도 불구하고 직접 ㉣ 민주주의의 이상은 여전히 강력한 영향력을 발휘한다. 최근에는 정보 기술의 발달로 시민들의 직접 참여가 기술적으로 가능해지면서, 전자 민주주의를 통한 새로운 가능성이 모색되고 있다. 그러나 이 역시 정보 격차나 여론 조작의 위험성 같은 새로운 문제들을 낳고 있다. 결국 민주주의의 본질은 시민의 자율성과 정치적 효율성 사이의 균형점을 찾는 것에 있는지도 모른다.

9. 윗글을 읽고 평가한 내용으로 가장 적절한 것은?
① 시민들의 정치 참여도가 높은 지역에서 여론 조작과 정보 왜곡이 더 빈번하게 발생한다는 연구 결과가 나온다면, 이는 직접 민주주의 옹호론자들의 주장을 강화한다.
② 전자 투표 시스템이 도입된 지역에서 정치 참여율이 크게 높아졌다는 통계가 발표된다면, 이는 직접 민주주의 옹호론자들의 주장을 약화한다.
③ 일반 시민들도 충분한 정보가 주어진다면 정치인들만큼 합리적인 판단을 내릴 수 있다는 연구가 제시된다면, 이는 대의제를 옹호하는 이들의 주장을 약화한다.
④ 선거를 통해 선출된 대표는 자신의 이해관계나 정당의 이익을 우선시할 가능성이 크다고 한다면 이는 대의제를 옹호하는 이들의 주장을 강화한다.

10. ㉠~㉣ 중 문맥상 (가)에 해당하는 의미로 사용되지 않은 것은?
① ㉠
② ㉡
③ ㉢
④ ㉣

11. 다음 글에서 추론한 내용으로 가장 적절한 것은?

사회가 전통을 지켜야 하는가, 아니면 변화를 추구해야 하는가에 대한 논쟁은 오래전부터 이어져 왔다. 보수주의는 전통과 기존 질서를 유지하는 것이 사회 안정과 발전에 필수적이라고 본다. 오랜 시간 유지된 제도와 가치는 사회 구성원들이 공유하는 질서의 기반이며, 급진적인 변화는 예측하지 못한 혼란을 초래할 수 있다는 것이다. 예를 들어, 법과 제도를 쉽게 바꾸기보다 점진적으로 개선해야 한다는 입장은 보수주의적 사고를 반영한다. 또한, 보수주의는 가족, 종교, 국가와 같은 공동체적 가치를 중시하며, 사회의 기본 틀을 유지하는 것이 개인과 공동체의 조화를 이루는 길이라고 본다.

반면, 진보주의는 변화와 개혁이 사회 발전의 핵심이라고 본다. 기존의 제도와 전통이 반드시 옳은 것은 아니며, 시대의 흐름에 맞게 수정되어야 한다는 것이다. 예를 들어, 보편적 인권 개념의 확장은 과거 사회에서 당연하게 여겨졌던 차별적 요소를 변화시키는 과정에서 이루어졌다. 진보주의는 특히 불평등 해소와 사회적 약자의 권리 보호를 강조하며, 필요할 경우 법과 제도를 적극적으로 개혁해야 한다고 주장한다.

보수주의와 진보주의는 각각 사회의 안정과 변화라는 중요한 가치를 대변한다. 전통을 유지하며 점진적인 발전을 추구할 것인지, 아니면 기존 질서를 개혁해 새로운 사회를 만들어갈 것인지는 시대적 상황과 사회적 요구에 따라 달라질 수 있다.

① 보수주의와 진보주의는 각각 사회의 안정과 변화를 중시하며, 시대적 상황에 따라 그 적용이 달라질 수 있다.
② 모든 사회 제도와 전통은 반드시 시대의 흐름에 맞춰 개혁되어야 한다.
③ 보수주의적 가치관은 진보주의와 달리 가족과 종교를 가장 중요한 사회적 가치로 평가한다.
④ 보편적 인권 개념의 확장은 진보주의가 이룬 가장 핵심적인 사회 발전의 성과이다.

12. ㉠~㉣의 관계에 대한 평가로 적절한 것을 <보기>에서 모두 고르면?

㉠ 어떤 선수는 내일 경기에 참가하지 않는다.
㉡ 어떤 선수는 오늘 훈련을 한다.
㉢ 내일 경기에 참가하지 않는 모든 선수는 오늘 훈련을 하지 않는다.
㉣ 내일 경기에 참가하는 모든 선수는 오늘 훈련을 한다.

─── <보 기> ───
가. ㉠과 ㉢이 참이면 ㉡은 반드시 거짓이다.
나. ㉡과 ㉢이 참이면 ㉠은 참일 수 있다.
다. ㉡과 ㉣이 참이면 ㉠은 반드시 참이다.

① 가
② 나
③ 가, 다
④ 나, 다

13. 다음 글의 ㉠~㉣ 중 어색한 곳을 찾아 가장 적절하게 수정한 것은?

> 공리주의는 행위의 도덕적 가치를 그것이 가져오는 결과의 효용에 따라 판단하는 윤리 이론이다. 벤담이 주장한 양적 공리주의는 ㉠ 쾌락의 질적 차이는 존재하지 않으며, 오직 양으로만 측정될 수 있다고 본다. 이 관점에서는 쾌락의 강도, 지속 시간, 확실성, 근접성 등 수치화할 수 있는 기준으로 행복을 계산할 수 있다고 주장하며, 더 많은 사람에게 더 큰 쾌락을 가져다주는 행위가 도덕적으로 옳다고 판단한다. 이러한 접근은 공리주의를 실천적 윤리학으로 발전시키는 데 기여했으나, ㉡ 인간의 고차원적 쾌락을 중시함으로써 현실적 적용이 어렵다는 비판을 받는다. 반면, 밀이 주장한 질적 공리주의는 ㉢ 쾌락에는 질적 차이가 있으며, 정신적 쾌락이 감각적 쾌락보다 더 가치 있다고 주장한다. 예를 들어, 시를 읽거나 음악을 감상하는 것과 같은 고차원적 쾌락이 단순한 육체적 쾌락보다 더 바람직하다고 본다. 이러한 관점은 ㉣ 인간의 존엄성과 정신적 가치를 중시하는 현대 윤리학의 발전에 큰 영향을 미쳤다. 그러나 최근 연구들은 질적 공리주의는 쾌락의 가치를 평가하는 객관적 기준을 제시하지 못했으므로 실천적 효용성이 떨어진다고 지적한다. 두 이론은 각각의 한계에도 불구하고 현대 윤리학에 중요한 통찰을 제공하고 있으며, 특히 공공 정책과 사회 제도를 설계하는 데 있어 유용한 판단 기준을 제시하고 있다.

① ㉠: 쾌락에는 질적 차이가 존재하며, 이를 고려해야 한다
② ㉡: 모든 쾌락의 가치를 동등하게 취급함으로써 인간의 고차원적 능력을 간과했다는
③ ㉢: 모든 쾌락은 질적 차이 없이 동등한 가치를 지닌다
④ ㉣: 물질적 풍요와 경제적 효용을 절대적으로

14. 다음 글의 밑줄 친 부분과 같은 판단에 전제된 생각으로 볼 수 있는 것은?

> 흥선대원군은 조선 고종 때의 정치가이다. 고종의 아버지로, 아들이 12세에 왕위에 오르자 섭정하여, 서원을 철폐하고 외척인 안동 김씨의 세력을 눌러 인재를 고르게 등용하는 따위의 내정 개혁을 단행하였다. 한편으로는 경복궁의 중건, 천주교에 대한 탄압, 통상 수교의 거부 정책을 고수하여 사회·경제적인 혼란을 불러일으키기도 하였다. 흥선대원군에 대한 역사적 평가는 아직 부정적인 경향이 많지만, 그의 개혁 의지는 재평가되어야 한다는 주장도 있다.
> 대원군의 개혁 의지가 겨냥한 사안으로 중앙 집권적인 권력의 강화가 있다. 조선조 후기에 들어와 왕권이 약화된 데에는 군주의 나약과 무능에도 원인이 있었지만, 그보다 중요한 이유로는 조정의 당파가 왕권의 견제 역할을 함으로써 군주의 절대권이 약화되었다는 점과 척신의 세도 정치를 그 원인으로 들 수 있다. 대원군은 군주권을 강화하기 위해서는 종친부를 강화하여 척족에 대항해야 한다고 생각했다. 그러나 이와 같은 종친부의 강화책은 결국 씨족 관념을 벗어나지 못한 것이었고, 더구나 <u>파벌에 초연해야 할 집권자로서 끝내는 당색을 벗어나지 못했다는 점에서 비난을 면할 길이 없다.</u>

① 종친부 역시 하나의 파벌에 불과한 것이다.
② 집권자는 파벌로부터 자유로울 수 없다.
③ 종친부는 왕권의 강화에 도움이 되지 않았다.
④ 군주권의 강화는 집권자의 의지에 달려 있다.

[15-16] 다음 글을 읽고 물음에 답하시오.

> 신동엽은 한국 현대시사에서 독보적인 위치를 차지하는 대표적인 시인이다. 그의 시 세계는 뛰어난 언어 감각과 함께 한국 사회에 대한 날카로운 통찰력을 보여준다. 특히 신동엽 시의 핵심 특징 중 하나는 강한 코스모폴리타니즘적 지향이다. 코스모폴리타니즘은 개인과 공동체, 국가와 문화를 초월하는 보편적 가치를 지향하는 사상이다. 신동엽 시에서 이러한 코스모폴리타니즘은 현실 비판과 더불어 인류 보편의 가치를 모색하는 시적 태도로 나타난다. 그는 민족, 계급, 인종 등 특정 집단에 국한되지 않고 인간 전체의 관점에서 사물과 세계를 조망한다.
> 대표작 <이야기하는 쟁기꾼의 대지>에서 신동엽은 농부의 모습을 통해 인간 노동의 본질과 자연과의 조화로운 공존을 형상화한다. 이 시에서 농부는 더 이상 특정 민족이나 계층을 대변하는 인물이 아니라, 보편적 인간 존재로 그려진다. 나아가 대지와 더불어 살아가는 농부의 모습은 자연과 인간의 조화로운 공생을 의미한다. 또한 신동엽은 시적 화자를 통해 민족과 계급을 ㉠ 넘어선 보편적 인류애를 표현한다. 시인은 농부의 목소리를 빌어 "어느 나라 사람이냐"라는 질문에 단호히 "어느 나라 사람도 아니다"라고 답한다. 이는 특정 집단에 속하지 않는 보편적 인간 존재로서의 자신을 천명하는 것이다. 이 시를 통해 그는 개인과 집단, 국가와 세계를 아우르는 넓은 시야를 보여주었다.

15. 윗글을 이해한 내용으로 적절하지 않은 것은?
① 신동엽은 <이야기하는 쟁기꾼의 대지>에서 농부의 모습을 통해 인간 노동의 본질과 그 본질이 인간과 자연에 미치는 영향을 깊이 성찰하였다.
② 신동엽은 코스모폴리타니즘적 사상에 입각하여, 더 넓은 차원의 사회적, 문화적 의미를 제시하였다.
③ 신동엽의 시는 민족적 정체성이나 특정 계층을 넘어서는 보편적 인간애를 강조하며, 인간 존재의 보편성과 자연과의 관계를 중시한다.
④ 신동엽의 시에서 제시되는 "어느 나라 사람도 아니다"라는 구절은 국가와 민족을 부정하고, 사회적 정체성을 허무화하려는 의도를 보여준다.

16. 문맥상 ㉠의 의미와 가장 가까운 것은?
① 그의 예술 작품은 전통적인 표현 방식을 <u>넘어서서</u> 혁신적인 기법을 도입했다.
② 그는 국경을 <u>넘어서면서</u> 다시는 조국에 돌아오지 못할지도 모른다는 불길한 예감을 느꼈다.
③ 능선을 <u>넘어서니</u> 거리의 불빛이 아물아물했다.
④ 끈질긴 설득 끝에 그도 역시 우리 편으로 <u>넘어섰다</u>.

[17-18] 다음 글을 읽고 물음에 답하시오.

(가) 정서주의 교육론자들은 도덕적 감수성과 공감 능력의 발달이 도덕성 함양의 토대라고 주장한다. 타인의 감정을 이해하고 공감하는 능력이 규칙의 암기보다 중요하다는 것이다. 정서적 공감에 기초한 도덕교육은 도덕적 직관과 감정의 역할을 잘 설명하지만, 문화적 차이와 개인적 편향성 문제를 해결하기 어렵다는 한계가 있다. 이와 달리 (나) 규범주의를 지지하는 교육이론가들은 정서 중심의 접근이 즉흥적이고 주관적이라고 지적한다. ㉠ 이들은 보편적 도덕규범과 원칙의 교육이 중요하다고 주장하며, 체계적인 도덕적 추론 능력과 판단력 향상을 강조한다. 규범 중심의 도덕교육은 보편적 원칙과 일관성 있는 판단 기준을 제공하지만, 규칙의 형식적 적용에만 치중하여 실제 상황의 복잡성과 개별성을 간과할 위험이 있다. 도덕적 민감성을 키우는 문학 작품과 예술 체험은 ㉡ 전자와 가깝다. 영국의 도덕철학자 허치슨과 흄의 도덕감 이론에 기초한 이 관점에서는 공감 능력이 선천적으로 주어진 도덕적 능력이라고 간주한다. ㉢ 이들은 정서적 교육 없는 도덕교육은 공허한 지식 전달에 불과하다고 비판한다. 반면 도덕적 딜레마 토론과 사례 분석은 ㉣ 후자와 부합하는 방법으로, 체계적인 판단력 발달을 촉진하는 핵심 방법으로 간주된다. 칸트의 의무론적 윤리학에 영향을 받은 ㉤ 이 관점은 특히 보편화 가능한 도덕 원칙에 따른 판단과 행위의 중요성을 강조한다.

17. 윗글의 (가)와 (나)의 주장에 대해 평가한 내용으로 가장 적절한 것은?
① 일부 동물이 다른 종의 감정에 공감하는 반응을 보인다는 연구 결과가 나온다면, 이는 (가)의 주장을 강화한다.
② 소설과 영화를 통한 정서적 공감 교육을 받은 아동들이 규칙 중심 교육을 받은 아동들보다 실제 도덕적 상황에서 더 이타적으로 행동한다는 결과가 나온다면, 이는 (가)의 주장을 약화한다.
③ 도덕적 원칙을 체계적으로 교육받은 학생들이 복잡한 윤리적 갈등 상황에서 일관된 판단을 내린다는 연구 결과가 발표된다면, 이는 (나)의 주장을 강화한다.
④ 문화적 배경이 다른 사람들이 동일한 도덕적 딜레마에 대해 서로 다른 판단을 내린다는 실험 결과가 제시된다면, 이는 (나)의 주장을 강화한다.

18. 윗글의 ㉠~㉤ 중 지시 대상이 함축하는 의미가 유사한 것끼리 짝 지은 것은?
① ㉠, ㉡
② ㉡, ㉢
③ ㉢, ㉣
④ ㉣, ㉤

19. 다음 대화를 분석한 내용으로 가장 적절한 것은?

갑: 최근에 기후 변화로 인한 자연재해가 자주 발생하고 있어서 걱정이야. 탄소 배출을 줄이기 위해 전기 에너지를 더 많이 사용해야 한다고 생각해.
을: 맞아, 하지만 전기 에너지도 생산 과정에서 환경에 미치는 영향이 있잖아. 신재생 에너지를 더 적극적으로 도입해야 할 것 같아.
병: 그렇지. 그런데 신재생 에너지는 설치 비용이 많이 들어서 모든 지역에서 도입하기는 어려워. 경제적인 지원도 필요하지 않을까?
갑: 그래도 탄소 배출을 줄이려면 비용이 들어도 신재생 에너지를 더 늘리는 방향으로 가야 할 거야.
을: 맞아. 비용 문제도 있지만, 환경 보호를 위해 우리가 희생할 필요가 있다고 생각해.
병: 그래서 정부와 기업이 협력해서 경제적인 부담을 줄여가면서 신재생 에너지를 확대할 수 있는 정책을 만드는 게 좋겠어.

① 상대방의 의견에 문제를 제기하며 그것을 해결할 수 있는 절충적인 대안을 덧붙이는 사람이 있다.
② 대화 참여자 중 한 명은 신재생 에너지를 확대하는 의견에 대해 끝까지 의문을 가지고 있다.
③ 대화 참여자들은 모두 신재생 에너지의 비용적 한계에 대해 우려를 표하고 있다.
④ 현황을 드러내며 호기심을 유발하고 신재생 에너지의 필요성을 주장하는 사람이 있다.

20. 유진이는 친구들의 비밀 모임 기록에서 다음과 같은 메모를 발견하였다. 유진이가 이 메모를 보고 "아, 민규가 모임의 임원이 아니구나!"라고 믿기 위해 보충되어야 할 전제는?

서준이가 모임의 임원이 아니라면, 태훈이가 임원이다. 태훈이와 지민 중 한 사람만 임원이다. 민규가 임원이 아닐 경우에만, 지민이 임원이다.

① 서준이는 임원이 아니다.
② 태훈이는 임원이 아니다.
③ 지민이는 임원이 아니다.
④ 서준이는 임원이다.

2025 공무원 시험 대비 적중동형 모의고사
국어
▌제8회 ▌

응시번호		문제책형
성 명		

제1과목	국어	제2과목	영어	제3과목	한국사
제4과목		**제5과목**			

응시자 주의사항

1. **시험시작 전 시험문제를 열람하는 행위나 시험종료 후 답안을 작성하는 행위를 한 사람은「지방공무원 임용령」제65조 등 관련 법령에 의거 부정행위자**로 처리됩니다.
2. 시험이 시작되면 문제를 주의 깊게 읽은 후, 문항의 취지에 가장 적합한 하나의 정답만을 고르며, 문제내용에 관한 질문은 할 수 없습니다.
3. **답안은 문제책 표지의 과목 순서에 따라 답안지에 인쇄된 순서에 맞추어 표기**해야 하며, 과목 순서를 바꾸어 표기한 경우에도 문제책 표지의 과목 순서대로 채점되므로 유의하시기 바랍니다.
4. 법령, 고시, 판례 등에 관한 문제는 **2025년 4월 30일 현재 유효한 법령, 고시, 판례 등을 기준**으로 정답을 구해야 합니다. 다만, 개별 과목 또는 문항에서 별도의 기준을 적용하도록 명시한 경우에는 그 기준을 적용하여 정답을 구해야 합니다.
5. **시험시간 관리의 책임은 응시자 본인에게 있습니다.**
   ※ 문제책은 시험종료 후 가지고 갈 수 있습니다.

정답공개 및 이의제기 안내

1. 정답공개 일시: 정답가안 6.21.(토) 14:00 / 최종정답 6.30.(월) 18:00
2. 정답공개 방법: 사이버국가고시센터(www.gosi.kr) ➡ [시험문제 / 정답 → 문제 / 정답 안내]
3. 이의제기 기간: 6.21.(토) 18:00 ~ 6.24.(화) 18:00
4. 이의제기 방법
   ▪ 사이버국가고시센터 ➡ [시험문제 / 정답 → 정답 이의제기]
   ▪ 구체적인 이의제기 방법은 정답가안 공개 시 공지 예정

국 어

1. <공문서 작성 지침>에 따라 <공문서>의 ㉠~㉣을 수정한 것으로 적절하지 않은 것은?

— <공문서 작성 지침> —
- 주동·사동 표현이 적절히 사용되었는지 점검할 것.
- 주어와 서술어의 호응이 적절한지 고려할 것.
- 능동·피동 표현이 적절히 사용되었는지 점검할 것.
- 문장의 필수 성분이 생략되었는지 살필 것.

— <공문서> —
지방소멸대응부
수신 전국 지방자치단체장
(경유)
제목 인구감소지역 지원 특별법 시행령 개정 안내

이번 개정으로 인구감소지역인 ㄱ군에 대규모 리조트가 문을 열면서, 효과를 기대할 수 있게 되었습니다. 다수의 근로자가 ㄱ군에 인접한 ㄴ시에서 출퇴근하고 있으나, 앞으로는 ㄱ군에 거주하는 사례가 늘어날 전망입니다.
ㄱ군은 리조트 근로자들이 지역에 정착할 경우 원룸 비용 등 주거비용을 일부 지원하고, ㉠ 가족 단위 이주자에게는 맞춤형 지원 시책을 추진할 계획입니다. 이를 통해 지역 상권도 활성화되고, ㉡ 출퇴근 비용과 주거비용을 절감할 수 있을 것으로 기대됩니다.
지방소멸대응부는 지난해 인구감소지역 7개 지역에 대해 ㉢ 생활인구가 시범 산정되었으며, 올해부터는 89개 인구감소 지역 전체를 대상으로 확대할 예정입니다.
이를 통해 ㉣ 더욱 정교하게 추진할 수 있을 것으로 기대됩니다.

① ㉠: 가족 단위 이주자에게는 맞춤형 지원 시책을 추진시킬
② ㉡: 근로자들은 출퇴근 비용과 주거비용을 절감할
③ ㉢: 생활인구를 시범 산정하였으며
④ ㉣: 인구 정책을 더욱 정교하게 추진할 수 있을 것으로 기대

2. 다음 글에서 추론한 내용으로 가장 적절한 것은?

체언은 문장에서 주로 주어, 목적어, 부사어로 기능할 수 있는 단어의 유형으로, 불변어에 속한다. 체언에 속하는 품사로 대명사가 있는데, 대명사는 앞에 언급되었던 명사를 대신 지칭할 때 사용하는 말이다. 대명사의 종류로는 지시 대명사가 있으며, 지시 대명사의 예시로는 '이것', '저것', '그것', '여기', '저기', '거기' 등이 있다. 체언의 가장 큰 특징은 뒤에 조사가 결합할 수 있다는 것인데, 이를 통해 체언과 다른 품사의 구별이 가능하다.
지시 대명사의 경우, 품사는 다르지만 비슷한 형태를 지닌 지시 관형사와의 구별이 필요하다. 지시 관형사는 특정한 대상을 한정하여 가리키는 관형사로, '이', '그', '저' 등이 있다. 지시 대명사와 지시 관형사를 구별하기 위해서는 체언에 조사가 결합 가능하다는 성질을 이용해야 한다. 예를 들어, '저것은 내 책이다'와 '저 책은 내 책이다'에서 '저것'과 '저'의 차이를 살펴보자. '저것'의 경우 그 뒤에 '은'이라는 조사가 결합 가능하다. 따라서 '저것은'의 형태로 쓸 수 있다. 하지만 '저 책'에서 '저'의 경우, 조사의 결합이 불가능하다. '저는 책', 혹은 '저를 책' 등의 형태로 쓸 수 없기 때문이다.

① '이 사람은 우리 학교 학생이 아니다'에서 '이'는 뒤에 나오는 '사람'을 지칭하므로 지시 대명사이다.
② '이를 오늘 이 자리에서 논의하고자 한다.'에서 '이'는 조사 '를'이 결합하였기 때문에 지시 대명사이다.
③ '여기 길을 잃어버린 아이가 있어.'에서 '여기'는 조사가 결합할 수 없기 때문에 지시 관형사이다.
④ '그 가족은 팔 년 동안 거기에서 살았다.'에서 '그'와 '거기'는 품사가 같다.

3. 다음 글에서 추론한 내용으로 가장 적절한 것은?

국가의 시장 및 사회 개입 수준에 대한 논쟁은 오랫동안 지속되어 왔다. 이에 대해 작은 정부론과 큰 정부론은 서로 다른 입장을 보인다. 작은 정부론은 국가의 개입을 최소화하고, 시장과 개인의 자율성을 보장하는 것이 중요하다고 본다. 정부가 경제와 복지에 지나치게 개입하면 비효율이 발생하고, 세금 부담이 증가해 경제 성장을 저해할 수 있다는 것이다. 이들은 조세 감면, 공공 부문 축소, 복지와 규제의 최소화를 주장한다. 예를 들어, 미국은 감세 정책과 민영화를 통해 정부의 역할을 축소하고, 시장의 자율성을 확대해 왔다.
큰 정부론은 시장의 자율성만으로는 사회적 불평등 해소가 어려우며, 국가가 적극적으로 개입해 공공 복지와 경제 안정을 도모해야 한다고 본다. 특히 교육, 의료, 사회복지와 같은 분야에서는 정부의 개입이 필수적이며, 조세를 통해 필요한 재원을 확보해야 한다는 주장이다. 예를 들어, 북유럽 국가들은 높은 세율을 바탕으로 의료와 교육을 무상 제공하고 사회적 안전망을 강화하는 정책을 펼쳐왔다. 이러한 방식은 국민의 삶의 질을 향상하는 효과가 있다. 작은 정부론과 큰 정부론은 각각 시장의 자유와 사회적 평등을 핵심 가치로 삼는다. 국가 개입의 정도는 경제 상황과 사회적 요구에 따라 달라질 수 있으며, 두 입장의 균형을 찾는 것이 정책 결정에서 중요한 과제가 된다.

① 모든 국가는 반드시 시장의 자율성을 보장하면서 경제 성장을 최우선으로 해야 한다.
② 북유럽 국가들의 높은 세율 정책은 큰 정부를 지향하는 국가 중 가장 성공적인 사례이다.
③ 작은 정부를 지향하는 국가들은 큰 정부와 달리 복지 정책을 시행하지 않는다.
④ 국가 개입의 정도는 경제 상황과 사회적 요구를 고려하여 균형점을 찾아야 한다.

[4-5] 다음 글을 읽고 물음에 답하시오.

대한민국은 고령화가 가속되며, 생산인구 감소와 평균 연령 상승이 지역 경제에 미치는 영향이 점차 두드러지고 있다. 특히 서울과 같은 대도시는 1990년대 이후 경제성장을 ㉠ 끌어당겨 온 생산인구가 줄어들며 쇠퇴가 ㉡ 굳어지는 현상이 나타났다. 반면, 충청권 지역은 인구 요인의 증가와 더불어 성장세가 두드러지고 있다. 예를 들어 충남과 경기 지역은 전국 평균을 ㉢ 넘는 경제 성장을 보이며 고령화 속에서도 생산인구 유입이 활발히 일어나고 있는 지역으로 분석된다.

인구 구조 변화에 따라 각 지역의 성장은 생산인구의 비율과 밀접하게 연결되어, 생산인구가 늘어나면 지역 내 총생산도 증가하는 경향을 보인다. 또한 고령화로 인해 청년층과 중장년층의 인구 비율이 감소하며 노동시장에 참여하는 인구의 성별, 연령 구조에도 변화가 나타나고 있다. 이러한 변화는 소비 패턴과 지역 내 경제활동에도 영향을 미쳐, 특정 지역은 더욱 쇠퇴하고 반면에 일부 지역은 경제적 활력을 유지하고 있다. 이에 따라 각 지역의 경제력 차이가 심화될 가능성이 커지고 있으며, 지역별로 고령화 대응 전략을 달리 ㉣ 만들 필요성이 제기되고 있다. 궁극적으로 인구 구조 변화에 대응하기 위한 지역별 맞춤형 정책이 필요하다는 논의가 활발히 이루어지고 있다.

4. 윗글의 중심 내용으로 가장 적절한 것은?
① 고령화와 인구 구조 변화는 지역별 경제 성장에 상이한 영향을 미치며, 이에 맞춘 정책이 필요하다.
② 대한민국은 고령화와 생산인구 감소로 인해 경제가 쇠퇴하고 있다.
③ 충청권과 경기 지역을 제외한 지역은 생산인구 감소로 인해 쇠퇴하고 있다.
④ 고령화와 인구 구조 변화로 일부 지역은 쇠퇴하고 일부 지역은 경제 성장을 하는 지역 격차가 생기고 있다.

5. ㉠~㉣과 바꿔 쓸 수 있는 유사한 표현으로 적절하지 않은 것은?
① ㉠: 견제해
② ㉡: 고착되는
③ ㉢: 초과하는
④ ㉣: 설정할

6. 다음 글의 ㉠~㉣ 중 어색한 곳을 찾아 가장 적절하게 수정한 것은?

인식의 근원에 대한 철학적 논쟁은 오랫동안 서양 철학의 중심 주제였다. 경험론은 ㉠ 모든 지식이 감각 경험으로부터 비롯되며, 인간의 마음은 본래 백지 상태라고 주장한다. 로크와 흄으로 대표되는 경험론자들은 관찰과 실험을 통해 얻은 경험적 증거만이 신뢰할 수 있는 지식의 원천이라고 보았다. 이들은 선천적 지식의 존재를 부정하며, 인간의 모든 관념이 경험의 결합과 연상에서 비롯된다고 설명한다. 경험론은 ㉡ 이성적 추론 없이도 보편적 진리를 증명할 수 있다는 비판을 받는다. 반면, 데카르트로 대표되는 이성론은 인간에게는 경험 이전에 주어진 선천적 관념이 있으며, ㉢ 순수한 이성적 추론을 통해 확실한 진리에 도달할 수 있다고 주장한다. 이들은 수학적 진리나 신의 존재와 같은 관념이 경험이 아닌 이성의 본성에서 비롯된다고 보았다. 이성론은 보편적이고 필연적인 진리의 가능성을 설명할 수 있지만, ㉣ 이성만으로는 현실 세계의 구체적 지식을 얻을 수 없다는 비판을 받았다. 현대 인식론은 이 두 입장의 통합을 모색하며, 특히 칸트의 선험적 종합 판단 개념을 통해 새로운 해결책을 제시하고 있다.

① ㉠: 일부 지식만이 감각 경험에서 비롯되며, 나머지는 선천적으로 주어진다고
② ㉡: 직관적 진리나 도덕적 가치와 같은 추상적 관념을 설명하는 데 한계를 보인다는
③ ㉢: 경험적 증거 없이도 과학적 사실을 검증할 수 있다
④ ㉣: 이성과 경험의 조화를 통해 진리에 도달했다는 평가를

7. 다음 글을 읽고 평가한 내용으로 가장 적절한 것은?

창의성이란 무엇인가에 대한 물음은 심리학계의 오랜 논쟁거리였다. 인지주의 심리학자들은 창의성이 문제 해결 과정의 특수한 형태라고 주장한다. 이들에 따르면 개인이 기존 지식을 새롭게 재구성하고 조합하는 과정에서 창의적 산물이 나온다. 이러한 사고 과정은 확산적 사고와 같은 고차원적 인지 기능을 통해 이루어진다. 또한 이러한 인지적 접근은 창의성을 체계적으로 분석할 수 있게 해주어 창의성 연구의 새로운 지평을 열었다는 평가를 받는다. 신경과학자들은 이와 같은 정신 작용이 실제로 뇌에서 어떻게 일어나는지 탐구한다. 창의적 과정에서 나타나는 뇌의 활성화 패턴을 연구하며, 특히 전두엽과 측두엽의 상호작용에 주목한다. 사회적 관점을 지지하는 연구자들은 창의성을 사회적 산물로 보며 맥락적 특성을 강조한다. 이들은 창의적 사고가 개인의 인지 과정이나 신경 활동을 넘어서는 사회적 현상이며, 문화적 맥락 속에서만 이해될 수 있다고 주장한다. 최근에는 이러한 여러 관점을 통합하려는 시도가 나타나고 있다. 체계모델을 지지하는 연구자들은 개인의 능력, 전문 분야의 특성, 사회적 평가가 상호작용하면서 창의성이 발현된다고 본다. 이들은 문제 해결 능력이 전문성과 결합하여 사회적으로 인정받을 때 비로소 창의성이 실현된다고 강조한다.

① 동물들이 학습하지 않고도 도구를 사용하는 창의적 행동을 보이면, 이는 인지주의 심리학자들의 주장을 약화한다.
② 창의적인 사람들의 뇌 활성화 패턴이 일반인들과 유사하다는 실험 결과가 나온다면, 이는 신경과학자들의 주장을 약화한다.
③ 다양한 문화권에서 창의성의 기준이 서로 다르게 나타난다는 연구 결과가 제시된다면, 이는 사회적 관점을 지지하는 연구자들의 주장을 약화한다.
④ 전문가 집단의 평가 기준이 시대에 따라 변화한다는 역사적 증거가 발견된다면, 이는 체계모델 지지자들의 주장을 약화한다.

8. 다음 밑줄 친 ㉠을 강화하는 사례로 가장 적절한 것은?

지그문트 프로이트는 정신분석학의 창시자로 알려져 있다. 그의 정신분석학에서 그는 정신을 원초아(Id), 자아(Ego), 초자아(Super ego)로 나누어 설명했다. 원초아는 무의식의 영역에 머무는 것으로, 본능으로서의 자아다. 이에 원초아는 주변 상황을 고려하지 않으며, 끊임없이 욕망한다. 그러나 개인은 원초아에 의해 위험에 빠질 수 있는 가능성이 존재하기 때문에 이를 통제하기 위해 자아가 발달한다. 자아는 원초아가 세계로 방출하려는 에너지의 통로를 지배한다. 자아에 의해 원초아는 조절되며, 자아는 의식의 영역에 위치한다. 초자아는 자아의 이상(理想)으로 자아는 초자아가 기준하는 바에 따라 완전한 행동을 하려는 경향을 보인다. 그리고 이것이 부합되지 못했을 때 초자아는 자아에 엄한 꾸중과 비판을 내린다.
개인은 원초아의 충동적 욕구를 초자아의 이상에 조절하며 행동해야 한다. 그런데 일상에서는 자아에 의해 통제되지 못하고 원초아가 발현되는 경우가 있다. 이를테면 화를 주체하지 못하여 길거리에 놓인 돌을 걷어차는 상황이다. 이는 원초아의 파괴적인 충동에 자아가 압도당한 것으로, 이로써 자아는 불안 상태에 놓이게 된다. 이에 자아는 초자아의 비판을 회피하기 위해 그를 무마하는데 이를 ㉠'합리화'라고 한다. 직전의 사례에서 초자아의 꾸중을 염려한 자아가 '돌이 이런 데 떨어져 있으면 위험하잖아.'라고 생각하는 경우이다.

① 갑은 아들에게 생일 선물을 주고 싶었으나 주머니 사정이 여의치 않자 취객의 지갑을 훔쳤으나 이내 '이건 범죄인데.'하고 반성했다.
② 을은 남몰래 컴퓨터 게임을 즐기지만 주변의 시선을 의식하여 컴퓨터 게임을 즐기는 타인을 '컴퓨터 게임은 시간 낭비야'라고 비난하였다.
③ 병은 상대방과 격한 언쟁 끝에 폭력을 휘두른 뒤 '짐승 같은 녀석은 맞아도 싸.'라고 생각했다.
④ 정은 아내와 싸운 뒤 기분이 상했고 서재로 들어가면서 공연히 문을 세게 닫으며 '문이라도 세게 닫으니 속이 시원하다.'라고 생각했다.

9. 다음 글에서 추론한 내용으로 가장 적절한 것은?

여러 명이 힘을 합했을 때 전체의 힘은 구성원 개인의 합과 같거나, 그것보다는 클 것이라고 생각하는 것이 일반적이다. 이때 구성원 개개인의 힘의 합보다 전체의 힘이 더 큰 경우를 '시너지'가 발생했다고 한다. 그런데 실제에서는 이와 정반대의 상황이 발생하기도 한다. 구성원의 합보다 전체가 더 작아지는 경우가 발생하는 것이다. 이를 '링겔만 효과'라고 한다.
독일의 심리학자 링겔만은 줄다리기를 통해 집단에 속한 개인들의 공헌도 변화를 측정하는 실험을 시도했다. 이 실험에서 링겔만은 개인이 줄을 당길 때 힘이 100이라면, 3명 집단에서는 300, 8명 집단에서는 800의 힘이 발휘될 수 있을 것이라고 기대했다. 그러나 실험 결과 3명 집단의 경우에는 85%, 8명 집단의 경우에는 겨우 49%의 힘의 크기가 작용할 뿐이었다.
실험에서 그러한 결과가 나타난 까닭은 줄다리기는 구성원 전체의 힘을 측정하는 것일 뿐 개인의 힘을 측정하지는 못하기 때문이다. 이것으로 집단 속에서 개인의 잘못이 명확하게 드러나지 않을 때 링겔만 효과가 발생하는 것을 알 수 있다. 이는 줄다리기의 상황뿐만 아니라 팀 프로젝트의 상황에서도 팀의 성과를 저해하는 요인으로 기능할 수 있다. 따라서 링겔만 효과를 줄이기 위해서는 팀에 대한 평가뿐 아니라 구성원 개개인의 평가를 동시에 수행해야 한다.

① 링겔만은 집단의 총 공헌도를 측정하였으나 측정에 실패했다.
② 팀을 구성하는 인원이 적을수록 링겔만 효과가 발생하기 쉽다.
③ 개개인에 대한 평가가 이루어진다면 링겔만 효과가 극대화될 수 있다.
④ 팀에 대한 평가만이 이루어질 때, 링겔만 효과가 발생하기 쉽다.

10. 다음 글의 전개 순서로 가장 적절한 것은?

(가) 여숫골의 지명처럼 특정 발음이 본인이 아는 다른 발음처럼 들리는 현상을 '몬더그린 현상'이라고 한다. 이는 '파레이돌리아'의 일종으로 연관성이 없는 현상이나 자극에서 일정한 패턴을 추출해 의미를 조직하고자 하는 심리 현상이다.
(나) 이곳의 여숫골은 순교자들의 처형장이었던 장소이다. 처형 당시 순교자들은 하나같이 '예수-마리아'를 외치며 죽어갔다고 한다. 그러나 이들의 신앙과 표현을 알 리 없는 지역 주민들은 '예수-마리아'가 '여수-머리'로 들렸다고 한다. 여수는 여우의 방언으로, 주민들은 순교자들이 여우에 홀린 것으로 생각했고 이에 이곳의 지명은 여숫골이 되었다.
(다) 충청남도 서산에는 국제 성지로 지정된 해미순교성지가 있다. 국내에서 국제 성지가 선포된 것은 2018년 9월 서울대교구 순례길 이후 두 번째이며, 아시아에서는 세 번째다. 무명의 천주교 신자들이 병인박해 등의 천주교 박해로 처형된 곳이다.
(라) 파레이돌리아는 흔히 착시와 비교되기도 하는데, 착시는 왜곡되어 보이는 것이지만 파레이돌리아는 왜곡하여 보려는 것이라는 점에서 차이가 있다. 이는 생물학적으로 생존에 더 유리하기 때문에 발생하는 것으로 분석된다.

① (가) - (나) - (다) - (라)
② (가) - (나) - (라) - (다)
③ (다) - (나) - (가) - (라)
④ (다) - (나) - (라) - (가)

11. 다음 글에서 추론한 내용으로 적절하지 않은 것은?

판소리에는 특정 대목이 극대화되어 내용이 지나치게 세밀하게 제시되거나 장황하게 나열되는 부분이 많다. 이른바 장면의 극대화다. 「춘향가」에서 어사가 출도하자 넋을 잃고 도망하는 변 사또의 모습이 그러하다. 창자(唱者)는 한바탕 웃을 만한 대목이나, 울음을 쏟아 낼 만한 대목에 이르러 장면을 극대화한다. 그리하여 사건의 전개는 잠시 멈추어 둔 채, 자신의 감정을 토로하고 이로써 청중들을 감동시킨다.
또한 판소리에는 부분의 독자성이 존재한다. 판소리는 일종의 극문학으로, 시간과 공간상의 제약이 존재한다. 그런데 판소리는 공연 시간이 굉장히 많이 소요되므로, 완창보다는 부분창을 하는 경우가 많다. 이러한 상황에서 창자들은 특정 대목을 즐겨 창하게 되는데, 해당 대목에 있어 더욱 극적인 연출을 위해 없었던 부분을 보태는 경우가 있다. 이때 그 대목은 판소리 대본 전체와 어울리지 않는 상황이 생길 수 있다. 이를 부분의 독자성이라고 칭한다.

① 창자의 감정 토로에 의해 청중은 창자와 감정이 동화될 수 있다.
② 부분의 독자성은 내용의 통일성을 해칠 수 있다.
③ 창자의 특정 대목 선호로 부분창이 이루어질 수 있다.
④ 장면의 극대화를 통해 사건의 전개가 가속된다.

[12-13] 다음 글을 읽고 물음에 답하시오.

<고공가>와 <고공답주인가>는 조선 후기의 연작형 가사로, 각각의 작품이 주인과 머슴이라는 대립적 관점에서 국가 운영과 사회 문제를 비유적으로 ㉠풀어냈다. <고공가>는 허전이 지은 작품으로, 머슴을 벼슬아치에 비유하며 당시 관리들의 탐욕과 무능을 강하게 비판한다. 특히 이 작품은 조선의 건국 과정을 농사로 비유하며, 과거와 현재의 대비를 통해 임진왜란 이후 피폐해진 국가의 상황을 풍자적으로 드러낸다. 머슴들이 자신들의 사리사욕만을 챙기고 나라의 안위를 등한시하는 모습은 당시 사회의 부조리를 상징적으로 형상화한 것이다.

한편, <고공답주인가>는 이원익이 지은 작품으로, <고공가>에 대한 답변 형식을 취한다. 이 작품에서는 관리들뿐만 아니라 임금까지도 비판의 대상으로 삼으며, 모두가 자신의 역할을 다하지 못한 결과 나라가 혼란에 빠졌음을 지적한다. <고공답주인가>는 단순한 비판에 그치지 않고, 원로의 충언과 상벌의 분명함을 바탕으로 한 대안을 제시하며, 공사 구분과 법 질서를 강조하는 교훈적 메시지를 전달한다. 두 작품은 비유법과 설의법 등을 활용하여 사회적 모순을 풍자하며, 동시에 국가 운영에 대한 깊은 성찰을 담고 있다. 특히 농사를 통해 국가를 비유한 점은 독자들에게 관리들의 무능과 탐욕이 국가의 붕괴로 이어질 수 있음을 직관적으로 보여준다.

12. 윗글에서 추론한 내용으로 가장 적절한 것은?
① <고공가>는 당시 관리들과 임금을 비판의 대상으로 삼아 사회 부조리에 대해 비판하였다.
② <고공답주인가>는 머슴과 주인의 갈등을 조정하며, 사회적 화합을 도모하는 내용을 중심으로 전개된다.
③ <고공가>는 사회 문제를 비판하는 데에 그쳤지만, <고공답주인가>는 이를 해결할 방안을 성찰하였다.
④ <고공가>는 국가 운영과 사회 문제를 비유적으로 풀어내어 올바른 국가 운영의 방법을 직관적으로 보여주었다.

13. 문맥상 ㉠의 의미와 가장 가까운 것은?
① 두 사람 사이에 있었던 오해를 말끔히 풀어냈다.
② 이 다큐멘터리는 환경오염의 복잡한 원인을 과학적 데이터로 풀어내고 있다.
③ 그녀는 매듭이 단단히 묶인 실타래를 조심스럽게 풀어냈다.
④ 나는 머릿속에서 얽힌 생각들을 글로 풀어내려고 노력했다.

14. 어떤 학교에서는 다음 조건에 따라 A~E 동아리 중에서 두 개 이상의 동아리에 예산을 지원하려고 한다. ㉠~㉣의 진술이 참이라고 할 때, 예산 지원에 대한 다음 진술 중 항상 참인 것은?

㉠ B 동아리와 C 동아리 중 적어도 하나의 동아리는 예산을 받는다. 단, 두 동아리 모두 예산을 받는 것은 불가능하다.
㉡ A 동아리 또는 E 동아리가 예산을 받으면 B 동아리는 예산을 받지 않는다.
㉢ B 동아리가 예산을 받으면 D 동아리도 예산을 받는다.
㉣ C 동아리가 예산을 받으면 A 동아리와 D 동아리는 예산을 받지 않는다.

① A 동아리는 예산을 받지 않는다.
② B 동아리와 D 동아리가 예산을 받는다.
③ C 동아리는 예산을 받는다.
④ 세 개의 동아리가 예산을 받는다.

15. 건우는 다음 진술에 따라 물리, 화학, 생명과학, 지구과학 중 이번 학기에 수강할 과목을 선택하려고 한다. ㉠~㉣의 진술이 참이라고 할 때, 건우가 이번 학기에 수강할 과목의 수는?

㉠ 물리와 화학 중 적어도 한 과목은 수강한다. 단, 두 과목 모두 수강할 수는 없다.
㉡ 지구과학을 수강하지 않으면 화학도 수강하지 않는다.
㉢ 화학을 수강하지 않으면 생명과학을 수강한다.
㉣ 생명과학을 수강하면 지구과학을 수강하지 않는다.

① 1과목   ② 2과목   ③ 3과목   ④ 4과목

16. 다음 빈칸에 들어갈 말로 가장 적절한 것은?

대평면에 댐이 들어서면서부터 마을의 변화가 시작되었다. 1970년대 남강을 막아 댐을 조성하면서 대평면 일부가 인공호수인 진양호에 잠기게 되었다. 남강의 치수와 용수를 개발할 목적으로 인위적으로 물길을 가두게 되면서 강가에 인접한 마을들이 물속에 수몰된 것이다. 이곳 사람들은 조상 대대로 가꾸어 왔던 삶의 터전과 정든 고향을 버리고 이주해야만 하는 상황에 처하게 되었다. 농민들은 피땀으로 일군 논밭을 수몰로 잃게 되었고 이웃과 생이별을 해야 하는 상황에 내몰리게 됨으로써 공동체가 파괴되는 아픔을 겪었다. 진주문화사의 뿌리를 자처하던 대평면이 지도에서 사라지게 되었고 해당 지역에 잔존하던 선사시대 유적물마저 물속에 잠기게 되었다. 1989년부터 시작된 남강댐 보강 공사는 그나마 남아 있던 대평면 땅을 거의 다 삼키게 되었는데 대평 사람에게 넉넉하고 풍요로운 삶을 안겨다 주었던 남강이 [   ]가 되어 버린 것이다.

① 오히려 생활 터전을 통째로 이전시키는 존재
② 오히려 생활 터전을 모조리 빼앗아 버리는 존재
③ 용수를 공급할 다목적 댐으로 변모한 존재
④ 기억을 바탕으로 공동체의 재결집을 촉진하는 존재

17. 갑~병의 주장을 분석한 내용으로 적절한 것만을 <보기>에서 모두 고르면?

갑 : 전자책은 디지털 형식으로 제공되어 언제 어디서나 접근이 가능하다. 대량의 책을 한 기기에 저장할 수 있어 휴대성이 뛰어나며, 검색 기능과 하이라이트, 메모 기능 등 다양한 편의성을 제공한다. 또한, 제작 및 유통 비용이 낮아 가격이 저렴한 경우가 많다. 이러한 이유로 전자책은 현대 독서의 미래이며, 종이책을 대체할 것이다.

을 : 종이책은 전자책과 달리 물리적인 촉감과 향기를 제공하여 독서 경험을 풍부하게 한다. 눈의 피로를 줄이고, 집중력을 높이는 데 도움이 된다. 또한, 종이책은 소유의 만족감을 주며, 디지털 기기의 고장이나 배터리 문제에 영향을 받지 않는다. 종이책은 오랜 시간 동안 사랑받아온 전통적인 독서 방식으로서 그 가치를 유지해야 한다.

병 : 전자책과 종이책은 각각의 장단점을 가지고 있으며, 서로를 보완하는 관계에 있다. 전자책은 편리성과 접근성을 제공하는 반면, 종이책은 독서의 질적 경험을 향상시킨다. 개인의 취향과 상황에 따라 두 형식을 적절히 활용하는 것이 이상적이다. 따라서 전자책과 종이책은 경쟁보다는 공존할 수 있는 가능성이 높다.

<보 기>
ㄱ. 갑의 주장과 을의 주장은 대립한다.
ㄴ. 을의 주장과 병의 주장은 대립하지 않는다.
ㄷ. 병의 주장과 갑의 주장은 대립한다.

① ㄱ, ㄴ   ② ㄱ, ㄷ   ③ ㄴ, ㄷ   ④ ㄱ, ㄴ, ㄷ

18. 다음 글에서 추론한 내용으로 가장 적절한 것은?

> 사회심리학자 하인리히에 따르면, 더 올바른 해결책을 찾기 위해서는, 직접 원인뿐 아니라 간접 원인을 올바르게 이해해야 한다. 직접 원인은 일어난 결과에 대한 직접적인 원인을 의미하며, 간접 원인은 직접 원인에 대한 원인을 의미한다. 예를 들어, 친구가 별 것 아닌 일로 나에게 화를 내서 싸웠다면, 직접 원인은 친구가 화를 낸 것이 될 것이다. 그런데 친구가 힘든 상황으로 스트레스를 받아 별것 아닌 일로 화를 내었다면, 간접 원인은 친구의 스트레스가 될 것이다. 이를 도식화하면 다음과 같다.
>
> ㉠ 친구의 스트레스 → ㉡ 친구가 화냄 → 싸움
>
> 만약 ㉡에만 초점을 맞춘다면, 친구는 이상한 사람이며, 해결책은 친구와 거리두기가 된다. 그러나 ㉠까지 고려한다면, 친구의 상황을 이해하고 위로함으로써 친구와 오히려 가까워지는 해결책을 찾을 수도 있을 것이다. ㉡만 고려할 때보다 ㉠까지 고려하게 되었을 때, 올바른 정보의 양이 더 많아지므로, 더 올바른 결정을 할 수 있음은 당연하다. 만약 ㉠의 원인까지 알 수 있다면 더 올바른 해결책을 찾을 수 있을 것이다. 하지만 문제는 ㉡은 관찰 가능하지만, ㉠이나 ㉠의 원인은 관찰 불가능하다는 것이다. 오로지 나의 생각으로 추론해내야 한다. 추론 과정이 잘못되면, ㉠을 잘못 이해하게 되고, 더 잘못된 해결책으로 문제를 악화시킬 수도 있다.

① 하인리히에 따르면 직접 원인에 대한 원인만 올바르게 이해해야 더 올바른 해결책을 찾을 수 있다.
② 하인리히에 따르면 관찰 불가능한 원인을 올바르게 이해하지 못하는 경우 더 올바른 해결책을 찾을 수 없다.
③ 정보의 양이 많아질수록 더 올바른 결정을 내릴 수 있다.
④ 원인에 대한 원인을 계속 파헤치는 일은 문제를 악화시킨다.

19. ㉠~㉣의 관계에 대한 평가로 적절한 것을 <보기>에서 있는 대로 고른 것은?

> ㉠ 여행을 가는 학생이 존재한다.
> ㉡ 학생이 아니거나 독서를 하지 않는 사람은 존재하지 않는다.
> ㉢ 여행을 하고 독서를 하는 사람은 존재하지 않는다.
> ㉣ 독서를 하는 모든 사람은 여행을 간다.

─── <보 기> ───
가. ㉠과 ㉣이 참이면 ㉡은 반드시 참이다.
나. ㉡과 ㉣이 참이면 ㉠은 반드시 참이다.
다. ㉡과 ㉢이 참이면 ㉠은 참일 수 있다.

① 나
② 다
③ 나, 다
④ 가, 나, 다

20. 다음 글을 읽고 평가한 내용으로 적절한 것만을 <보기>에서 모두 고르면?

> 수도, 전기, 의료, 교통과 같은 공공 서비스는 국민 생활의 필수적인 요소로 작용한다. 이러한 공공재를 정부가 직접 운영해야 하는지, 아니면 민영화를 통해 더 효율적으로 운영할 수 있는지에 대한 논쟁이 계속되고 있다.
> 민영화를 지지하는 입장에서는 공공 서비스가 시장 원리에 따라 운영될 때 더 높은 효율성과 경쟁력이 확보된다고 본다. 이들은 정부 운영의 비효율성과 관료주의를 지적하며, 민간 부문이 공공재를 운영할 경우 더 나은 서비스와 낮은 비용을 제공할 수 있다고 주장한다. 또한 민간 기업이 운영하면 재정 부담이 정부에서 기업으로 이동하여 세금 부담을 줄일 수 있다고 보며, 시장 경쟁을 통해 서비스 품질이 향상될 것이라고 기대한다.
> 반면, 공공 서비스의 정부 운영을 지지하는 입장에서는 공공재는 시장 원리에 맡겨질 경우 사회적 형평성을 해칠 위험이 있다고 주장한다. 특히 수도, 의료, 전기와 같은 필수 서비스는 모든 국민이 접근할 수 있어야 하는데, 민영화되면 이윤을 추구하는 기업이 운영을 담당하면서 서비스가 특정 계층에만 집중될 수 있다는 것이다. 또한 공공 서비스는 단순한 경제적 논리가 아니라 국민의 기본적인 삶의 질과 직결된다는 점에서 정부가 직접 책임지는 것이 바람직하다는 견해도 있다.

─── <보 기> ───
ㄱ. 민영화된 철도 서비스가 경쟁을 통해 운행의 효율성이 증가하고 고객 만족도가 상승했다는 연구 결과가 발표된다면, 이는 공공 서비스 민영화의 정당성을 강화하는 사례이다.
ㄴ. 정부가 운영하는 공공 의료 서비스가 안정적인 요금 체계와 보편적 의료 접근성을 유지하는 데 실패했다는 연구 결과가 나온다면, 이는 공공 서비스 정부 운영의 정당성을 약화하는 사례이다.
ㄷ. 민영화된 수도 서비스가 요금 인상을 초래하여 저소득층이 필수적인 물 사용에 어려움을 겪었다는 사례가 보고된다면, 이는 공공 서비스 정부 운영의 정당성을 강화하는 사례이다.

① ㄱ, ㄴ
② ㄱ, ㄷ
③ ㄴ, ㄷ
④ ㄱ, ㄴ, ㄷ

2025 공무원 시험 대비 적중동형 모의고사
국어
▌제9회 ▌

응시번호		문제책형
성 명		

제1과목	국어	제2과목	영어	제3과목	한국사
제4과목		제5과목			

응시자 주의사항

1. **시험시작 전 시험문제를 열람하는 행위나 시험종료 후 답안을 작성하는 행위**를 한 사람은 「지방공무원 임용령」 제65조 등 관련 법령에 의거 **부정행위자**로 처리됩니다.
2. 시험이 시작되면 문제를 주의 깊게 읽은 후, **문항의 취지에 가장 적합한 하나의 정답만을 고르며**, 문제내용에 관한 질문은 할 수 없습니다.
3. **답안은 문제책 표지의 과목 순서에 따라 답안지에 인쇄된 순서에 맞추어 표기**해야 하며, 과목 순서를 바꾸어 표기한 경우에도 문제책 표지의 과목 순서대로 채점되므로 유의하시기 바랍니다.
4. 법령, 고시, 판례 등에 관한 문제는 **2025년 4월 30일 현재 유효한 법령, 고시, 판례 등을 기준**으로 정답을 구해야 합니다. 다만, 개별 과목 또는 문항에서 별도의 기준을 적용하도록 명시한 경우에는 그 기준을 적용하여 정답을 구해야 합니다.
5. **시험시간 관리의 책임은 응시자 본인에게 있습니다.**
   ※ 문제책은 시험종료 후 가지고 갈 수 있습니다.

정답공개 및 이의제기 안내

1. 정답공개 일시: 정답가안 6.21.(토) 14:00 / 최종정답 6.30.(월) 18:00
2. 정답공개 방법: 사이버국가고시센터(www.gosi.kr) ➜ [시험문제 / 정답 → 문제 / 정답 안내]
3. 이의제기 기간: 6.21.(토) 18:00 ~ 6.24.(화) 18:00
4. 이의제기 방법
   - 사이버국가고시센터 ➜ [시험문제 / 정답 → 정답 이의제기]
   - 구체적인 이의제기 방법은 정답가안 공개 시 공지 예정

국 어

1. <공공언어 바로 쓰기 원칙>에 따라 수정한 것으로 적절하지 않은 것은?

    ─────────── <공공언어 바로 쓰기 원칙> ───────────
    • 올바른 문법 표현 사용하기
      - ㉠ 올바른 주동, 사동 표현을 사용함.
      - ㉡ 하나의 뜻으로 해석되는 문장을 사용함.
    • 문장 성분의 호응을 잘 지키기
      - ㉢ 주어와 서술어의 관계를 명확하게 표현함.
    • 외국어 번역 투 삼가기
      - ㉣ 영어, 일본어 번역 투 삼감.

    ① '이미 잘 알려진 대외적 이미지나 일반 대중에게 인지하기 쉬운 언어 유희적 표현을 사용하여'를 ㉠에 따라 '잘 알려진 대외적 이미지나 일반 대중에게 인지시키기 쉬운 언어 유희적 표현을 사용하여'로 수정한다.
    ② '녹색 성장으로 변화되는 모습과 기대 효과를 분석하는 등의 일을 할 계획이다.'를 ㉡에 따라 '녹색 성장을 통한 변화되는 모습 및 기대 효과 분석 등을 실시할 계획이다.'로 수정한다.
    ③ '법무부는 여러분의 외국인 등록, 귀화 신청 등을 담당하는 정부 기관으로 잘 알고 계실 것입니다.'를 ㉢에 따라 '법무부는 여러분의 외국인 등록, 귀화 신청 처리 등을 담당하는 정부 기관입니다.'로 수정한다.
    ④ '의료 지원에 있어 본인 일부 부담제를 도입한다'를 ㉣에 따라 '의료 지원에 본인 일부 부담제를 도입한다'로 수정한다.

2. 다음 글의 논지 전개 방식으로 가장 적절한 것은?

    스마트 시티는 난해한 도시 문제의 해결책으로 부각되고 있는 개념으로, 유연한 플랫폼과 창의성, 시민 중심 서비스, 데이터 기반 서비스를 바탕으로 한다. 이러한 스마트 시티를 개발하고 유지하기 위해서는 정부의 역할이 매우 중요하다. 특히 개별 도시정부는 스마트 시티 건립을 위해 중장기적 도시종합계획을 세우고, 이를 실행할 수 있는 자치역량을 갖추고 있어야 한다. 바르셀로나, 스톡홀름, 코펜하겐은 대표적인 스마트 시티로 꼽히는데 세 도시의 공통점은 스마트 시티 사업 추진 이후 서비스와 인프라를 지속적으로 유지할 수 있도록 적극적으로 관리하고 있다는 것이다.
    스마트 시티 건립이 국가적 과제로 제시된 이후, 개별 국가에서 스마트 시티 솔루션이 실행될 수 있도록 정부 차원의 적극적 지원이 이루어졌다. 각국 정부는 스마트 시티를 연구하는 기업과 계약을 체결한 후 국지적인 실험을 통해 스마트 시티 아이디어가 보완될 수 있도록 도왔다. 또한 정부가 강한 혁신지향성을 가지고 시민들의 적극적 참여를 이끌어내기 위해 노력했다. 예를 들어, 스톡홀름은 탄소 배출량이 매우 적은 도시로 꼽히는데 그 이유는 도시 내 오염물질 배출 회사가 퇴출되었기 때문이다. 회사를 퇴출하자는 합의가 통과된 이후 도시정부는 시민사회의 지지를 바탕으로 친환경 도시로서의 스톡홀름의 이미지를 공고화하기 위해 지속적으로 노력하고 있다. 이렇듯 스마트 시티는 정부의 강한 리더십을 토대로 할 때 지속 가능한 사업이다.

    ① 스마트 시티 건립 실패 사례를 통해 문제를 분석하고 있다.
    ② 스마트 시티 구축 비용에 초점을 맞추어 경제적 효용성을 논하고 있다.
    ③ 스마트 시티의 개념과 기반 기술에 대해 구체적 수치를 통해 자세히 설명하고 있다.
    ④ 대표적인 스마트 시티의 사례를 들어 정부의 역할을 강조하고 있다.

3. 다음 글에서 추론한 내용으로 적절하지 않은 것은?

    용언의 활용에는 규칙 활용과 불규칙 활용이 있다. 용언이 활용할 때 어간과 어미의 모양이 변하지 않거나, 변하더라도 이를 문법 규칙으로 설명할 수 있을 때 이를 규칙 활용이라 한다. 예를 들어, 어간의 끝소리가 'ㄹ'이고 뒤에 'ㄴ'으로 시작하는 어미가 연결되는 경우에 'ㄹ'이 탈락한다. '살다'의 경우, 어간 '살-'에 어미 '-는'을 결합하면 '살는'이 아니라 '사는'이 된다. 이는 어간의 끝소리가 'ㄹ'인 다른 용언에도 모두 해당되는 규칙이기 때문에 규칙 활용이라 할 수 있다.
    이와 달리, 어간이 변할 때 문법 규칙으로 설명할 수 없는 예외적인 현상일 경우에는 불규칙 활용으로 본다. 예를 들어, 어간의 끝소리가 'ㅂ'이고 그 뒤에 '-아/-어'로 시작하는 어미가 연결될 경우, 끝소리 'ㅂ'이 'ㅗ' 소리로 변하는 경우가 생긴다. '돕다'의 경우, 어간 '돕-'에 어미 '-아서'를 결합할 경우 '돕아서'가 아닌 '도와서'로 발음된다. 하지만 '접다'의 경우, 어간 '접-'에 어미 '-어서'를 결합하더라도 어간이 변하지 않는 규칙 활용을 한다. 따라서 'ㅂ'이 'ㅗ'로 변하는 현상은 불규칙 활용이라 볼 수 있다. 그런데 여기에서 주의해야 할 점이 있다. 자음으로 시작하는 어미가 결합되는 경우에는 규칙 활용이든 불규칙 활용이든 어간과 어미의 원형이 변하지 않고 결합되는 경우가 많으므로 모음으로 시작하는 어미를 결합하여 활용 양상을 판단하는 것이 좋다. 예를 들어 '푸다'의 '푸-'에 명사형 전성 어미 '-ㅁ'을 결합하여 '우물물을 품'으로 활용이 되어도 '푸다'는 규칙 활용이 아니라 불규칙 활용 용언에 해당된다.

    ① '고맙다'의 경우, 어간에 '-아/-어'로 시작하는 어미를 결합할 경우 어간의 형태가 변한다.
    ② '춥다'의 경우, 활용하여 '겨울에는 춥니?'가 되므로 이는 규칙 활용이다.
    ③ 만약 어간의 끝소리가 'ㅡ'인 다른 용언에 모음 어미가 결합이 될 때 'ㅡ'가 모두 탈락된다면 이는 규칙 활용이다.
    ④ '불다'의 경우, 어간 뒤에 'ㄴ'으로 시작하는 어미가 결합되면 어간의 형태가 변한다.

4. 다음 글의 ㉠~㉢에 들어갈 말을 적절하게 나열한 것은?

    온라인 플랫폼이 활성화되면서 온라인 공간에서의 저작권 문제가 활발히 논의되고 있다. 원칙적으로 온라인 플랫폼에서 이루어지는 음악/영상 업로드 및 스트리밍은 모두 공중송신에 해당하므로 권리자의 허락이 필수적이다. 지금까지 저작권법은 온라인상의 업로드 행위를 '공중송신'으로 규정하고 방송, 전송, 디지털 음성송신으로 구분하여 법적 취급을 달리해 왔다. ㉠ 디지털 네트워크 기술이 발달하면서 방송과 전송, 디지털 음성송신의 구분이 모호해졌고 온라인에 업로드하는 작품의 형태도 다양해졌다. 저작권법상 공연이나 전시는 오프라인을 전제로 한 행위였지만 온라인과 오프라인의 구분이 무의미해지기 시작한 것이다. ㉡ 제페토 등 새로운 온라인 플랫폼에서는 전시, 공연, 공중송신 등의 활동이 활발하게 이루어지고 있다. ㉢ 2022년 개정된 미술 분야 표준계약서는 부속합의서 형태로 온라인 전시에 관한 내용을 정의할 수 있도록 하는 조치가 이루어졌다.

	㉠	㉡	㉢
①	그런데	하지만	따라서
②	하지만	예를 들어	따라서
③	그리고	하지만	그러나
④	하지만	예를 들어	그러나

[5-6] 다음 글을 읽고 물음에 답하시오.

> 김기림은 1930년대 한국 시단에서 모더니즘의 기수로 활동했다고 평가 받는 시인이다. 그는 일본 유학을 마치고 ㉠ 돌아온 뒤 1920년대의 감상적 낭만주의의 병폐를 일소하는데 온 힘을 기울였다고 알려져 있다. 김기림 주지시의 대표작인 <기상도>가 실패작이라는 평가를 받는 것과는 상반되게, 그의 대표작 <바다와 나비>는 주지시에서 서정시로의 성공적 이행이라는 평가를 받는다. <바다와 나비>에서 가장 중요한 단어는 '바다'와 '나비'로 이들은 서로 대립적으로 인지되는 세계를 상징한다. 아무도 수심을 일러준 적 없어 바다가 무섭지 않았던 흰나비는 청무우밭인 줄 알고 바다로 내려간다. 하지만 곧이어 물결에 젖어 놀라고 지쳐 돌아온다. 바다를 무서워하지 않았던 처음의 나비와, 추구했던 세계와 화합하지 못하고 실패로 지쳐버린 나비는 구별될 수 있다. 바다 위를 날다가 지쳐서 돌아오는 나비의 이미지는 일견 동화적이지만, '나비 허리에 새파란 초생달이 시리다'라는 마지막 문장은 동화의 단순한 구도를 벗어난 양상을 보여준다. 삶의 고단함이 낙관적 전망에 의해 보장받지 못하는 현실의 모습을 비극적 이미지로 드러낸 것이다.

5. 윗글을 읽고 추론한 내용으로 가장 적절한 것은?
① <기상도>와 <바다와 나비>는 모두 주지시의 대표작으로 성공적 평가를 받았다.
② <바다와 나비>는 낙관적 전망을 유지하는 서정시로 평가된다.
③ '나비 허리에 새파란 초생달이 시리다'는 표현은 동화적 구도를 유지하여 미적 효과를 끌어올렸다.
④ <바다와 나비>에 등장하는 나비는 시상의 전개에 따라 둘로 구별될 수 있다.

6. 문맥상 ㉠의 의미와 가장 가까운 것은?
① 반장이 다시 학교로 <u>돌아와</u> 공부할 수 있기를 바라고 있다.
② 이제 곧 나에게도 발표할 차례가 <u>돌아올</u> 것이다.
③ 사람들에게 쏟던 비난이 자기 자신에게 <u>돌아왔다</u>.
④ 숙직이 한 달에 한 번씩 <u>돌아온다</u>.

7. <지침>에 따라 <개요>를 작성할 때 ㉠~㉣에 들어갈 내용으로 적절하지 않은 것은?

<지침>
- 서론은 SNS 판매 피해의 증가 배경을 설명한 후 문제를 제기할 것.
- 본론은 SNS 판매 피해 사례와 이에 대응하는 예방 방안을 제시할 것.
- 결론은 SNS 판매 피해를 예방하는 기대 효과와 정부의 과제를 제시할 것.

<개요>
- 제목 : SNS 판매 피해 증가와 대응 방안
Ⅰ. 서론
  1. SNS 판매의 확산과 그 배경
  2. ㉠
Ⅱ. SNS 판매 피해 사례
  1. 허위 및 과장 광고로 인한 피해 사례
  2. 소비자 개인정보 유출 사례
Ⅲ. SNS 판매 피해 예방 방안
  1. ㉡
  2. ㉢
Ⅳ. 결론
  1. ㉣
  2. SNS 판매의 투명성 확보와 소비자 보호를 위한 법적 제도 마련 필요

① ㉠ : 위조품 및 저품질 제품 판매
② ㉡ : 안전결제 시스템이 적용된 플랫폼을 통해 결제하기
③ ㉢ : 소비자 보호를 위한 법적 규제 강화
④ ㉣ : SNS 판매 피해 감소로 건전한 전자상거래 시장 형성

8. 다음 글의 (가)~(라)를 맥락에 맞게 순서대로 나열한 것은?

> (가) 세계자연보호연맹에 따르면 미세 플라스틱 오염의 약 1/3은 미세 섬유 때문이다. 이는 패스트 패션이 비판받는 이유이기도 하다. 패스트 패션은 유행하는 디자인의 옷을 신속하게 제작, 판매하는 산업으로, 저렴한 합성 섬유를 많이 사용해 쉽게 사고 버릴 수 있게 하다 보니 미세 플라스틱이 많이 만들어지게 된다.
> (나) 이렇게 플라스틱이 마모되어 만들어지는 미세 플라스틱은 심각한 환경 문제이다. 이는 플라스틱 생산량과 폐기량의 큰 오차에서 시작된 연구를 통해 발견되었다. 리처드 톰슨의 연구팀은 상당량의 플라스틱이 눈에 보이지 않을 만큼 작은 알갱이로 바닷속을 떠돌고 있음을 밝혀냈다.
> (다) 플라스틱을 줄이는 것이 환경 보호를 위해 중요한 과제로 떠오르고 있다. 특히 미세 플라스틱 문제는 전 세계적인 관심사가 되었으며, 해양 생태계와 인간 건강에 미치는 영향에 대한 우려가 높아지고 있다. 이에 따라 많은 국가에서 플라스틱 사용을 규제하는 정책을 도입하고 있다.
> (라) 이 연구 결과는 미세 플라스틱이 단순한 폐기물이 아니라 해양 생태계에 심각한 영향을 미친다는 점을 시사했다. 연구팀은 이러한 미세 플라스틱이 해양 생물의 체내에 축적될 가능성이 높으며, 이를 섭취한 어류가 다시 인간의 식탁에 오를 수 있다는 점을 경고했다.

① (가) - (나) - (다) - (라)
② (가) - (다) - (나) - (라)
③ (다) - (가) - (나) - (라)
④ (다) - (나) - (가) - (라)

9. 다음 글의 빈칸 ㉠에 들어갈 내용으로 가장 적절한 것은?

> 디지털 시대에 들어서면서 온라인 환경에서 개인 정보의 가치가 점차 중요해지고 있다. 특히, 개인정보는 단순한 기록 이상의 의미를 가지며, 이를 바탕으로 다양한 맞춤형 서비스가 제공되고 있다. 예를 들어, 기업들은 사용자의 검색 기록과 클릭 데이터를 분석해 개인 맞춤형 광고를 제공하며, 이는 소비자와 기업 간 상호작용을 강화하는 긍정적인 역할을 한다. 하지만 개인정보의 과도한 수집과 활용은 심각한 문제를 초래할 수 있다. 데이터 유출이나 해킹 사고는 개인의 사생활 침해와 금전적 피해를 초래한다. 개인이나 조직이 정보를 수집할 때, 그 과정이 명확하고 공개적으로 이루어져야 하나, 특정 기업이 데이터를 독점할 경우 소비자의 선택권이 제한되는 결과를 낳을 수도 있다. 최근에는 인공지능 기술의 발전으로 개인정보의 활용 범위가 더욱 확대되고 있으며, 이에 따른 윤리적 문제도 새롭게 대두되고 있다. 개인의 동의 없이 수집된 데이터가 예측하지 못한 목적으로 활용될 수도 있다. 따라서 디지털 시대의 개인정보 보호를 위해서는 ㉠

① 정보 수집의 투명성을 확보하고 개인의 자기결정권을 보장하는 제도적 장치를 마련해야 한다.
② 맞춤형 서비스 발전을 촉진하며 기업의 데이터 활용 자율성을 보장하여 해야 한다.
③ 개인정보 수집을 최소화하여 디지털 서비스의 제공을 제한해야 한다.
④ 인공지능 기술을 발전시켜 개인정보 침해 가능성을 차단해야 한다.

10. 다음 글에서 추론한 내용으로 적절하지 않은 것은?

> 우리나라에서 인터넷 자율규제 방식은 법적 규제를 받고 있으며, 방송통신심의위원회와 민간 자율규제 기구들이 협력하는 형태로 이루어진다. 최근에는 가짜뉴스의 위협으로 인해 언론사와 플랫폼 기업들이 자체적으로 사실 확인을 강화하는 등 자율규제의 범위가 확대되고 있다. 하지만 디지털 불법 촬영물 등의 문제에서는 플랫폼 자율규제의 한계가 여실히 드러나고 있다. 한국 인터넷 자율정책기구(KISO)는 인터넷 서비스 사용자들이 협력하는 한국형 자율규제 모델을 제안함으로써 인터넷 공간이 이용자의 표현의 자유를 보장하는 동시에 책임성도 확보할 수 있도록 노력해 왔다. KISO는 이에 더해 기구 강령 및 가이드라인을 수립하고 인터넷 게시물 정책을 만드는 등 다양한 노력을 하고 있으나 소수의 회원사 중심으로 구성되어 있어 확장성의 한계도 존재한다.
> 자율규제는 유사 산업군 기업들이 협력할 때 효과적으로 작동할 수 있다. 그러나 개별 기업은 경쟁사에서는 지불하지 않는 추가 비용을 지불하는 데에 소극적이므로 기업의 자율성에만 기대기는 어렵다. 따라서 법제도적 규제에 더해 국가-민간의 협력적 거버넌스를 구축하고 자율규제를 설계해 나가는 것이 필요하다. 인터넷 생태계의 발전과 규제 환경이 변화하는 시대의 흐름에 발맞춰 자율규제의 범위를 넓혀가야 하는 노력이 절실한 시점이다.

① 민간 자율규제 기구들은 법적 규제와의 협력 없이 독자적 자율규제 방식을 구축하고 있다.
② 인터넷 콘텐츠에 대한 자율규제 범위가 확대되고 있으며 가짜뉴스 대응도 강화되고 있다.
③ 디지털 불법 촬영물 등 일부 문제에서는 자율규제의 한계가 드러나고 있다.
④ 자율규제는 유사 산업군 기업들이 협력할 때 효과적이나, 개별 기업의 노력에만 기대기에는 한계가 있다.

[11-12] 다음 글을 읽고 물음에 답하시오.

> 식품 산업에서 (가) 전통주의자들은 오랜 역사와 문화적 맥락을 가진 식습관이 인간 건강에 가장 적합하다고 주장한다. 그렇지 못한 새로운 식습관은 오히려 건강에 적합하지 않을 수 있음을 드러낸다. 반면 (나) 대체식품 옹호론자들은 환경 위기와 인구 증가 시대에 지속 가능한 식품 체계를 위한 새로운 혁신이 필요하다고 주장한다. ㉠ 전자는 자연적 식재료와 전통적 가공 방식이 영양가를 최대화한다고 보며, 현대 식품 기술의 과도한 개입에 비판적이다. 반면, ㉡ 후자는 식물성 대체육과 같은 혁신 식품이 자원 소비와 온실가스 배출을 줄이면서도 영양 요구를 충족할 수 있다고 본다. 식물성 대체육을 둘러싼 논쟁은 이러한 대립을 잘 보여준다. ㉢ 일부 연구자들은 대체육이 과도하게 가공된 제품으로, 천연 식품의 복잡한 영양 구조를 모방할 수 없다고 비판한다. 반면 ㉣ 어떤 이들은 대체육이 환경 부담을 크게 줄이면서도 필수 영양소를 제공할 수 있다고 반박한다. 이들은 육류 생산으로 인해 발생하는 탄소 발자국이 대체육을 통해 현저히 감소할 수 있음을 강조한다. 그런데 소비자들의 선택은 단순히 이론적 논쟁에만 좌우되지 않는다. 조사 결과, 소비자들은 환경과 건강 측면의 장점을 인식하면서도 맛, 식감, 가격 등 실용적 요소를 중요하게 고려하는 것으로 나타났다. 특히 식문화가 발달한 지역에서는 전통 육류의 맛과 식감을 정확히 재현하지 못하는 대체육에 대한 저항이 크다.

11. 다음 글을 읽고 평가한 내용으로 가장 적절한 것은?
① 식물성 대체육에 사용되는 일부 첨가물이 장기적으로 장내 미생물 다양성을 감소시킬 수 있다는 연구 결과가 발표된다면, 이는 (가)의 주장을 강화한다.
② 전통 식단을 따르는 사람들이 현대식 식단을 따르는 사람들보다 심혈관 질환 발생률이 낮다는 장기 연구 결과가 발표된다면, 이는 (가)의 주장을 약화한다.
③ 식물성 대체육 생산 과정에서 예상보다 많은 수자원과 에너지가 소비된다는 환경 영향 평가 결과가 나온다면, 이는 (나)의 주장을 강화한다.
④ 특정 문화권에서 전통적 식재료를 활용한 식물성 대체육 제품이 소비자 만족도와 구매 의향을 크게 높였다는 마케팅 보고서가 제시된다면, 이는 (나)의 주장을 약화한다.

12. 문맥상 ㉠~㉣ 중 지시 대상이 함축하는 의미가 유사한 것만으로 묶인 것은?
① ㉠, ㉡ / ㉢, ㉣
② ㉠, ㉢ / ㉡, ㉣
③ ㉠, ㉣ / ㉡, ㉢
④ ㉠, ㉡, ㉢ / ㉣

13. 다음 명제 사이의 관계에 대한 추론 중 가장 올바른 것은?

> ㉠ 개이지만 고양이가 아닌 것은 존재하지 않는다.
> ㉡ 모든 개가 고양이인 것은 아니다.
> ㉢ 개가 아니거나 고양이가 아닌 것은 존재하지 않는다.
> ㉣ 어떤 개도 고양이가 아니다.

① ㉠이 거짓이면 ㉡도 거짓일 수 있다.
② ㉡이 참이면 ㉢도 참이다.
③ ㉢이 참이면 ㉣은 거짓이다.
④ ㉣이 거짓이면 ㉢도 거짓이다.

14. 다음 대화를 분석한 내용으로 적절하지 않은 것은?

> 갑: 최근에 독서를 취미로 삼는 사람들이 점점 늘고 있대. 그런데, 모두가 소설이나 문학 작품만 읽는 것 같더라. 다양한 장르도 많이 읽어봤으면 좋겠어.
> 을: 맞아, 나도 과학 서적이나 역사책을 읽어보려고 했는데, 막상 시작하려니 어렵더라고. 아무래도 소설보다 재미있게 읽기가 힘든 것 같아.
> 병: 나는 책을 고를 때 주로 실용서적을 선택하는 편이야. 자기 계발에 도움이 된다는 점에서 의미가 크다고 생각하거든.
> 갑: 실용서적도 좋지만, 다양한 분야를 접하는 게 중요하다고 생각해. 생각의 폭을 넓혀줄 수 있잖아.
> 을: 그래도 꾸준히 읽으려면 흥미가 있어야 하는데, 나는 아직 과학이나 역사는 좀 어렵게 느껴져.
> 병: 그런 점에서 독서 모임에 참여해 보는 것도 좋은 방법 같아. 다양한 책을 접할 기회를 얻을 수 있을 뿐 아니라, 함께 이야기를 나누면 더 깊이 이해할 수 있어서 좋더라.

① 논의 과정에서 자신의 입장을 바꾸지 않고 일관되게 유지하는 사람이 있다.
② 상대방의 발언을 보충하여 추가적인 정보를 제공함으로써 대화를 심화하는 사람이 있다.
③ 제기된 문제에 대한 해결책을 제시하며 대화의 흐름을 생산적으로 이끄는 사람이 있다.
④ 설문 조사를 인용하여 자신의 주장을 뒷받침하여 설득력을 높이는 사람이 있다.

15. 보건소에서는 어떤 전염병 확진자가 만난 사람을 추적하기 위해 확진자의 진술을 정리하였다. 아래 진술이 모두 참이라고 할 때, A~E 5명의 후보 중 보건소가 추적해야 할 사람의 수는?

> • A는 만난 것이 확실하다.
> • C를 만나지 않았으면 B는 만났다.
> • D를 만나지 않았으면 A도 만나지 않았다.
> • B를 만났으면 A 또는 E를 만나지 않았다.
> • E를 만나지 않았으면 D도 만나지 않았다.

① 1명
② 2명
③ 3명
④ 4명

16. 다음 글의 ㉠~㉣ 중 어색한 곳을 찾아 가장 적절하게 수정한 것은?

> 기능주의는 ㉠ 사회가 하나의 유기체처럼 작동한다고 보고, 사회의 각 구성 요소는 전체의 안정성과 질서를 유지하기 위해 기능한다고 설명한다. 이 관점에서는 가족, 교육, 종교, 경제와 같은 사회 제도가 상호 의존하며 조화를 이루는 데 기여한다고 본다. 예를 들어, 교육 제도는 지식을 전달하는 동시에, 사회적 규범과 가치를 내재화시키는 기능을 수행한다. 그러나 기능주의는 ㉡ 사회적 불평등이나 갈등을 과소평가한다는 비판을 받는다. 사회 제도가 항상 안정성과 질서만을 목적으로 작동하지 않는다는 점에서 한계가 있다는 것이다. 반면, 갈등론은 사회가 다양한 집단 간의 권력과 자원의 경쟁으로 구성된다고 본다. 이 이론은 ㉢ 계급 간의 대립은 오해에서 비롯된 것이며, 지배 계층이 자신들의 이익을 유지하기 위해 권력 구조를 강화한다고 주장한다. 예컨대, 자본주의 사회에서 경제적 자본을 가진 엘리트 계층은 법, 정책, 문화 등을 활용해 불평등한 구조를 지속적으로 재생산한다. 갈등론은 사회 변화를 긍정적으로 평가하며, 사회적 갈등이 기존 구조를 해체하고 새로운 질서를 형성하는 데 중요한 역할을 한다고 강조한다. 그러나 갈등론은 ㉣ 사회적 협력이나 통합의 가능성을 간과하고 지나치게 갈등에만 초점을 맞춘다는 비판을 받는다.

① ㉠: 사회가 다양한 집단 간의 경쟁과 갈등으로 구성된다고 보고,
② ㉡: 사회적 불평등과 갈등을 객관적으로 설명한다는 평가를 받는다
③ ㉢: 사회가 본질적으로 불평등하며
④ ㉣: 사회적 불평등을 유지하려는 노력을 과도하게 강조하고

[17-18] 다음 글을 읽고 물음에 답하시오.

인간의 언어 습득을 설명하는 대표적인 두 가지 이론이 있다. 노엄 촘스키, 르네, 제리 포더가 주장하는 (가) 생득주의 이론은 인간이 선천적으로 언어를 습득하는 능력을 타고난다고 본다. ㉠ 이들은 ㉡ 그들의 언어에 공통된 보편 문법이 존재하며, 그들은 이를 자연스럽게 터득한다고 주장한다. 언어 습득이 환경과 무관하게 일정한 발달 단계를 거친다는 점이 이러한 주장의 근거로 제시된다. 반면 (나) 환경주의 이론가들은 언어 습득이 경험과 학습을 통해 이루어진다고 본다. ㉢ 이들은 아동들이 타인과의 반복적인 상호작용을 통해 언어 규칙을 습득한다고 주장하며, 특히 ㉣ 그들 부모와의 상호 작용이 중요한 역할을 한다고 강조한다.

그러나 이러한 두 입장은 단독으로 언어 습득을 온전히 설명하기 어렵다. ㉤ 후자의 연구자들은 언어 발달이 환경적 요인에 의해 결정된다는 주장을 강화하는 사례를 제시한다. 예컨대, 특정 언어 환경에서 자란 아동들이 동일한 방식으로 언어를 습득하는 현상이 관찰된다는 것이다. 반면 노엄 촘스키를 옹호하는 ㉥ 연구자들은 유사한 환경에서도 아동들이 비슷한 언어 발달 패턴을 보이는 것은 선천적 요소의 영향 때문이라고 주장한다. 최근에는 이러한 두 관점을 조화하려는 시도가 이루어지고 있으며, 언어 습득이 선천적 능력과 환경적 요소가 상호작용한 결과라는 점이 강조되고 있다.

17. 윗글을 읽고 평가한 내용으로 가장 적절한 것은?
① 영어 노출이 거의 없는 아이가 유튜브 영어 콘텐츠를 반복해서 보면서 영어 단어를 따라 하게 되는 경우가 있다면, 이는 (가)의 주장을 강화한다.
② 아동이 언어를 접하지 못한 환경에서도 일정 수준의 언어 능력을 보인다는 연구 결과가 발표된다면, 이는 (가)의 주장을 약화한다.
③ 부모와의 상호 작용이 제한된 환경에서 자란 아동이 정상적인 언어 발달을 보인다면, 이는 (나)의 주장을 약화한다.
④ 선천적으로 언어를 잘 습득하는 아동이 특정 언어를 더 깊게 습득한다는 연구 결과가 제시된다면, 이는 (나)의 주장을 약화한다.

18. 윗글의 ㉠~㉥ 중 지시 대상이 같은 것만으로 묶인 것은?
① ㉠, ㉥
② ㉡, ㉣
③ ㉢, ㉤
④ ㉠, ㉡, ㉥

19. ㉠~㉢에서 전제가 참일 때, 결론이 반드시 참인 논증을 모두 고르면?

㉠ 논리적인 사고를 할 수 없다면 프로그래머가 아니야. 그런데 어떤 수학자는 논리적인 사고를 할 수 있어. 그렇다면 수학자 중에는 프로그래머가 있어.
㉡ 모든 작가는 창의적인 이야기를 쓸 수 있어. 그러나 창의적인 이야기를 만들지 못하는 사람이라면 상상력이 풍부하지 않아. 따라서 모든 작가는 상상력이 풍부해.
㉢ 공항이 있는 지역 중에 교통이 편리하지 않은 지역은 없어. 그런데 한국에는 공항이 있는 지역이 있어. 따라서 한국에는 교통이 편리한 지역이 존재해.

① ㉡
② ㉢
③ ㉠, ㉡
④ ㉠, ㉢

20. 다음 글을 읽고 평가한 내용으로 적절한 것만을 <보기>에서 모두 고르면?

부패는 정부와 기업뿐만 아니라 사회 전반에서 발생할 수 있는 심각한 문제다. 그 원인을 두고 개인의 도덕적 책임과 사회적·구조적 요인이라는 두 가지 상반된 시각이 존재한다.

개인의 도덕적 책임을 강조하는 입장에서는 부패가 도덕적으로 타락한 개인의 선택에서 비롯된다고 본다. 이들은 부패가 특정한 제도나 환경의 문제가 아니라, 윤리적 기준을 지키지 않은 개인의 문제라고 주장한다. 이에 따르면, 강력한 법적 처벌과 윤리 교육이 부패를 줄이는 핵심적인 해결책이 될 수 있다. 이 입장에서는 청렴한 리더가 있고 엄격한 윤리 규범이 확립될 경우, 부패가 자연스럽게 줄어들 것이라고 본다.

반면, 구조적 문제를 강조하는 입장에서는 부패가 개인의 윤리적 결함이 아니라 사회적·제도적 환경에서 비롯된다고 주장한다. 이들은 부패가 만연한 사회에서는 개인이 윤리적으로 행동하기 어려우며, 정당한 행동이 오히려 불이익으로 이어질 수 있다고 본다. 예를 들어, 열악한 근무 조건과 불공정한 승진 체계는 부패의 가능성을 높일 수 있다. 따라서 이들은 부패를 줄이기 위해서는 사회적 불평등을 완화하고, 투명한 제도를 마련하는 것이 필수적이라고 주장한다.

<보기>

ㄱ. 유사한 환경에서 동일한 법적 규제를 받는 공직자들 중 일부는 부패에 가담한 반면, 일부는 청렴성을 유지한 사례가 증가했다면, 이는 구조적 문제를 강조하는 입장을 약화하는 사례이다.
ㄴ. 특정 국가에서 강력한 반부패법을 시행한 이후에도 고위 관료들의 부정부패가 지속적으로 발생하고 있다는 보고가 증가한다면, 이는 개인의 도덕적 책임을 강조하는 입장을 강화하는 사례이다.
ㄷ. 한 사회에서 오랜 기간 동안 부패가 만연했음에도 불구하고 윤리 교육을 받은 개인들이 부패를 거부하고 청렴한 행동을 유지하는 사례가 늘어났다면, 이는 개인의 도덕적 책임을 강조하는 입장을 강화하는 사례이다.

① ㄱ
② ㄱ, ㄴ
③ ㄱ, ㄷ
④ ㄱ, ㄴ, ㄷ

2025 공무원 시험 대비 적중동형 모의고사
국어
▌제10회▐

응시번호		문제책형
성 명		

제1과목	국어	제2과목	영어	제3과목	한국사
제4과목		제5과목			

응시자 주의사항

1. **시험시작 전 시험문제를 열람하는 행위나 시험종료 후 답안을 작성하는 행위를 한 사람은**「지방공무원 임용령」제65조 등 관련 법령에 의거 **부정행위자로** 처리됩니다.
2. 시험이 시작되면 문제를 주의 깊게 읽은 후, **문항의 취지에 가장 적합한 하나의 정답만을 고르며**, 문제내용에 관한 질문은 할 수 없습니다.
3. **답안은 문제책 표지의 과목 순서에 따라 답안지에 인쇄된 순서에 맞추어 표기해야 하며**, 과목 순서를 바꾸어 표기한 경우에도 문제책 표지의 과목 순서대로 채점되므로 유의하시기 바랍니다.
4. 법령, 고시, 판례 등에 관한 문제는 **2025년 4월 30일 현재 유효한 법령, 고시, 판례 등을 기준**으로 정답을 구해야 합니다. 다만, 개별 과목 또는 문항에서 별도의 기준을 적용하도록 명시한 경우에는 그 기준을 적용하여 정답을 구해야 합니다.
5. **시험시간 관리의 책임은 응시자 본인에게 있습니다.**
   ※ 문제책은 시험종료 후 가지고 갈 수 있습니다.

정답공개 및 이의제기 안내

1. 정답공개 일시: 정답가안 6.21.(토) 14:00 / 최종정답 6.30.(월) 18:00
2. 정답공개 방법: 사이버국가고시센터(www.gosi.kr) ➔ [시험문제 / 정답 → 문제 / 정답 안내]
3. 이의제기 기간: 6.21.(토) 18:00 ~ 6.24.(화) 18:00
4. 이의제기 방법
   ■ 사이버국가고시센터 ➔ [시험문제 / 정답 → 정답 이의제기]
   ■ 구체적인 이의제기 방법은 정답가안 공개 시 공지 예정

박문각

국 어

1. <공문서 작성 지침>에 따라 <공문서>의 ㉠~㉣을 수정한 것으로 적절하지 않은 것은?

<공문서 작성 지침>
• 안긴문장의 필수 성분이 생략되었는지 고려할 것.
• 대등한 것끼리 접속할 때는 구조가 같은 표현을 사용할 것.
• 문맥에 맞는 올바른 조사를 사용할 것.
• 부사어와 서술어의 호응을 고려할 것.

<공문서>
○○부
수신 전국 범죄통계 관련 기관
(경유)
제목 한국범죄분류 일반분류 제정 안내

○○부는 국제범죄분류(ICCS)를 반영한 한국범죄분류의 일반분류 제정을 완료했다고 밝혔습니다.
이번 제정은 2015년 유엔통계위원회에서 국제범죄분류를 국제표준으로 채택한 후 9년 만입니다. 한국범죄분류는 국제표준을 기준으로 국내 형사사법체계의 ㉠ 특수성을 개발한 통계 목적의 한국형 범죄분류체계입니다.
㉡ 통계청은 국내에 국제 범죄 분류를 도입하고 국제 범죄 분류의 이행을 위해 다년간 한국범죄분류의 개발연구를 추진하고, 법무부, 대검찰청, 경찰청 등 형사사법기관 및 관련 학계와도 긴밀한 협력을 이어온 결과, 한국범죄분류의 제정이라는 열매를 맺게 되었습니다.
㉢ 이번 분류는 국내 범죄명을 범죄행위에 따라 재분류한 형태로서, 국내 범죄통계작성을 위해 통일된 기준을 제시했다는 점에서 의미가 큽니다.
한국범죄분류가 국내 범죄통계의 발전을 지원하여 '범죄로부터 안전한 사회 구현'에 이바지할 뿐 아니라 ㉣ 우수사례가 될 것으로 전망됩니다.

① ㉠: 특수성을 고려하여 개발한 통계 목적의 한국형 범죄분류체계입니다
② ㉡: 통계청은 국제 범죄 분류의 국내 도입과 이행을 위해
③ ㉢: 이번 분류는 국내 범죄명을 범죄행위에 따라 재분류한 형태로써
④ ㉣: 국제사회에서도 우수사례가 될 것으로 전망

2. 다음 글의 ㉠~㉣ 중 어색한 곳을 찾아 가장 적절하게 수정한 것은?

과학 기술은 현대 사회의 발전을 이끌어온 주요 동력이다. 그러나 이러한 기술이 항상 긍정적인 결과만을 가져오는 것은 아니다. 핵에너지는 지속 가능한 에너지로 주목받고 있지만, ㉠ 핵무기의 개발로 인한 파괴적 가능성을 완전히 제거하지 못했다는 비판을 받고 있다. 이처럼 과학 기술은 인류의 편의를 증진하는 동시에, 새로운 윤리적 딜레마를 야기한다. 특히 인공지능(AI)과 유전자 편집 기술의 발전은 그 영향력이 막대하다. AI는 의료, 교육, 교통 등 다양한 분야에서 혁신을 이루었지만, ㉡ AI의 자율적 결정이 항상 공정하고 윤리적이라는 보장은 없다. 예컨대, 알고리즘 편향은 사회적 불평등을 심화할 가능성을 내포하고 있다. 한편, 유전자 편집 기술은 난치병 치료와 같은 긍정적 가능성을 열어주지만, ㉢ 인간 유전자 조작이 새로운 사회적 불평등을 초래할 수 있다는 우려도 존재한다. 결국, 과학 기술의 발전은 단순히 기술적 진보만을 추구해서는 안 된다. 기술의 활용과 그로 인한 결과에 대한 윤리적 검토가 필수적이다. 일부 전문가들은 ㉣ 윤리적 논의를 중심으로 기술 발전을 검토해야 한다는 주장을 제기하고 있다. 그러나 이는 기술의 부작용을 무시하는 접근으로, 사회적 신뢰를 약화시킬 위험이 크다. 따라서 과학 기술이 인간 중심의 가치를 반영하며 지속 가능한 방향으로 나아가기 위해서는, 기술과 윤리의 통합적 접근이 요구된다.

① ㉠: 핵무기의 개발로 인한 파괴적 가능성을 완전히 제거했다는 평가를 받고 있다
② ㉡: AI의 자율적 결정이 항상 부정적인 결과만을 초래한다는 보장은 없다
③ ㉢: 인간 유전자 조작이 생명의 혁신적 연장을 야기할 수 있다
④ ㉣: 윤리적 논의를 배제한 채 기술 발전을 가속화해야 한다

3. (가)~(마)를 맥락에 따라 가장 자연스럽게 배열한 것은?

최근 혁신을 주도하는 신생 스타트업들이 본사를 싱가포르로 옮기고 있다.

(가) 또한 기업들이 싱가포르로 옮기게 된 배경에는 미국과 중국의 갈등도 한몫했다.
(나) 이는 싱가포르가 세계 경제에서 차지하는 위상이 달라졌기 때문이다. 2019년 중국 정부가 홍콩 지배를 강화하며 촉발된 홍콩 사태 이후로 글로벌 기업과 투자은행, 벤처투자사 등이 아시아 본부를 홍콩에서 싱가포르로 옮기면서, 싱가포르는 아시아 시장에 진출하기 위한 글로벌 기업들의 관문이자 스타트업 투자의 중심으로 부상하였다.
(다) 미국이 대중 무역 제재를 강화하면서 중국에 본사를 둔 스타트업들이 싱가포르로 이전하는 사례가 증가하고 있는 것이다.
(라) 하지만 이러한 정치적 배경이 싱가포르 스타트업 성장 배경의 전부는 아니다.
(마) 싱가포르는 정부 차원에서 스타트업 생태계를 적극적으로 지원하고 있는데, 벤처투자사가 스타트업에 투자하면 싱가포르 정부가 그보다 많은 자원을 스타트업에 투자함으로써 기술력 있는 스타트업이 정착할 수 있도록 지원하고 있다.

① (나) - (가) - (다) - (라) - (마)
② (나) - (다) - (가) - (라) - (마)
③ (다) - (가) - (나) - (마) - (라)
④ (마) - (나) - (가) - (다) - (라)

4. 다음 글에서 추론한 내용으로 적절하지 않은 것은?

> 서술절을 안은 문장은 문장의 서술어가 주어, 서술어로 이루어진 절인 경우이다. 예를 들어, '민주는 성격이 좋다'의 경우, 서술어 '좋다'의 주어는 '민주'가 아니라 '성격'이다. 따라서 '성격이 좋다'는 하나의 절을 이루어 전체 문장의 주어인 '민주'의 서술어가 되는 것이다.
>
> 따라서 이러한 경우 서술어 부분에 절이 들어간 서술절을 안은 문장이 된다. 이러한 서술절을 안은 문장은 종종 보어가 포함된 문장과 혼동되곤 한다. 보어는 서술어가 '되다', 혹은 '아니다'일 경우에 그 앞에 오는 문장 성분으로, 보격 조사로는 '이'와 '가'가 있다. 예를 들어, '나는 학생이 아니다'인 경우에 '학생이'는 보어이다. 보격 조사와 주격 조사가 비슷하기 때문에 보어와 주어를 혼동하는 경우가 많다.
>
> 하지만 서술절을 안은 문장과 보어가 포함된 문장은 서로 비슷한 구조를 가지는 듯 보이나, 하나는 '주어+(주어+서술어)'의 관계를 지니는 겹문장이고, 또 하나는 '주어+보어+서술어'로 이루어진 홑문장인 점을 유의해야 한다.

① '나는 너의 친구가 아니야'는 홑문장이다.
② '그 산의 풍경이 아름답다'는 서술절을 안은 문장이다.
③ '할머니께서는 다리가 아프시다'는 주어 '할머니'의 서술어가 또 다시 주어와 서술어로 이루어진 절에 해당한다.
④ '그 학생이 회장이 되었다'에서 '회장이'는 주어가 아닌 보어이다.

5. 밑줄 친 ㉠~㉣을 강화하는 사례로 가장 적절한 것은?

> 올바른 논증의 요건은 결과와 이를 뒷받침하는 원인을 명확히 파악하는 것이다. 이 둘의 관계를 잘못 파악할 경우 오류가 되는데 대표적으로 다음과 같은 것들이 있다. 첫째, ㉠ 선행 요소와 후행 요소의 관계가 필연적인 것이 아님에도 불구하고 필연적 관계로 파악하는 것이다. "까마귀 날자 배 떨어진다"라는 속담이 이를 대표하는 사례이다. 둘째, ㉡ 동시에 일어난 사건임에도 불구하고 선후 관계로 파악하는 경우이다. 천둥과 번개는 동시에 발생함에도 불구하고 번개가 친 후 천둥이 뒤늦게 치는 것으로 파악하는 것이 그것이다. 셋째, ㉢ 원인과 결과를 1:1로만 대응하는 경우이다. 낮은 기온이 감기의 원인은 맞지만 감기가 걸렸다고 해서 무조건 낮은 기온이 원인인 것만은 아니다. 넷째, ㉣ 논증의 결론과 근거가 순환되는 경우이다. 규칙적인 생활을 하고 운동을 열심히 하는 사람은 건강하다고 하면서 그 이유를 건강한 사람은 규칙적인 생활을 하고 운동을 열심히 하기 때문이라고 하는 것이 그 예이다.

① ㉠: 지영이는 성수가 놀리면 화를 낸다. 반 친구들을 성수가 놀리므로 반 친구들은 화를 낼 것이다.
② ㉡: 세차를 하면 비가 온다. 오늘 세차를 했으므로 비가 올 것이다.
③ ㉢: 잘 못 자면 몸이 피곤하다. 피곤해 보이는 진영이는 잠을 설쳤을 것이다.
④ ㉣: 미확인 비행 물체(UFO)가 없다는 주장이 입증되지 않았으므로 미확인 비행 물체는 존재한다.

[6-7] 다음 글을 읽고 물음에 답하시오.

> 단일 지능 이론은 지능을 하나의 일반적 능력으로 보고 다양한 인지 과제 수행의 기반이 된다고 주장하는 입장이다. 찰스 스피어먼은 'g요인'이라는 개념으로 지능을 설명하며, 수학문제 해결, 언어이해, 논리추론 등 다양한 수행 능력이 공통적인 인지 능력에서 비롯된다고 보았다. 이 관점은 표준화된 IQ 검사의 근거가 되었지만, 특정 분야에서 두각을 나타내는 사람들의 능력 차이를 충분히 설명하지 못한다는 한계가 있다.
>
> 하워드 가드너는 다중 지능 이론의 관점에서 지능을 언어적, 논리-수학적, 음악적, 공간적, 신체-운동적, 대인관계, 자기 이해, 자연 탐구 지능 등 최소 8가지 유형으로 ㉠ 나눌 수 있다고 주장했다. 그는 기존의 IQ 검사가 언어적·논리적 지능에 ㉡ 치우쳐 있어 예술적 재능이나 사회적 능력 등 다양한 지능을 제대로 평가하지 못한다고 지적하며, 교육 분야에서 학생들의 강점을 고려한 맞춤형 교육의 필요성을 강조했다. 그런데 이는 과학적 근거가 부족할 뿐만 아니라 각 지능의 독립성에 의문을 제기하는 연구자들도 있다. 지능의 단일성과 다양성에 대한 논쟁은 아직 진행 중이며, 현대 심리학에서는 두 이론의 통합적 관점에서 지능을 바라보는 연구가 ㉢ 이루어지고 있다. 단일 지능 이론과 다중 지능 이론은 나름의 강점과 한계를 지니고 있으며, 이들의 통찰은 인간 지능에 대한 이해의 폭을 넓히는 데 ㉣ 이바지하고 있다.

6. 윗글에서 추론한 내용으로 가장 적절한 것은?
① 단일 지능 이론은 모든 인지 능력이 하나의 공통된 요소에서 비롯되므로, 지능의 유형을 구분할 필요가 없다고 본다.
② 다중 지능 이론은 전통적인 IQ 검사로는 인간의 다양한 지능을 충분히 측정할 수 없다고 본다.
③ 현대 심리학에서는 지능을 단일한 능력으로 보되, 특정 영역에서의 차이를 설명하기 위해 다중 지능 개념을 부차적으로 수용하고 있다.
④ 단일 지능 이론은 지능의 측정을 위해 다양한 평가 방식을 고려해야 한다고 주장한다.

7. ㉠~㉣과 바꿔 쓸 수 있는 유사한 표현으로 적절하지 않은 것은?
① ㉠: 구별할
② ㉡: 편중되어
③ ㉢: 진행되고
④ ㉣: 기여하고

8. 요리사 A, B, C는 각각 돼지고기, 소고기, 닭고기, 오리고기 중 두 종류의 고기를 골라 요리를 하려고 한다. 세 명의 요리사가 다음 조건에 따라 고기를 선택한다고 할 때, C가 선택할 고기의 종류를 올바르게 모두 고른 것은?

> • A는 닭고기를 선택한다.
> • B가 돼지고기 또는 소고기를 선택하면 A는 닭고기를 선택하지 않는다.
> • A, B, C 모두가 선택한 고기는 없다.
> • C가 돼지고기를 선택한다면 B는 오리고기를 선택하지 않는다.

① 돼지고기, 소고기
② 소고기, 오리고기
③ 소고기, 닭고기
④ 닭고기, 오리고기

9. 다음 글의 맥락을 고려할 때 빈칸에 들어갈 말로 가장 적절한 것은?

교육의 궁극적인 목표 중 하나는 학생들이 특정한 지식과 기술을 배운 후, 이를 새로운 상황에서도 효과적으로 활용할 수 있도록 하는 것이다. 전통적으로는 (가) 발전하여 다른 영역에서도 활용될 수 있다고 보았다. 이러한 관점에서는 논리적 사고를 요구하는 수학이나 철학을 학습하면, 학생들의 사고력이 전반적으로 향상되어 다양한 상황에서 동일한 사고력이 발휘될 가능성이 높다고 본다. 그러나 현대 교육학에서는 학습된 내용이 반드시 다른 영역으로 쉽게 확장되지 않는다는 연구 결과가 나오면서, 보다 실용적인 접근법이 강조되고 있다. 즉, 학습된 내용이 효과적으로 전이되려면 (나) 이루어져야 한다고 본다. 예를 들어, 과학 개념을 배울 때 공식 암기보다는 실험과 토론을 통해 개념을 적용하는 방식이 학습 효과를 높일 수 있다. 이러한 논쟁은 교육과정 설계에도 영향을 미친다. 특정 학문의 엄격한 훈련이 전반적인 사고력을 높인다는 입장과, 실질적인 맥락 속에서 적용하는 경험이 더욱 중요하다는 입장은 각각의 강점을 가지며, 교육 현장에서는 두 접근법을 조화롭게 활용하는 것이 필요하다.

① (가): 체계적인 반복 학습이 기초적인 사고 능력으로
  (나): 단순한 지적 훈련이 아니라 구체적인 맥락에서의 학습이
② (가): 한 분야에서 학습한 내용이 일반적인 사고 능력으로
  (나): 단순한 지적 훈련이 아니라 구체적인 맥락에서의 학습이
③ (가): 체계적인 반복 학습이 기초적인 사고 능력으로
  (나): 체계적인 반복 학습과 지식의 단계적 심화가
④ (가): 한 분야에서 학습한 내용이 일반적인 사고 능력으로
  (나): 체계적인 반복 학습과 지식의 단계적 심화가

10. 다음 글의 결론으로 가장 적절한 것은?

온라인 게임이나 SNS에 중독되는 현상을 들어 스마트폰을 부정적으로 평가하는 사람들이 많다. 이들은 스마트폰을 사용하는 현대인들이 가족이나 친한 친구의 전화번호조차 외우지 못하며, 인간관계의 어려움을 겪게 되었다고 비난한다.
그러나 가족의 전화번호를 외우지 못하는 사람조차도 스마트폰이 등장하기 전보다 훨씬 많은 양의 정보를 다루며 살고 있다. 우리는 스마트폰을 통해 텍스트는 물론 영상과 음향 등을 종합하여 실시간으로 더욱 생생한 정보를 얻을 수 있다.
스마트폰을 통한 온라인 게임이나 SNS는 실시간으로 다른 사람과 즐거움과 정보를 공유하며 새로운 종류의 인간관계를 맺게 해준다. 즉, 스마트폰으로 인해 인간관계에 어려움을 겪는 것이 아니라 다양한 사람들과 인간관계를 맺을 수 있는 새로운 방법이 열린 것이다.
게다가 스마트폰 관련 산업의 성장은 21세기 경제 발전의 원동력이 되고 있다. SNS를 활용한 쇼핑 및 미디어 산업이나 온라인 게임 분야는 이미 큰 시장을 형성하고 있다. 또, 스마트폰을 활용한 금융과 교육 서비스는 우리의 삶을 보다 편리하고 풍족하게 만들어 주고 있다.

① 우리는 스마트폰을 사용함으로써 잃는 것보다 얻는 것이 더 많으며, 다만 변화할 뿐이다. 돌이킬 수 없는 변화를 비난하기보다는 스마트폰을 적극적으로 활용하며 변화에 능동적으로 대처해야 한다.
② 그러나 스마트폰을 장시간 사용할 경우, 시력이나 손목 관절에 이상이 생길 수 있으므로 틈틈이 눈 운동을 하고 스트레칭을 해주어야 한다. 바람직한 스마트폰 이용 습관을 형성해야 건강 또한 지킬 수 있다.
③ 그러므로 기업이 다양한 스마트폰을 개발할 수 있도록 장려해야 한다. 디자인이나 프로그램, 가격 면에서 선택의 폭이 넓어진다면 소비자들이 취향에 맞는 스마트폰 기기를 통해 개성을 표현할 수 있을 것이다.
④ 스마트폰 적정 사용 시간을 정하고 이를 지킨다면 주위 사람들에게 소홀해지거나 온라인 게임에 중독되는 문제를 해결할 수 있을 것이다.

[11-12] 다음 글을 읽고 물음에 답하시오.

해방 공간은 정치성 대 순수성, 참여성 대 예술성 등 좌와 우의 문학 이념을 둘러싼 근본적 고민이 첨예하게 대립하던 시기였다. 해방 공간에서 김광균은 1946년 말까지 문학가 동맹에 동참하였고, 1946년 12월부터 1947년 중반까지는 중간파로 논쟁하였다. 이후 그는 문단과 점차 거리를 두고 문단에서 이탈하는 양상을 보였다. <노신>은 중간파로 전환한 뒤 시인의 심리 상태를 진술한 시에 해당한다. 이 작품에 접근하기 위해서는 중간파 논객으로서 겪어야 했던 김광균의 문단적 입지를 살필 필요가 있다. 그는 「노신의 문학 입장」이라는 글을 통해 좌익 시단에 대한 회의감을 은연중에 드러내 왔으며, 좌익 정치시와 우익 순수시 양쪽 모두를 비판하는 중간파적 입장을 취하였다. 시인은 '무수한 손에 뺨을 얻어맞으며', '지나는 돌팔매에도 이제는 피곤하다'라고 좌우 양쪽의 비판을 홀로 감당해야 했던 심정을 표현했다. 그는 극단적 상황에서 중국 현대 문학의 아버지인 '노신'을 떠올린다. 사회 부조리에 대한 분노와 민중에 대한 사랑을 문학으로 담아내고자 했던 노신을 통해, 현실을 굳세게 ⓐ 견디고자 하는 다짐을 되새기고 있다. 이 작품은 구체적 청자인 노신에게 말을 건네는 형태를 취함으로써 생활인으로서의 고뇌, 시에 대해 회의를 느꼈던 시인의 정서를 효과적으로 드러낸다.

11. 윗글을 읽고 추론할 수 있는 내용으로 적절하지 않은 것은?
① 김광균은 「노신의 문학 입장」을 통해 좌익 시단에 대한 회의감을 드러내며 중간파적 입장을 취했다.
② <노신>은 구체적인 청자인 노신에게 말을 건네는 형태로 시인의 고뇌와 회의감을 드러낸다.
③ 김광균은 <노신>을 통해 좌익 사단의 비판을 받아들이면서도 끝내 우익의 입장을 받아들일 수밖에 없었던 괴로움을 드러냈다.
④ 해방 공간에서의 문학적 대립은 정치성과 순수성, 참여성과 예술성 간의 근본적 고민을 중심으로 이루어졌다.

12. 문맥상 ⓐ의 의미와 가장 가까운 것은?
① 땅바닥에서 매일 뒹구니 가죽옷인들 얼마나 견딜까?
② 그는 전쟁 중에도 굶주림과 추위를 견디며 살아남았다.
③ 이 돈이면 며칠은 견딜 수 있겠어.
④ 이 튼튼한 상자는 충격에 잘 견딘다.

13. 다음 글에서 추론한 내용으로 적절하지 않은 것은?

한글은 소리를 나타내는 표음(表音)문자여서 문장을 읽기 위해 학습해야 하는 글자 수가 적은 편이지만, 문맥을 고려하지 않으면 정확한 뜻을 파악하기 어렵다는 한계가 있다. 이에 반해 한자는 표의(表儀)문자여서 익혀야 할 단어 수는 많지만 정확한 뜻을 파악하는 것이 용이하다는 장점을 가지고 있다. 이러한 특성 때문에 한국인의 언어생활에서 다양한 언어유희가 나타난다. 예를 들어, '과일 중에서 가장 뜨거운 과일은?'이라는 난센스 퀴즈의 답은 '천도복숭아'이다. 이는 1,000℃를 뜻하는 '천도'와, 선가(仙家)에서 하늘나라에 있는 복숭아라고 일컫는 '천도(天桃)'의 발음이 같다는 데에서 착안한 것이다. 따라서 한글로 표기한 단어의 뜻을 파악하기 위해서는 단어가 사용된 맥락을 고려하여 능동적으로 해석하는 자세가 필요하다.

① '급수'만으로는 '기술 따위의 우열에 따라 매긴 등급'인지 '물을 대어 줌'인지 구별할 수 없다.
② 한자를 병기할 경우 오독(誤讀) 가능성이 줄어들 수 있다.
③ 단어가 사용된 맥락을 확인하여 문맥상 의미를 파악하는 자세가 필요하다.
④ 한문으로 쓴 글을 읽을 때는 오독(誤讀)이 전혀 발생하지 않는다.

14. 갑~병의 주장을 분석한 내용으로 적절한 것만을 <보기>에서 모두 고르면?

갑: 청소년들의 소셜 미디어 사용을 제한해야 한다. 지나친 소셜 미디어 사용은 학업에 지장을 주고, 수면 부족과 집중력 저하를 유발한다. 또한, 사이버 괴롭힘과 개인정보 유출의 위험이 있기 때문에 소셜미디어는 청소년들의 정신 건강에도 부정적인 영향을 미칠 수 있다. 따라서 부모와 학교는 청소년들의 소셜 미디어 사용 시간을 엄격히 관리해야 한다.

을: 소셜 미디어는 청소년들에게 다양한 정보와 지식을 제공하며, 사회적 관계를 형성하고 유지하는 데 도움을 준다. 이를 통해 청소년들은 자신의 관심 분야를 탐색하고, 다양한 사람들과 교류하며, 글로벌한 시각을 기를 수 있다. 따라서 소셜 미디어 사용을 제한하기보다는 올바른 사용법을 교육하는 것이 중요하다.

병: 소셜 미디어는 장단점을 모두 가지고 있으므로, 청소년들이 스스로 책임감을 가지고 사용하도록 지도해야 한다. 부모와 학교는 사용 제한보다는 청소년들이 소셜 미디어의 부정적 영향에 대해 이해하고, 이를 예방할 수 있는 역량을 키우도록 지원해야 한다. 또한, 필요한 경우 상담과 지도를 통해 건강한 소셜 미디어 활용 방법을 제시해야 한다

── <보 기> ──
ㄱ. 갑의 주장과 을의 주장은 대립한다.
ㄴ. 을의 주장과 병의 주장은 대립하지 않는다.
ㄷ. 병의 주장과 갑의 주장은 대립하지 않는다.

① ㄱ, ㄴ
② ㄱ, ㄷ
③ ㄴ, ㄷ
④ ㄱ, ㄴ, ㄷ

15. ㉠~㉢에서 전제가 참일 때, 결론이 반드시 참인 논증을 모두 고르면?

㉠ 모든 윤리적 행위는 도덕적 의무를 따르는 것이야. 그런데 모든 공리주의적 행위도 도덕적 의무를 따른다고 볼 수 있어. 그러므로 공리주의적 행위 중 윤리적인 것이 반드시 존재한다고 할 수 있어.
㉡ 합리적으로 정당화된 법이면서 사회적 안정성을 높이지 않는 법은 존재하지 않는다. 그리고 어떤 민주적 헌법은 합리적으로 정당화된 법이야. 그러므로 사회적 안정성을 높이는 법 중 민주적 헌법이 존재해.
㉢ 모든 인공지능은 논리적 판단을 할 수 있어. 하지만 모든 생명체가 논리적 판단을 할 수 있는 것은 아니야. 따라서 어떤 생명체는 인공지능이 아니라는 결론을 내릴 수 있어.

① ㉠
② ㉡
③ ㉠, ㉡
④ ㉡, ㉢

16. 다음 글의 빈칸 ㉠에 들어갈 내용으로 가장 적절한 것은?

생태계 연구의 패러다임은 지난 세기 동안 크게 변화해왔다. 초기 생태학은 개별 종에 중점을 두었으나, 현대 생태학은 시스템 전체를 통합적으로 분석한다. 리처드 린데만의 영향력 있는 연구는 에너지 흐름의 관점에서 생태계를 설명했다. 그에 따르면 생태계 내 에너지는 약 10%만이 다음 영양 단계로 전달되며, 나머지는 열로 소실된다. 이것이 바로 '10% 법칙'이다. 호워드 오덤은 이 개념을 확장하여 생태계를 하나의 통합된 정보 처리 시스템으로 간주했다. 특히 숲 생태계의 분석에서 그는 식물, 미생물, 토양의 화학적 교환이 단순한 물질 이동을 넘어 일종의 커뮤니케이션 네트워크를 형성한다고 주장했다. 이러한 관점은 수잔 시마드의 '우드 와이드 웹' 연구를 통해 실증되었는데, 그녀는 균류 네트워크가 수백 킬로미터에 걸쳐 숲의 나무들을 연결하고 있음을 발견했다. 더욱 흥미로운 점은 이 네트워크가 자원 분배뿐 아니라 위험 신호도 전달한다는 것이다. 한 나무가 해충에 감염되면 근처 나무들은 이 네트워크를 통해 방어 화합물을 미리 생성한다. 이런 발견들은 우리가 생태계를 이해하는 방식을 근본적으로 변화시키고 있다. 따라서 현대 생태학의 발전을 위해서는 ㉠ .

① 각 종의 독립적 생존 전략에 초점을 맞춘 미시적 접근법을 우선시해야 한다.
② 특정 위협 종을 식별하고 제거하는 적극적 관리 방식을 도입해야 한다.
③ 인간의 개입을 최소화하고 자연의 자정 능력을 신뢰해야 한다.
④ 생태계를 정보 네트워크로 인식하고 종 간 신호 체계를 분석해야 한다.

[17-18] 다음 글을 읽고 물음에 답하시오.

고대 문명 연구에서 (가) 사회구조주의자들은 사회적 요인이 문명의 형성과 발전을 결정짓는 핵심 요소라고 본다. ㉠이들은 국가 체제의 형성, 계급 구조, 종교적 규범과 같은 사회적 요인들이 문명의 발전을 주도한다고 주장한다. 반면, (나) 환경결정론자들은 기후, 지리적 환경, 자연자원의 분포와 같은 환경적 요인이 문명의 형성을 결정한다고 본다. ㉡전자의 관점에서 볼 때, 같은 지리적 환경에서 완전히 다른 문명들이 발전한 사례들은 문명의 발전이 환경보다는 사회적 요인에 의해 좌우된다는 것을 보여준다. 예컨대 나일강 유역의 고대 이집트 문명과 메소포타미아 문명은 비슷한 환경에서도 전혀 다른 사회 구조와 정치 체계를 발전시켰다.
이에 반해, ㉢후자는 기후 변화가 문명의 흥망성쇠를 결정하는 주요 요인이라고 주장한다. 그들은 마야 문명이 갑작스러운 기후 변화로 인해 붕괴했다는 연구 결과를 그 근거로 제시한다. 그러나 단순히 하나의 요인만으로 문명의 발전을 설명할 수는 없다. 현대 연구자들은 사회적 요인과 ㉣환경적 요인이 상호 작용하면서 문명이 발전한다는 점을 강조한다. 문명의 발전은 한 가지 요인에 의해 결정되지 않으며, 환경과 ㉤사회적 요소가 복합적으로 작용하는 과정에서 이루어진다는 점을 인식할 필요가 있다.

17. 윗글을 읽고 평가한 내용으로 가장 적절한 것은?
① 마야 문명에서는 종교적 제사와 천문학이 강력한 왕권을 형성하여 문명의 발전에 기여했다면, 이는 (가)의 주장을 약화한다.
② 일부 문명이 환경적 요인에 의해 급격히 붕괴했다는 연구 결과가 발견된다면, 이는 (가)의 주장을 약화한다.
③ 삼국 시대에 일본과 한국은 비슷한 기후와 자연자원을 가진 국가이지만 한국은 중앙 집권체제를, 일본은 지방 분권 체제를 발전시켰다는 것은 이는 (나)의 주장을 약화한다.
④ 나일강의 잦은 범람과 이집트의 중앙 집권 체제가 상호 작용하여 3000년 이상의 이집트 문명이 나타나게 되었다면, 이는 (나)의 주장을 강화한다.

18. 윗글의 ㉠ ~ ㉤ 중 함축하는 바가 같은 것끼리 짝 지은 것은?
① ㉠, ㉢
② ㉡, ㉣
③ ㉢, ㉣
④ ㉢, ㉤

19. 다음 글의 밑줄 친 결론을 이끌어 내기 위해 추가해야 할 전제는?

만약 내 첫 번째 제품 디자인이 적합하지 않다면, 이 신제품은 출시될 수 없다. 하지만 내 첫 번째 디자인과 두 번째 디자인이 동시에 적합할 수는 없다. 두 디자인은 상반된 설계 철학을 반영하고 있기 때문이다. 그런데 만약 내 두 번째 제품 디자인이 적합하지 않다면, 기존 시장 조사에는 오류가 없다는 것이 밝혀질 것이다. 따라서 이 신제품은 출시될 수 없을 것이다.

① 만약 내 두 번째 디자인이 적합하다면, 신제품은 출시될 수 있을 것이다.
② 기존 시장 조사에는 오류가 있다.
③ 첫 번째 제품 디자인이 적합하다.
④ 두 번째 제품 디자인이 적합하지 않다.

20. ㉠을 평가한 내용으로 적절한 것을 <보기>에서 모두 고르면?

시민의 자발적 법률 준수는 법집행기관의 직접적인 강제보다 더 효과적인 사회질서 유지 수단으로 평가된다. 이러한 관점에서 ㉠경찰 정당성 이론은 주목할 만한 설명을 제공한다. 이 이론에 따르면 시민이 경찰을 정당하고 신뢰할 수 있는 기관으로 인식할 때, 외적 통제 없이도 법을 자발적으로 준수하게 된다. 최근 한국에서 수행된 연구들은 경찰의 범죄 대응 효과성과 지역사회 내 사회적 유대감이 법률 준수에 강력한 영향을 준다는 결과를 보여 주었다. 이는 시민들이 경찰의 범죄 예방 및 신속 대응 능력을 신뢰할 때 법 준수 경향이 높아진다는 점을 시사한다. 특히 지역사회의 신뢰와 유대감이 높을수록 비공식적 사회통제 기능이 강화되어, 법률 준수에 대한 시민들의 내면적 의무감이 증대된다는 사실도 확인되었다. 이러한 연구 결과는 경찰의 법 집행이 기술적 능력과 신속성을 중심으로 강화되어야 하며, 동시에 지역사회와의 협력과 신뢰 형성이 병행되어야 함을 보여준다. 따라서 경찰 조직은 시민과의 신뢰 구축과 함께 범죄 대응 능력을 높이는 실질적 효과성을 강화해야 하며, 이를 통해 시민의 자발적 법 준수를 유도하는 지속 가능한 사회질서 유지 방안을 마련할 필요가 있다.

<보 기>
ㄱ. 엄격한 처벌과 높은 검거율을 기반으로 한 강력 단속 정책이 시행된 지역이 경찰과 시민 간 신뢰 구축에 중점을 둔 지역보다 법 준수율이 더 높게 나타났다는 연구 결과가 발표되었다면, 이는 ㉠을 강화한다.
ㄴ. 경찰관 1인당 담당 인구수가 지역별로 차이가 있으며, 이러한 차이가 경찰 업무 효율성에 영향을 미친다는 행정 연구 결과가 발표되었다면, 이는 ㉠을 약화한다.
ㄷ. 범죄자들을 대상으로 한 심층 인터뷰에서 대다수가 경찰에 대한 신뢰나 정당성 인식보다 처벌의 강도와 검거 가능성이 범죄 행위 결정에 더 큰 영향을 미쳤다고 응답했다면, 이는 ㉠을 약화한다.

① ㄱ
② ㄴ
③ ㄷ
④ ㄱ, ㄷ

2025 공무원 시험 대비

적중동형 봉투모의고사
Vol. 2

국 어

| 제1회 ~ 제5회 |

정답 및 해설

합격까지

2025 공무원 시험 대비 적중동형 모의고사
국어 정답 및 해설
❚ 제1회~5회 ❚

응시번호		문제책형
성 명		

제1과목	국어	제2과목	영어	제3과목	한국사
제4과목		제5과목			

응시자 주의사항

1. **시험시작 전 시험문제를 열람하는 행위나 시험종료 후 답안을 작성하는 행위를 한 사람은** 「지방공무원 임용령」 제65조 등 관련 법령에 의거 **부정행위자로 처리됩니다.**
2. 시험이 시작되면 문제를 주의 깊게 읽은 후, **문항의 취지에 가장 적합한 하나의 정답만을 고르며**, 문제내용에 관한 질문은 할 수 없습니다.
3. **답안은 문제책 표지의 과목 순서에 따라 답안지에 인쇄된 순서에 맞추어 표기**해야 하며, 과목 순서를 바꾸어 표기한 경우에도 문제책 표지의 과목 순서대로 채점되므로 유의하시기 바랍니다.
4. 법령, 고시, 판례 등에 관한 문제는 **2025년 4월 30일 현재 유효한 법령, 고시, 판례 등을 기준**으로 정답을 구해야 합니다. 다만, 개별 과목 또는 문항에서 별도의 기준을 적용하도록 명시한 경우에는 그 기준을 적용하여 정답을 구해야 합니다.
5. **시험시간 관리의 책임은 응시자 본인에게 있습니다.**
   ※ 문제책은 시험종료 후 가지고 갈 수 있습니다.

정답공개 및
이의제기 안내

1. 정답공개 일시: 정답가안 6.21.(토) 14:00 / 최종정답 6.30.(월) 18:00
2. 정답공개 방법: 사이버국가고시센터(www.gosi.kr) ➜ [시험문제 / 정답 → 문제 / 정답 안내]
3. 이의제기 기간: 6.21.(토) 18:00 ~ 6.24.(화) 18:00
4. 이의제기 방법
   ■ 사이버국가고시센터 ➜ [시험문제 / 정답 → 정답 이의제기]
   ■ 구체적인 이의제기 방법은 정답가안 공개 시 공지 예정

박문각

합격까지

박문각

2025 공무원 시험 대비 적중동형 모의고사 제1회
국어 정답 및 해설

제1회 모의고사

01 ③	02 ②	03 ②	04 ③	05 ④
06 ①	07 ②	08 ④	09 ②	10 ④
11 ④	12 ①	13 ②	14 ③	15 ④
16 ①	17 ③	18 ④	19 ②	20 ①

★★★★★ 이 글을 꼭 읽어주세요!!! ★★★★★

안녕하세요~^^
여러분들의 단기 합격을 책임지는,
박문각에서 국어를 가르치는 박혜선입니다.

우선 두 번째 동형 강의를 시작하기에 앞서
역공이 여러분께 말씀 드릴 것이 있습니다.

이 교재는 역공이 여러분께서도 보시면 아시겠지만
"독학"에도 특화된 교재입니다.
**정말 자세한 서술에, 논리 추론 문제의 경우에는
많은 사랑을 받고 있는 "천기누설 혜선팍 논리 추론"의 교재처럼
논리 추론 시각화도 모두 되어 있어서 "독학"에 더할 나위 없이
좋습니다.**

**하지만 그럼에도 저는 역공이 여러분께 강의를 꼭꼭 참고하길
강력하게 권해 드립니다.
간혹 틀린 부분만 발췌하시거나 해설지만 보고 공부하여
아쉬운 점수를 받아 오시는 분들이 있습니다.**

독학을 했음에도 아쉬운 점수를 받는 이유는
**강의를 듣지 않다 보면 자기도 모르게
"무의식적인 나쁜 습관"에 빠진 채로
모든 문제를 풀고 채점하게 되기 때문입니다.**

강의를 들으면 혜선 쌤의 전매 특허인
**"모든 문제 유형마다의 야매 꼼수와 전략"을 배우고
문제 유형마다의 시간 밸런스를 맞추는 방식을
1-20번까지 터득할 수 있습니다.
하지만 혼자 문제 풀이와 오답을 하시게 되면 본인이 편한 방식
으로만 훈련을 하게 되어 점수가 오르기가 매우 힘듭니다.**

따라서 저는 어쩌면 시간이 많이 들어 보이는 이 방법이
사실은 가장 빠르게 합격할 수 있는 길이라고 말씀 드립니다.
절대 후회하지 않으실 거예요!

**자신이 편한 방식대로 공부하시지 마시고,
꼭 강의에서 혜선 쌤이 알려 드리는 야매꼼수와 전략으로 점수를
올리시길 바랍니다.**

---

01 [독해(작문) - 공문서 문장 고쳐 쓰기] ▶③

'종사자에 대한'은 영어 번역 투여서 우리말답지 않다. 따라서 기존의 '종사자에게'라는 표현이 더 적절하므로 ⓒ에 따라 '종사자에 대한'으로 고치는 것은 적절하지 않다.

오답풀이 ① '통계 서비스를 개선시킬'은 불필요한 사동 표현이다. 이는 ㉠에 따라 '통계 서비스를 개선할'로 수정하는 것이 적절하다.
② '이번 행사에는 본청 직원뿐만 아니라 지방청에서 실무를 맡은 직원을 포함한 통계 혁신 담당자 50여 명이 참석하여'는 주어 '본청 직원뿐만'과 서술어 '아니라'가 적절하게 호응하고, 주어 '통계 혁신 담당자 50여 명이'와 서술어 '참석하다'가 적절하게 호응하는 문장이다. 하지만 문장이 너무 길기 때문에 ㉡에 따라 '이번 행사에는 본청과 지방청에서 통계 혁신 업무를 맡고 있는 50여 명이 참석하여'로 수정하는 것이 바람직하다.
④ '태풍 피해 복구'는 명사만 나열하여 표현이 부자연스러우므로 ㉣에 따라 '태풍 피해를 철저히 복구함'으로 수정하는 것은 적절하다.

02 [독해(작문)-개요 작성] ▶②

ⓒ의 '전기자동차의 기술적 발전과 미래 가능성'은 서론의 발전 배경(㉠)에 들어가는 것이 더 자연스럽다. ⓒ에는 <지침>에 따라 '전기자동차가 환경에 미치는 긍정적 영향'이 들어갔어야 했다.

오답풀이 ① 서론에서 전기자동차의 발전 배경을 설명해야 한다고 하였다. ㉠에서처럼 특정 회사의 발전이 전기자동차 산업 발전을 이끌었다는 것은 전기자동차가 발전할 수 있게 된 배경에 해당하므로 적절하다.
③ 본론의 <지침>에 따라 ⓒ에는 전기자동차가 환경에 미치는 부정적 영향을 설명해야 하므로 '자원 고갈 및 희귀금속 사용 증가'는 ⓒ에 들어갈 말로 적절하다.
④ 결론의 <지침>에 따라 결론에서는 전기자동차 사용의 증가에 따른 미래 전망이 제시되어야 한다. 전기자동차 대중화로 탈탄소 사회가 앞당겨지는 것은 미래 전망이므로 ㉣에 들어갈 말로 적절하다.

03 [독해(비문학) - 순서 배열] ▶②

(다)는 4차 산업혁명 시대에 첨단 기술이 일상에 스며들며 생산성과 경제 발전에 기여하고 있음을 설명하고 있으므로 도입부가 되는 것이 자연스럽다. (라)는 이러한 기술이 의료, 교육, 금융 등 다양한 분야에서 도입되어 삶의 편의성을 높이고 있으나, 인간과 기계의 상호작용으로 새로운 윤리적, 법적 문제가 발생하고 있음을 언급하여 (다)의 소재에 대해 구체적으로 확장하여 서술한 것으로 볼 수 있다. (가)는 구체적인 예시를 들어 자율 주행 차량의 사고 책임, 인공지능의 편향성 문제, 자동화로 인한 실업 문제 등 구체적인 윤리적·법적 문제들을 설명하여 (라)에서 제기된 문제들을 구체화한다. 마지막으로 (나)는 이러한 문제 해결을 위한 법률, 윤리적 논의와 기업의 사회적 책임을 강조하고 있으므로 (다) - (라) - (가) - (나)가 되어야 한다.

04 [독해(비문학) - 일반 강화, 약화] ▶③

"순자는 누구나 악한 본성을 올바른 길로 교화할 능력을 가지고 있으며, 노력만 하면 훌륭한 인간이 될 수 있다고 믿었다."라는 본문을 통해 보면, 공자가 모든 제자를 교화하지 못한 것은 순자의 주장을 약화하는 것이라고 볼 수 있다. 순자는 모든 사람은 교화의 노력만 하면, 교화가 된다고 생각했는데 이 사례는 교화가 되지 않음을 보여주고 있다.

오답풀이 ① 반대의 오류이다. 맹자의 주장을 강화하는 근거에 해당한다. '맹자는 지도자가 덕으로 다스릴 때 천성적으로 착한 백성들이 감화를 받아 더욱 선해진다고 믿었다.'에서 확인할 수 있다. 따라서 요임금과 순임금은 덕과 인의(仁義)를 바탕으로 나라를 다스렸으며, 백성들 또한 이를 본받아 더욱 선한 삶을 살았다는 사례는 맹자의 주장을 강화하는 것이므로 약화한다는 것은 적절하지 않다.
② 무관의 오류이다. 악한 사람이 노력만 하면 훌륭한 인간이 될 수 있다고 믿은 것은 순자이다. 맹자는 인간이 태초부터 선하다고 주장하므로 이 사례는 무관하다. 따라서 맹자의 주장을 강화하지도 약화하지도 않는다.
④ 무관의 오류이다. 평범한 시민이었으나 부당한 권력에 복종하여 홀로코스트를 일으킨 나치의 일당들에 대한 사례는 인간의 교육으로 교화될 수 있는 것과는 관련이 없는 사례이므로 순자의 주장을 강화하지도 약화하지도 않는 사례이다.

05 [논리 추론 – 빈칸에 들어갈 결론 응용] ▶ ④

> ㉠ 연구자 ∧ 데이터 분석
> ㉡ 통계 이론 → ~데이터 분석 ≡ 데이터 분석 → ~통계 이론
> ㉢ 데이터 분석 → 통계 이론 ≡ ~통계 이론 → ~데이터 분석
> ㉣ ~(연구자 → 통계 이론)
>   ≡ ~(~연구자 ∨ 통계 이론)
>   ≡ 연구자 ∧ ~통계 이론

㉯ ㉠에 의해 '연구자 ∧ 데이터 분석'과 ㉢에 의해 '데이터 분석 → 통계 이론'을 연결할 수 있다. 공통되는 '데이터 분석'이 전칭 명제의 주어에서 반복되므로 ㉠과 ㉢을 통해 '연구자 ∧ 통계 이론'를 도출할 수 있다. 따라서 ㉣ '연구자 ∧ ~통계 이론'은 참일 수 있음을 알 수 있다. 특칭 긍정이 참일 때, 특칭 부정이 참일 수 있기 때문이다.

㉰ ㉣에 의해 '연구자 ∧ ~통계 이론'과 ㉡의 대우명제에 의해 '~통계 이론 → ~데이터 분석'을 연결할 수 있다. 공통되는 '~통계 이론'이 전칭 명제의 주어에서 반복되므로 '연구자 ∧ ~데이터 분석'을 도출할 수 있다. 따라서 ㉠의 '연구자 ∧ 데이터 분석'은 참일 수 있음을 알 수 있다. 특칭 부정이 참일 때, 특칭 긍정이 참일 수 있기 때문이다.

[오답풀이] ㉮ ㉠에 의해 '연구자 ∧ 데이터 분석'과 ㉡의 대우 명제에 의해 '데이터 분석 → ~통계 이론'을 연결할 수 있다. 공통되는 '데이터 분석'이 전칭 명제의 주어에서 반복되므로 ㉠과 ㉡을 통해 '연구자 ∧ ~통계 이론'을 도출할 수 있다. 따라서 ㉠과 ㉡이 참일 경우 '연구자 ∧ ~통계 이론'은 반드시 참이므로 ㉣이 참이 아닐 수 있다는 것은 적절하지 않다.

06 [독해(문법) – 형태론 – 단어의 형성] ▶ ①

'㉠ 어간과 어근이 일치하는 경우'의 바로 앞부분을 보면 '단일 어근으로 구성되어'라는 단서가 있다. ㉠은 어간이 단일 어근으로 구성되어 있는 경우임을 알 수 있다. '㉡ 어간과 어근이 일치하지 않는 경우'의 바로 앞부분을 보면 '어근과 접사가 결합되어'라는 단서가 있다. ㉡은 '어근+접사'로 구성된 어간임을 알 수 있다. 또한 본문에서 '어간(語幹)이란 동사·형용사 등 용언의 활용에서 변하지 않는 부분을 의미한다.'라고 언급되어 있으니 ㉠과 ㉡이 모두 동사, 형용사여야 함을 알 수 있다. 이때 '계시다'는 단일 어근 '계시-'가 있으므로 ㉠에 해당한다. '먹히다'는 '어근+접사'이면서 동사이므로 ㉡에 해당한다.

[오답풀이] ② ㉠ 비+우(사동 접미사) : '어근+접사'이므로 '㉡ 어간과 어근이 일치하지 않는 경우'에 해당한다.
㉡ 읽+었(어미) : 접사가 없는 단일어이므로 ㉠에 해당한다.
③ ㉠ 명예+롭(형용사 파생 접미사) : '어근+접사'이므로 '㉡ 어간과 어근이 일치하지 않는 경우'에 해당한다.
㉡ 정+답(형용사 파생 접미사) : '어근+접사'이므로 '㉡ 어간과 어근이 일치하지 않는 경우'에 해당한다.
④ ㉠ 청+하(동사 파생 접미사) : '어근+접사'이므로 '㉡ 어간과 어근이 일치하지 않는 경우'에 해당한다.
㉡ 한(접두사)+여름 : '어근+접사'이지만 '한여름'은 동사, 형용사가 아니라 명사이므로 '어간' 자체에 해당되지 않는다. 어간은 '어근+접사'로 구성될 수 있으나, 반드시 동사, 형용사여야 하기 때문이다.

07 [독해(작문) – 내용 고쳐 쓰기] ▶ ②

본문에서는 '정보보안 정책 준수 의도'가 정책 목표의 명확한 전달과 더불어 '개인과 조직의 적합성 및 요구와 능력의 적합성'이라는 중요한 조절 변수에 의해 영향을 받는다고 설명하고 있다. 특히, 본문은 '이러한 적합성이 높을수록 조직원이 정보보안 정책 준수에 더 적극적으로 참여한다'고 하며, 단순한 목표 전달만으로는 정책 준수 행동을 보장할 수 없음을 암시한다. 기존 표현은 정보보안 정책 준수 의도가 단지 정책 목표를 전달하기만 하면 자동적으로 이루어진다는 잘못된 인식을 줄 수 있으며, 본문에서 강조된 조절 변수의 중요성을 간과한 것이다. 따라서 수정하는 것이 적절하다.

[오답풀이] ① 기존의 ㉠ 표현을 유지하는 것이 낫다. '조직원의 창의적 사고와 혁신을 강화한다'는 수정안은 정보보안과 직접적인 연관이 없는 표현으로, 정책 목표 공유의 본래 목적과 어긋난다.
③ 기존의 ㉢ 표현을 유지하는 것이 낫다. 본문의 '이는 조직의 정보보안 수준을 저하시키는 결과를 초래할 수 있다.'라는 부분을 통해 단기적 성과에 집중하는 방식으로 축소하고 있다라는 기존 표현을 유지하는 것이 나음을 알 수 있다. '조직 내 투명성과 협력을 극대화하려는 방식'은 정책 목표 공유 활동의 긍정적인 변화를 의미하며, 본문에서 지적된 문제 상황과 맥락적으로 맞지 않는다.
④ 기존의 ㉣ 표현을 유지하는 것이 낫다. 본문에서는 '정보보안 정책의 성공적 준수를 위해서는 조직 환경의 투명성을 높이고'라는 표현이 나오며, 전체 맥락으로 보아 '정보보안 정책을 구성원들과 공유하는 것의 중요성'을 이야기함을 알 수 있다. 그런데 의문을 가지도록 유도한다는 것은 정보보안 정책 준수 행동을 저해하거나 불필요한 혼란을 야기할 가능성이 있으므로 본문 논지와는 상충한다.

08 [독해(비문학) – 중심 내용 추론] ▶ ④

본문에서 '그러나 이러한 접근은 문화적 차이와 인간의 편향된 윤리적 선호를 반영할 위험성을 내포하고 있어, 자율주행차량의 윤리적 판단 기준 설정은 여전히 해결해야 할 과제로 남아 있다.'라고 명시되어 있다. 따라서 문화적 차이와 인간의 편향을 고려해야 한다는 ④가 중심 내용으로 가장 적절하다.

[오답풀이] ① 본문에서 공리주의적 접근이 제안되어 있기는 하나, 이는 도덕적 판단 기준 중 하나로 제시되었을 뿐 중심 논지는 아니다.
② 트롤리 딜레마가 본문에 언급되기는 하였으나, 교통 효율성에 초점을 맞추는 것은 윤리적 논의 중심의 본문의 접근과는 다르다. 또한 윤리적 문제는 아직 해결되지 않았다는 사실보다는 그것을 해결해야 한다는 내용이 주가 되어야 하므로 ②는 완벽한 답이라고 보기 힘들다.
③ 도덕 기계 실험은 윤리적 판단 기준 마련의 일부 과정으로 언급되기는 하였으나, 본문의 중심 논지로 보기에는 한계가 있다.

09 [독해(비문학) – 단수 빈칸 추론] ▶ ②

지문에서는 음속 돌파 현상으로 인한 환경적, 사회적 영향을 설명하며 '로켓의 구조는 지구 중력을 벗어나기 위해 이미 최적화되어 있어 소음 감소를 위한 설계 변경이 어렵기 때문'에 '발사장 위치를 조정하는 것 외에는 뚜렷한 해결책이 없다'고 언급하고 있다. 또한 '주변 지역 사회에 미치는 다양한 영향'과 '야생동물들의 스트레스 반응' 등 다양한 부작용을 고려할 때, 발사장 위치 선정과 환경영향 평가를 통한 신중한 접근이 필요하다는 ②번이 가장 적절한 결론이다.

[오답풀이] ① 지문에서 음속 돌파 현상이 '청력 손상의 위험'을 초래할 수 있다고 언급하고 있다. 발사 횟수를 늘려 적응을 유도하는 것은 오히려 위험을 가중시킬 수 있으므로 적절하지 않다.
③ 발사장 자리를 조정한다는 부분은 옳지만 지문에서 '일부 발사장에서는 소음 모니터링 장비를 설치하여 지속적인 데이터 수집을 하고 있으며, 이를 통해 안전 기준을 수립하려는 노력이 진행 중이다.'고 하고 있다. 이는 현재 진행 중인 노력일 뿐이므로 소음 문제를 해결하기 위한 뚜렷한 해결책이라고 볼 수 없다.
④ 지문에서 '특히 대형 로켓의 음속 돌파는 총성과 맞먹는 146데시벨의 강력한 소음을 발생시킬 수 있다.'고 언급하고 있으나, 로켓의 구조를 바꿔서 소음 감소를 시키기 어렵다고 하고 있으므로 적절하지 않다.

10 [독해(비문학) – 내용 추론 긍정 발문] ▶ ④

본문에서 정신 질환의 원인으로 생물학적 요인과 환경적 요인이라는 상반된 관점이 제시되고 있다. 생물학적 관점의 문제점은 "그러나 이 접근법은 환경적 영향을 간과하고 정신질환을 지나치게 의학적으로 해석한다는 비판을 받기도 한다."이며 환경적 관점에서도 "하지만 이러한 환경적 관점도 실상으로는 생물학적 요인과 관련이 있을 수 있으므로 통합적인 접근이 필요하다."라고 하고 있다. 따라서 정신질환의 원인은 생물학적 요인과 환경적 요인의 복합적인 상호작용으로 이해해야 한다를 도출하는 것은 적절하다.

[오답풀이] ① 극단의 오류이다. 본문에서는 '정신질환 치료는 약물이나 뇌 자극 등 신경생리학적 개입이 중심이 된다'고 하였지만, 동시에 환경 접근법도 강조되고 있으므로 주로 생물학적 개입을 통해서 가능하다는 설명은 극단의 오류에 해당된다.
② 비교 미언급의 오류이다. 본문에서는 '정신질환의 원인은 생물학적 요인과 환경적 요인의 복합적인 상호작용으로 이해해야 한다'고 하였으며, 어느 한 요인이 더 우선된다고 단정하지 않았다.
③ 객체 혼동의 오류이다. 본문에서 '생물학적 관점에서는 정신질환이 주로 뇌의 신경학적 이상에서 비롯된다고 본다'고 설명하고 있다. 그러나 선지는 생물학적 관점이 '정신질환이 심리적 요인에 의해 발생한다고 본다'고 주장하여 본문의 내용을 잘못 해석하고 있다.

11 [독해(문학) - 현대 산문의 이해] ▶ ④

본문의 "조세희의 『난장이가 쏘아올린 작은 공』은 1970년대 산업화 사회의 모순점을 비판하는 대표작이다."와 "주거 공간이 사라진다는 것은 난장이 가족에게 도시에서의 인간다운 삶을 영위할 수 없고, 기본적인 권리조차 사라진다는 것을 의미한다."라는 서술로 보아 『난장이가 쏘아올린 작은 공』은 산업화로 인한 도시 빈민층의 형성과 그들의 열악한 생활 환경을 조명하여, 사회적 문제를 부각하고 있음을 알 수 있다.

오답풀이 ① '정착 생활을 하는 인간에게 의식주는 안정적인 생활의 기본 조건일 수밖에 없다.'라는 서술로 보아 가족의 존속에 큰 영향을 미쳤음을 알 수 있다. 하지만 난장이 가족의 집이 안정적인 공간이었다는 내용은 없다. 다만 일반적인 집의 안정성에 대한 언급만 있을 뿐이다. 난장이 가족의 집은 철거 계고장으로 인한 불안정성을 상징하는 공간임을 추론할 수 있을 뿐이다.
② '철거 계고장은 현재의 가난한 삶에서 더 밑바닥으로 추락할 수밖에 없는 암울한 현실을 드러낸다.'라는 서술을 고려할 때 이것이 가족이 더욱 돈독해지는 계기가 된다고 판단할 근거는 없다.
③ '1970년대 소설에서는 음식이 계층 간의 차이와 소외, 생계유지의 절박함을 나타내는 소재로 등장한다.'라고 하였다. 따라서 음식은 1970년대 소설에서 계층 간의 불평등을 드러내는 소재로 활용되는 것은 적절하지만, 이 때문에 계층의 소통이 불가능함을 드러낸다는 내용은 언급되지 않으므로 적절하지 않다.

12 [독해(화법) - 말하기 방식] ▶ ①

대화 참여자들은 SNS를 통한 환경 보호 활동이 일시적으로 끝나 진정성이 없어 보인다는 입장(갑, 을)과 진정성 여부와 관계없이 널리 알려지는 것 자체가 의미 있다고 보는 입장(병)이 있다. 따라서 ⓐ이 존재하는 것에 대한 중요성을 다르게 생각하여 의견의 대립이 있었음을 알 수 있다.

오답풀이 ② 대화에서 구체적인 사례는 언급되었으나, 이는 SNS에서 전개되는 챌린지의 한계를 드러낼 뿐, SNS 자체의 문제점을 부각하는 것은 아니다.
③ 대화 참여자들은 서로의 의견을 듣고 보완하며 건설적인 방향으로 대화를 이어 가고 있다. 병이 챌린지의 진정성에 대해 다른 입장을 내놓기는 하나 나중에는 장기적인 참여를 유도하자고 하고 있으므로 일관되게 반박한다고 보기 어렵다.
④ 대화 참여자들은 통계 수치를 활용한 적이 없으므로 적절하지 않다.

13 [독해(문학) - 고전 운문의 이해] ▶ ②

본문에서는 '우활'이 화자가 '세상에 잘 적응하지 못하는 모습을 자조적으로 표현한 것'이라고 하면서도, 이는 '자신이 믿고 따르는 도리와 직분을 지키려는 의지'를 나타내는 것으로 설명된다. 즉, '우활'은 화자가 자신의 신념을 내려놓는 것이 아니라 오히려 이를 유지하려는 강한 의지를 반영한다. 따라서 이 선지는 본문의 설명과 상반되므로 적절하지 않은 선지이다.

오답풀이 ① 본문에서 '화자는 자신이 처한 가난을 단순히 물질적 궁핍을 넘어, 사대부로서의 직분인 '치인'을 수행할 수 없는 불우한 상황으로 묘사한다'고 하였다. 또한, '우활'은 '화자가 세상에 잘 적응하지 못하는 모습을 자조적으로 표현한 것이지만, 자신이 믿고 따르는 도리와 직분을 지키려는 의지를 나타낸다'고 하였다. 이를 통해 화자가 현실의 부조리와 자신의 도리 사이에서 갈등하는 모습을 보여주고 있음을 알 수 있으므로 적절한 선지이다.
③ 본문에서는 '가난'이 단순히 경제적 어려움을 넘어 '정치적 처지와 사회적 불안정성을 반영하는 중요한 키워드'로 등장한다고 하였다. 또한, '화자가 자신이 처한 가난을 단순히 물질적 궁핍을 넘어 사대부로서의 직분인 '치인'을 수행할 수 없는 불우한 상황으로 묘사한다'고 하였다. 이는 '가난'이 화자가 직면한 현실적 상황을 나타냄을 보여주기 때문에 적절한 선지이다.
④ 본문에서 <누항사>는 정치적, 사회적 현실을 비판하고, 그 속에서도 고유의 도리와 직분을 지키려는 화자의 의지를 표현하고 있다'고 하였다. 또한, 화자가 '정치적 부조리와 사회적 부패 속에서도 자신의 도리를 지키며 고군분투하는 모습'을 보여주고 있다고 하였다. 이를 통해 화자가 자신의 사회적, 정치적 현실을 비판하면서도 사대부로서의 직분을 유지하려는 모습을 나타낸다는 점에서 적절한 선지이다.

14 [논리 추론 - 반드시 참인 명제 응용] ▶ ③

- 정
- 을 → (~갑 ∧ ~병) ≡ (갑 ∨ 병) → ~을
- ~갑 → 무 ≡ ~무 → 갑
- 무 → ~정 ≡ 정 → ~무
- 병 ∨ 무

첫 번째 진술에 의해 '정'이고 네 번째 진술에 의해 '정 → ~무'이므로 무는 만나지 않았다. 다섯 번째 진술에 의해 '병 ∨ 무'이므로 병은 만났고 세 번째 진술의 대우 명제에 의해 '~무 → 갑'이므로 갑도 만났다. 두 번째 진술의 대우명제의 전건 '갑 ∨ 병'이 참이 되므로 '(갑 ∨ 병) → ~을'에 의해 을은 만나지 않았다. 따라서 A교수가 만난 사람은 갑, 병, 정으로 3명이다.

15 [독해(비문학) - 내용 추론 긍정 발문] ▶ ④

본문의 첫 문장에서 '법은 개인의 자유와 사회의 요구 사이에서 끊임없이 타협점을 찾아간다'고 하였으며, 사적 자치 원칙과 공공복리 원칙이 각각 개인의 자유와 사회적 균형을 중시하는 입장임을 설명했다. 결국 법이 이 두 가치를 조화롭게 조정해야 한다는 점이 강조되고 있으며, 이는 선지의 내용과 일치한다.

오답풀이 ① 반대의 오류이다. 사적 자치 원칙은 '국가는 최소한으로 개입해야 한다'고 강조하며, 개인 간의 계약을 조정하기보다는 당사자의 자유로운 의사를 존중하는 데 초점을 맞춘다. 그러나 선지는 '국가는 개인 간 계약을 공정하게 조정하는 역할을 해야 한다'고 주장하여, 사적 자치 원칙의 핵심 개념과 반대되는 내용을 포함하고 있다.
② 주체 혼동의 오류이다. 본문에서 공공복리 원칙은 '사회적 형평성을 유지하기 위해 국가의 개입이 필요하다'고 설명하고 있다. 그러나 선지는 '공공복리 원칙은 경제적 자유가 절대적으로 보장될 때 가장 효과적으로 구현될 수 있다'고 주장하며, 공공복리 원칙과 사적 자치 원칙의 개념을 혼동하고 있다.
③ 본문에서는 사적 자치 원칙이 '개인의 자율성을 가장 중요한 가치로 여긴다'고 설명한 반면, 공공복리 원칙은 '사회 전체의 균형을 고려해야 한다'고 주장한다. 따라서 두 원칙이 동일하게 '개인의 권리 보호를 최우선 가치로 삼는다'고 하는 것은 본문의 논지를 잘못 설정한 것이다.

16 [어휘 - 문맥적 의미 추론] ▶ ①

'ⓐ 이루다'는 「3」 몇 가지 부분이나 요소들을 모아 일정한 성질이나 모양을 가진 존재가 되게 하다.'를 의미한다. 따라서 이와 문맥상 의미가 가장 가까운 것은 '사물을 이루고 있는 요소'이다.

오답풀이 ② 「2」 뜻한 대로 되게 하다.
③ 「1」 어떤 대상이 일정한 상태나 결과를 생기게 하거나 일으키거나 만들다.
④ 「4」 예식이나 계약 따위를 진행되게 하다.

17 [독해(비문학) - 문장 삽입] ▶ ③

주어진 문장은 새로운 가치관을 가진 사람들이 유입되면서 공무원 사회가 변화하고 있다는 내용이다. 문장에서는 '젊은 공무원의 이·퇴직이 점차 증가하고 있는 것'이라는 말로 앞의 내용을 재진술하고 있다. 따라서 '공무원 사회에도 변화를 불러일으키고 있다.'는 문장 뒤에 오는 것이 가장 적절하다.

18 [독해(문학) - 현대 운문의 이해] ▶ ④

"이러한 상황에서 문학가들은 일제의 문화통치를 역이용하여 활발한 문화, 예술, 교육운동을 전개하였다."라는 본문을 통해 보면 문학가들은 정치적 독립운동보다는 문화적 세뇌가 중점이 된 1920년대를 의도적으로 역이용하여 문화, 예술, 교육운동을 전개한 것이다. 따라서 문화, 예술, 교육운동을 전개할 수밖에 없었다는 것은 어쩔 수 없었다는 표현이므로 적절하지 않다. 미언급의 오류에 해당된다.

오답풀이 ① '이에서 투철한 현실인식과 저항성을 확인할 수 있다.'라는 서술로 볼 때 <빼앗긴 들에도 봄은 오는가>는 시인의 현실인식과 저항성을 보여주는 작품이라는 것은 적절하다.
② '시의 내용은 식민지의 현실을 미학적으로 극복하고자 하는 노력이 드러나 있다.'라는 서술로 볼 때 이상화는 작품을 통해 식민지 현실을 예술적으로 타개하려고 시도하였다는 것은 적절하다.
③ '한국을 무력으로 지배할 수 없음을 깨닫게 되었고, 문화적 세뇌를 통해 한민족을 일제와 동화시키고자 하였다.'라는 서술로 볼 때 1920년대 일제는 식민지 통치방식을 바꿈으로써 지배를 강화하고자 하였다는 것은 적절하다.

19 [독해(비문학) - 〈보기〉 강화, 약화] ▶ ②

ㄱ. '국가 권력이 약화될 때'라는 것은 강력한 지도자가 없다는 것인데 이런 경우에 범죄율이 증가된다는 것은 강력한 지도자인 리바이어던의 필요성을 더 강화하는 것이므로 ㉠을 강화하는 근거로 적절하다.

ㄴ. 권력이 집중되었다는 것은 강력한 지도자, 즉 리바이어던이 있다는 것인데 이러한 상황이 오히려 인권을 침해하는 부작용을 발생시킨 것이므로 이는 ㉠을 약화하는 근거로 적절하다.

[오답풀이] ㄷ. 무정부 상태라는 것은 리바이어던이 없는 것인데 이때 오히려 혼란과 폭력이 난무한다는 것은 리바이어던의 필요성을 강조하는 것이므로 ㉠을 강화하는 사례로 봐야 한다. 따라서 약화한다는 것은 적절하지 않다.

20 [논리 추론 - 반드시 참인 명제 응용] ▶ ①

㉠ 자전거 ∨ 스케이트
㉡ ~헬멧 → (~자전거 ∨ 연습) ≡ (자전거 ∧ ~연습) → 헬멧
㉢ (스케이트 ∧ ~연습) → ~보호대 ≡ 보호대 → (~스케이트 ∨ 연습)
㉣ ~연습

①의 전건에 의해 '보호대'이므로 ㉢의 대우명제에 의해 '~스케이트 ∨ 연습'이다. ㉣에 의해 '~연습'이므로 '~스케이트'가 참임이 도출된다. 따라서 ㉠에 의해 '자전거'이다. 그러면 ㉡의 대우명제에 따라 '자전거 ∧ ~연습'이 만족되므로 '헬멧'이 도출되므로 '만약 지호가 보호대를 착용했다면, 지호는 헬멧을 착용한다'가 반드시 참인 명제임을 알 수 있다.

[오답풀이] ②는 '헬멧'인데 ㉡의 대우명제에 '헬멧'은 후건에 있으므로 '자전거 ∧ ~연습'이 모두 참으로 만족되어야 '헬멧'이 반드시 참인 진술이라고 말할 수 있다. ㉣에 의해 '~연습'은 만족이 되지만, '자전거'가 참이라는 보장이 없으므로 '헬멧'이 반드시 참인 진술이라고 할 수 없다.

③ 전건에 의해 '~자전거'이므로 ㉠에 의해 '스케이트'이다.
㉣에 의해 '~연습'이므로 '스케이트 ∧ ~연습'이 만족되어 ㉢에 의해 '~보호대(지호는 보호대를 착용하지 않는다)'를 도출할 수 있다. 따라서 '지호는 보호대를 착용한다.'는 반대의 오류로 적절하지 않다.

④는 '~헬멧 ∧ ~보호대'인데 '~보호대'는 ㉢의 후건에 있으므로 '스케이트 ∧ ~연습'이 모두 참으로 만족되어야 '~보호대'가 반드시 참인 진술이라고 말할 수 있다. ㉣에 의해 '~연습'은 만족이 되지만, '스케이트'가 참이라는 보장이 없으므로 '~보호대'가 반드시 참인 진술이라고 할 수 없다. 따라서 '~헬멧 ∧ ~보호대'가 반드시 참인 진술이라고 할 수 없다.

2025 공무원 시험 대비 적중동형 모의고사 제2회
국어 정답 및 해설

제2회 모의고사

01 ④	02 ②	03 ①	04 ③	05 ④
06 ③	07 ①	08 ②	09 ③	10 ②
11 ①	12 ④	13 ①	14 ②	15 ④
16 ③	17 ②	18 ④	19 ①	20 ③

01 [독해(작문) - 공문서 문장 고쳐 쓰기] ▶④

<공문서 작성 지침>의 '문장과 문장을 올바르게 접속할 것'에 따라 보면 ㄹ은 이미 접속이 잘 되었다. 최종 과제가 선정되는 것에 대한 정보를 대등하게 나열하는 것이므로 '-며'로 연결되는 것이 옳다. '-되'는 대립적인 사실이나 예외 조건을 언급할 때 쓰므로 적절하지 않다.

오답풀이 ① '지역 일자리를'에 호응하는 문장 성분이 없으므로 <공문서 작성 지침>의 '문장 성분의 호응을 고려할 것.'에 따라 '지역 일자리를 창출하는 것을'에서 서술어 '창출하다'를 추가하는 것은 적절하다.
② <공문서 작성 지침>의 '적절한 조사를 사용할 것.'에 따라 '과제와'는 부적절한 접속 조사가 사용된 것이므로 주격 조사가 결합된 형태인 '과제가'로 수정하는 것이 옳다.
③ 기존 표현에서는 어떤 것을 창출하는지가 정확히 명시되어 있지 않다. 따라서 <공문서 작성 지침>의 '필수적인 문장 성분이 생략되지 않도록 주의할 것.'에 따라 '지역 일자리 창출을 도모합니다.'로 명료하게 서술하는 것이 적절하다.

02 [독해(비문학) - 중심 내용 추론] ▶②

본문은 블록체인의 성공적 활용을 위해 '서비스 플랫폼의 개방성과 공정한 경쟁 규칙, 그리고 참여자 간 신뢰 구축'이 필수적임을 강조하며, "무역금융에서 블록체인의 성공적인 적용을 위해서는 기술 혁신뿐만 아니라 정치・경제적 이해관계 조율, 법적・제도적 지원, 그리고 참여자 간 신뢰 구축이 병행되어야 한다."라고 언급하고 있다. 이를 통해 지속 가능한 발전과 글로벌 무역 시스템의 표준화를 도모해야 한다고 결론짓고 있으므로 ②가 중심 내용으로 가장 적절하다.

오답풀이 ① 본문에서 블록체인이 '거래 효율성 향상과 비용 절감을 실현하는 도구'로 언급되어 있기는 하나, 이는 블록체인의 특징 중 하나에 불과하다. 본문은 기술적 혁신 외에도 추가적인 사회적, 제도적 요건의 중요성을 다루고 있다.
③ 본문에서는 기술적 혁신 외에도 '정치・경제적 이해관계 조율, 법적・제도적 지원, 그리고 참여자 간 신뢰 구축'이 병행되어야 한다고 강조하고 있다. 기술 요건만으로 충분하다는 서술은 본문과 다르므로 적절하지 않다.
④ 블록체인이 글로벌 무역 시스템에 새로운 표준을 제시할 가능성이 언급되기는 하였으나, 이는 기술적, 사회적, 제도적 요건을 병행해야 한다는 논지에서 어긋나는 단편적 서술이므로 중심 내용이라고 보기 어렵다.

03 [독해(문법) - 통사론 - 높임] ▶①

본문의 "한편 객체 높임은 화자가 문장의 객체, 곧 목적어나 부사어가 지시하는 대상에 대해 높임의 태도를 나타내는 표현으로, ~ '모시다, 드리다, 여쭈다(여쭙다), 뵈다(뵙다)'를 통해 실현될 수 있다."를 통해 보면 이 선지가 적절하지 않음을 알 수 있다. 객체 높임은 부사어를 높이는 표현인데 선지의 부사어는 '저에게'로 화자인 '저'는 높임의 대상이 될 수 없다. 따라서 '여쭈다'가 부사어 '저에게'를 잘못 수식하고 있으므로 이 선지는 적절하지 않다.

오답풀이 ② 본문에서 "주체 높임법은 화자가 문장의 주체, ~ 특수한 어휘 '잡수시다, 편찮으시다, 계시다' 등을 통해 실현될 수 있다."라는 부분을 통해 보면 '할아버지께서 요즘에 편찮으십시다.'의 '편찮으십시다'는 특수 어휘 표현임을 알 수 있다. 본문에서 "다만, '계시다'와 같은 특수 어휘는 직접 높임에만 쓰일 수 있고, 간접 높임에는 쓰일 수 없음에 유의해야 한다."를 통해 특수 어휘인 '잡수시다'는 직접 높임에만 쓰일 수 있음을 알 수 있다. 그런데 이 선지에서는 '할아버지께서'라는 주어를 직접 높이고 있으므로 주체 높임의 특수어휘 '편찮으시다.'가 올바르게 쓰였음을 알 수 있다.
③ 본문에서 "주체 높임법은 화자가 자신보다 나이, 지위가 높은 문장의 주체에 대해 높임의 태도를 나타내는 표현"이라고 언급되어 있다. 그런데 '저는'은 화자이므로 화자보다 높은 주체라고 볼 수 없으므로 주체 높임의 '-시-'는 주어를 잘못 높이고 있음을 알 수 있다.
④ 본문에서 "상대 높임은 화자가 청자, 곧 말을 듣는 상대에게 높임이나 낮춤의 태도를 나타내는 표현으로, 주로 종결 어미를 통해 실현된다."라고 언급되어 있다. 즉, 상대 높임은 종결 어미를 통해 실현되므로 이 문장에서 종결 어미 '-어요'를 통해 실현되고 있음을 추론할 수 있다.

04 [독해(화법) - 의견의 대립 양상] ▶③

ㄴ. 을은 '기본소득제는 막대한 재원이 필요하며, 현실적으로 지속 가능하지 않다.'와 "따라서 기본소득제보다는 적극적인 경제 정책과 효율적인 복지 시스템이 더 효과적이다."라고 주장하고 있다. 반면 병은 "따라서 조건부 기본소득제를 도입하여 일정한 조건을 충족하는 국민에게만 소득을 제공하는 것이 현실적이다."라고 주장하고 있다. 을은 기본소득제를 완전히 부정하는 반면 병은 기본소득제의 단점을 보완하려고 하므로 두 입장은 대립한다고 보는 것이 옳다.
ㄷ. 병은 '기본소득제는 일자리 감소와 빈곤 문제를 해결하는 하나의 방안이 될 수 있다. 그러나 무조건적인 소득 제공은 재정적 부담이 크고, 부작용이 있을 수 있다.'라고 주장하며, 갑은 '기본소득제는 인류의 삶을 향상시키는 데 큰 잠재력을 가지고 있다. 따라서 정부는 기본소득제를 적극적으로 추진해야 한다.'라고 주장하고 있다. 병은 무조건적 도입을 반대하고 있으며, 갑은 무조건적 도입을 주장하므로 두 입장은 상반된 입장을 취하고 있다. 따라서 두 주장은 대립한다고 보는 것이 적절하다.

오답풀이 ㄱ. 갑은 '현대 사회에서 기술 발전과 자동화로 인해 많은 일자리가 사라지고 있다. 이에 따라 실업률이 증가하고, 경제적 불평등이 심화되고 있다. 이러한 문제를 해결하기 위해서는 모든 국민에게 조건 없이 일정한 소득을 제공하는 기본소득제를 도입해야 한다.'라고 주장하는 반면 을은 '기본소득제는 막대한 재원이 필요하며, 현실적으로 지속 가능하지 않다. 국민들에게 일하지 않아도 된다는 메시지를 주어 노동 의욕을 감소시킬 수 있다.'라고 주장하고 있다. 따라서 두 입장은 상호 대립하는 것으로 보는 것이 적절하다.

05 [독해(문학) - 현대 산문의 이해] ▶④

"그는 <소>가 문제가 되어 경찰서에 끌려갔던 이후로 리얼리즘 현대극에서 역사극으로 창작의 범주를 바꾸기 시작하였다."라는 언급이 있기는 하나 이를 통해 비참한 조선 농촌의 모습을 더 생생하게 보여 주었다는 사실은 본문에 언급되지 않았다. 그는 <소>가 문제가 되어 리얼리즘 현대극에서 역사극으로 창작의 범주를 바꾼 것일 뿐이다. 미언급의 오류이다.

오답풀이 ① "<토막>은 소작농으로 빚을 갚지 못한 경선네가 토막마저 차압당하고 마침내 고향을 떠나가는 이야기 … 또한 7년 전에 일본으로 건너가 활동하다가 유골이 되어 돌아온 큰아들"이라는 서술로 보아 <토막>은 소작농과 일본에서 돌아온 아들의 이야기를 통해 일제 강점기의 비극을 강조함을 알 수 있다.
② "1930년대, 1940년대의 대표적 극작가인 유치진은 일제 치하에서 비참하게 생활하던 조선 농촌의 모습을 리얼리즘 경향으로 그려내는 데 힘쓴 작가였다."와 "유치진이 창작했던 모든 희곡은 민족과 조국, 역사에 직접 다가서는 모습을 보여 준다."라는 서술로 보아 유치진은 일제 강점기 조선 농민의 삶을 사실적으로 묘사하며, 조선의 역사와 민족 문제에 직면하는 모습을 보여 주었음을 알 수 있다.
③ '로맹 롤랑의 민중연극론에서 영향을 받은 것으로 보인다.'라는 서술로 보아 유치진은 로맹 롤랑의 민중연극론에 영향을 받아 농촌의 비참한 현실을 극화하는 리얼리즘 작가로 평가받았음을 알 수 있다.

06 [독해(작문) - 내용 고쳐 쓰기] ▶③

ⓒ 앞의 '이를 둘러싼 도시 문제는 해결되지 않았다.'라는 표현을 참고할 때, 나홀로 아파트의 개발 방식이 도시 경관과 주거 밀도 문제를 악화하였음을 추론해 볼 수 있다. 따라서 나홀로 아파트의 단점을 서술하는 '서울의 전반적인 주거 밀도를 높이고 도시 경관을 해치는 개발 방식'으로 수정하는 것이 적절하다.

오답풀이 ① ㉠은 역접의 접속사 뒤에 이어지는 표현이다. 앞부분에서 나홀로 아파트의 증가 현상을 언급하였으므로, 뒷부분에는 부정적 측면을 언급하는 것이 적절하다. 따라서 기존 표현을 유지함이 적절하다.
② 본문에서 나홀로 아파트의 긍정적 사례로 '특정 지역에서는 고급화된 설계와 효율적인 공간 활용'이 이루어졌음을 이야기하고 있다. 따라서 '주민 생활에 전혀 영향을 미치지 않는다'로 수정하는 것은 적절하지 않다.
④ ㉣ 뒤의 '지속 가능한 도시 구조를 지원할 수 있는 방향으로 개선'되어야 한다는 표현과, 구체적 실천 방안을 참고할 때 나홀로 아파트의 확산이 도시 공동체를 해체할 수 있다는 경고는 본문의 문맥과 부합하지 않음을 알 수 있다. 따라서 기존 표현을 유지하는 것이 적절하다.

07 [논리 추론 – 반드시 참인 명제 응용] ▶①

증인의 진술을 기호로 나타내면 다음과 같다.

- ~A → ~D ≡ D → A
- ~B → C ≡ ~C → B
- B → ~A ≡ ~B → A
- ~C

네 번째 진술에 의해 '~C'이고 두 번째 진술의 대우명제에 의해 '~C → B'이므로 B는 범인이다. 세 번째 진술에 의해 'B → ~A'이므로 A는 범인이 아니고, 첫 번째 진술에 의해 '~A → ~D'이므로 D도 범인이 아니다. 따라서 용의자 A~D 중 범인은 B, 1명밖에 없다.

08 [독해(비문학) – 내용 추론 긍정 발문] ▶②

2문단에서 민족주의 역사관을 설명할 때에 "국가와 민족을 역사의 주요 행위자로 보며, 역사 서술의 목적을 민족의 자부심과 통합에서 찾는다."고 하였다. 이를 미루어 볼 때에, 영국에서 산업혁명을 자신들의 주체적인 업적이었다고 강조한다면 이는 민족주의 역사관을 따른 것임을 알 수 있다.

오답풀이 ① 극단의 오류이다. 본문에서 민족주의 역사관은 '국가와 민족을 역사의 주요 행위자로 본다'고 하였지만, 세계사적 관점은 '특정 민족이나 국가의 경계를 넘어 글로벌한 상호작용의 관점에서 역사를 이해하고자 한다'고 설명하였다. 따라서 세계사적 관점은 국가의 정체성과 자부심을 강조한다고 보기 힘들다.
③ 주체 혼동의 오류이다. 본문에서 세계사적 관점은 '특정 민족이나 국가의 경계를 넘어 글로벌한 상호작용의 관점에서 역사를 이해하고자 한다'고 설명하고 있다. 그러나 선지는 '세계사적 관점이 한 국가의 발전을 그 국가 내부의 요인만으로 설명하는 것을 원칙으로 삼는다'고 하여, 오히려 민족주의 역사관의 특성을 세계사적 관점에 적용하고 있다. 이는 개념을 혼동한 것이다.
④ 반대의 오류이다. 본문에서 민족주의 역사관은 민족의 정체성을 강조하는 입장이므로 민족주의 역사관이 특정 민족의 역사적 경험이 세계사적 변화보다 중요하지 않다고 본다는 것은 적절하지 않다.

09 [어휘 – 문맥적 의미 추론] ▶③

'㉠ 바라보다'는 '「2」 어떤 현상이나 사태를 자신의 시각으로 관찰하다.'를 의미한다. 이와 문맥상 의미가 가장 가까운 것은 '현실을 제대로 바라보아야 한다'이다.

오답풀이 ① 「3」, 실현 가능성이 있다고 생각한 일에 기대나 희망을 가지다.
② 「1」, 어떤 대상을 바로 향하여 보다.
④ 「4」, 어떤 나이에 가깝게 다다르다.

10 [독해(비문학) – 단수 빈칸 추론] ▶②

지문에서는 '모든 존재가 얽혀 있고 관계를 통해 생성된다'고 명시적으로 설명하고 있으며, '물질적-담론적 내부 작용을 통해 계속적으로 재구성된다'고 강조한다. 또한 '처음부터 독립적으로 주어진 실체란 없으며, 모든 것은 관계의 망 속에서 서로 얽혀 존재한다'고 구체적으로 서술하고 있다. 나아가 '불확정성은 새로운 존재의 출현 가능성을 계속해서 열어두게 된다'라고 하여 존재의 변화 가능성을 적극적으로 인정하고 있다. 따라서 모든 존재가 관계의 망 속에서 상호 얽혀있으며 끊임없이 재구성되고 변화할 수 있다는 ②가 가장 적절하다.

오답풀이 ① 지문에서는 '인간의 마음과 독립해서 존재하는 실재'를 상정하는 전통적 실재론의 관점을 비판하고 있다. 또한 '고정된 존재론이 아니라 우리의 물질적-담론적 내부 작용을 통해 계속적으로 재구성된다'고 설명하고 있어, 객관적 실재의 본질적 속성을 규명할 수 있다는 주장은 지문의 핵심 논지와 배치된다.
③ 지문에서는 '자아와 타자, 주체와 대상이 생기게 된 것도 내부 작용에 의한 것'이라고 명확히 설명하고 있다. 또한 '우리가 만드는 경계는 일시적'이라고 하여, 이러한 구분이 선험적으로 주어진 것이 아님을 강조하고 있으므로 적절하지 않다.
④ 지문은 '처음부터 독립적으로 주어져 있는 실체가 아니기 때문에 다른 존재와의 관계를 통해서 함께 생성되어 나가는 것'이라고 설명하고 있다. 따라서 개별적 실체들의 독립적 속성을 강조하는 것은 지문의 논지와 정면으로 배치된다.

11 [독해(비문학) – 순서 배열] ▶①

가장 먼저 문제 상황을 제시하는 ㄷ을 맨 앞에 배치한 다음에 이로 인한 짐벌의 변화를 제시하는 ㄹ을 배치한다. 이어 ㄹ에서 짐벌이 움직인 후의 상황을 설명하는 ㅁ을 배치하고 ㅁ의 측정값을 이용해 각속도를 계산하는 ㄱ, 이후 이 결과를 통해 비행기의 수평을 유지하는 ㄴ을 배열하는 것이 옳다. 따라서 ㄷ – ㄹ – ㅁ – ㄱ – ㄴ의 순서가 적절하다.

12 [독해(비문학) – 일반 강화, 약화] ▶④

극한의 절제와 인내, 강한 신체와 정신을 더 높은 가치로 보는 것은 쾌락과는 관련이 없는 것으로 오히려 욕구를 절제하는 것이다. 따라서 이는 밀의 주장과 관련이 없으므로 밀의 주장을 강화하지도 약화하지도 않는 사례이다.

오답풀이 ① 시험의 종료로 압박감이 사라져 불안이 사라졌다는 것은 본문의 "고통의 부재와 같은 소극적이고 정적인 쾌락이 진정한 쾌락이 되어야 한다는 것"에 해당하는 예시이므로 에피쿠로스의 주장을 강화하는 사례로 적절하다.
② 본문에서 에피쿠로스는 "고통의 부재와 같은 소극적이고 정적인 쾌락이 진정한 쾌락이 되어야 한다는 것이다."라고 하였다. 그런데 이 선지의 사례는 고통의 부재와 반대되는 '힘든 과정'을 선택하여 고통에 직면함으로써 합격이라는 성취적 쾌락을 더 가치 있게 느끼고 있다. 이는 고통의 부재가 아닌 고통을 오히려 느낌으로써 진정한 쾌락을 느끼려고 하는 것이므로 에피쿠로스의 주장을 약화하는 예시로 적절하다.
③ '패스트푸드를 폭식하는 것'은 저급한 쾌락, '예술적인 음식을 음미하는 것'은 고상한 쾌락인데 저급한 쾌락이 고상한 쾌락을 이기고 있으므로 이는 밀의 주장을 약화하는 사례로 적절하다.

13 [독해(비문학) – 지시 대상 추론] ▶①

'(가) 쾌락'은 예술을 감상하면서 느끼는 지적인 '고급의' 쾌락을 의미한다. 하지만 '㉠ 쾌락'은 '양적 쾌락'에 불과하므로 (가)에 해당하는 의미라고 보기 어렵다.

오답풀이 '㉡ 쾌락'은 '그 쾌락은 질적으로 우월하다.'를 통해 (가)에 해당하는 의미로 사용됨을 알 수 있다. '㉢ 쾌락'은 예술인 모차르트의 음악을 감상하면서 느끼는 지적인 '고급의' 쾌락을 의미하므로 (가)에 해당하는 의미로 사용됨을 알 수 있다. '㉣ 쾌락'은 '고상한'이라는 표현을 통해 (가)에 해당하는 의미로 사용됨을 알 수 있다.

14 [독해(문학) – 현대 운문의 이해] ▶②

비교 미언급의 오류이다. "김영랑이 대표적인 순수시인이기는 했으나 이 작품은 시대적 배경과 결합할 때 국권을 잃은 식민지의 암울한 현실에서 경험하는 상실감을 그려낸 것으로도 해석될 수 있다."를 통해 '모란이 피고 지는 감정'과 '식민지의 암울한 상실감'의 두 의미로 해석될 수 있다는 의미일 뿐이지 이 두 의미 중 어떤 것을 더 드러낸다는 비교를 한 적이 없음을 알 수 있다.

오답풀이 ① 뒷부분에서 '김영랑이 대표적인 순수 시인이기는 했으나 ~ 암울한 현실에서 경험하는 상실감을 그려낸 것으로도 해설될 수도 있다'를 통해 이 선지가 적절함을 알 수 있다.
③ '세련된 시어와 부드러운 어조로 문학적 아름다움과 섬세함을 표현했다는 점에서 김영랑 시인의 대표작으로 평가받는다.'라는 서술로 보아 적절한 선지임을 알 수 있다.
④ 화자가 기다리는 모란이 피는 시간을 '찬란한 슬픔의 봄'으로 표현함으로써 피어날 모란의 아름다움에서 느끼는 환희의 감정과 곧 사라지고 말 꽃으로 인해 느낄 슬픔까지도 하나의 구절에 담아냈다.'라는 서술로 보아 적절한 선지임을 알 수 있다.

15 [논리 추론 – 빈칸에 들어갈 결론 응용] ▶④

㉠~㉤을 기호를 이용하여 나타내면 다음과 같다.

- ㉠ ~(시계 ∧ ~비쌈) ≡ ~시계 ∨ 비쌈 ≡ 시계 → 비쌈
- ㉡ 시계 ∧ 방수
- ㉢ ~방수 ∧ 정교
- ㉣ ~정교 ∧ ~비쌈
- ㉤ ~(시계 → 정교) ≡ ~(~시계 ∨ 정교) ≡ 시계 ∧ ~정교

(가) ㉡에 의해 '시계 ∧ 방수'이고 ㉠에 의해 '시계 → 비쌈'이므로 (가) '방수 ∧ 비쌈'을 도출할 수 있다.
(나) ㉤에 의해 '시계 ∧ ~정교'이고 ㉠에 의해 '시계 → 비쌈'이므로 (나) '~정교 ∧ 비쌈'을 도출할 수 있다.
(다) (다)를 논리기호로 바꾸면 '~(정교 ∨ 시계) ≡ ~정교 ∧ ~시계'이다. 이는 ㉣에 의해 '~정교 ∧ ~비쌈'이고 ㉠의 대우명제에 의해 '~비쌈 → ~시계'이므로 (다) '~정교 ∧ ~시계'를 도출할 수 있다.

16 [독해(비문학) - 복수 빈칸 추론] ▶ ③

이 글은 현대 사회에서 사회적 네트워크의 중요성이 점점 더 부각되고 있으나, 부작용도 간과할 수 없음을 이야기하고 있다. (가) 앞의 '다양한 사람들과 쉽게 연결되고, 자신의 관심사와 관련된 정보를 쉽게 얻을 수 있다.'라는 표현으로 보아 빈칸에는 '사회적 자본을 증대시키는'이 들어가는 것이 적절하다. 그리고 '소셜 미디어에서 다른 사람들의 삶을 관찰하고 비교하는 행위는 자존감을 저하시킬 수 있다.'라는 표현을 고려할 때, (나)에는 '사회적 비교를 피하고'가 들어가는 것이 적절함을 알 수 있다.

17 [독해(비문학) - 〈보기〉 강화, 약화] ▶ ②

기억 왜곡 이론은 인간의 기억이 단순한 저장 장치가 아니라 재구성되는 과정 속에서 변형될 수 있으며, 특정한 단어나 사회적 맥락에 따라 조작될 수 있다는 이론이다. 본문에서는 언어적 단서(부딪혔다, 접촉했다)가 기억을 변화시키는 실험을 통해 이를 입증하고 있다. 따라서 ㉠을 평가하는 기준은 '현재 인식과 사회적 맥락에 의해 기억이 조작될 가능성을 보여주는가'이다.

ㄱ. 이 사례는 질문에 포함된 정보(칼을 들고 있었다는 표현)가 목격자의 기억을 왜곡할 수 있음을 보여준다. 이는 로프터스의 실험에서 "부딪혔다"라는 단어가 참가자들의 기억을 변화시킨 것과 동일한 원리로 작용한 것이다. 즉, 특정한 언어적 단서가 기억을 조작할 수 있다는 점에서 ㉠을 강화한다.

ㄷ. 다른 질문을 받았음에도 각자 독립적으로 동일한 사건을 기억했다는 것은 "질문 방식"이 사람들의 기억을 왜곡하지 않았음을 드러낸다. 즉, 현재 인식과 주변 환경에 의해 기억이 쉽게 조작될 수 있다는 기억 왜곡 이론과 반대되는 사례이므로, ㉠을 약화한다.

오답풀이 ㄴ. 이 사례는 사람들이 실제로 겪지 않은 사건을 기억할 수 있다는 점에서 기억이 재구성된다는 점을 뒷받침한다. 이는 기억이 절대적인 것이 아니라 새로운 정보나 심리적 요인에 의해 왜곡될 수 있음을 보여주는 사례이므로 ㉠을 강화한다.

18 [논리 추론 - 숨겨진 전제 추론] ▶ ④

전제 1: 수빈 → ~지훈 ≡ 지훈 → ~수빈
전제 2: (지훈 ∧ ~예빈) ∨ (~지훈 ∧ 예빈)
전제 3: ~예빈 → ~민서 ≡ 민서 → ~예빈
전제 4: _____ ~지훈
─────────────────────
결론: ~민서

결론인 '~민서'를 도출하기 위해서는 전제 3의 전건인 '예빈'이 필요하다. '~지훈'이 추가된다면 전제 2에 의해 '예빈'이 도출되고, 전제 3에 의해 '~민서'가 도출된다.

오답풀이 ① '~수빈'이 추가되면 이를 비롯해 전제 1, 2, 3을 모두 활용할 수 없다.
② '~예빈'을 추가하면 전제 2에 의해 '지훈'이 도출된다. 전제 1의 대우명제에 의해 '~수빈'이 도출되지만, 결론 '~민서'를 도출하는 것은 불가능하다.
③ '지훈'이다. 이 전제를 추가하면 전제 2에 의해 '~예빈'이 도출된다. 하지만 이를 통해 '~민서'를 도출하는 것은 불가능하다.

19 [독해(비문학) - 내용 추론 긍정 발문] ▶ ①

본문에서 기술 중립성 이론은 "이 관점은 기술 혁신의 자유로운 발전을 펼치며, 기술 그 자체를 제한하기보다는 인간의 윤리적 판단을 중요시한다."고 설명하고 있다. 따라서 기술 중립성 이론을 가진 사람은 인공지능에 대한 발전을 규제하는 것은 옳지 않다고 가치 판단을 내릴 것임을 추측할 수 있다.

오답풀이 ② 반대의 오류이다. 본문에서 기술 가치 내재성 이론은 '기술은 처음부터 특정한 사회적, 정치적 관점을 내포하고 있으며, 그 개발 과정 자체에 이미 가치 판단이 깊숙이 개입되어 있다고 주장한다'고 설명하고 있다. 그러나 선지는 기술 가치 내재성 이론이 기술을 '중립적 도구'로 간주한다고 서술하여, 본문과 정반대의 내용을 제시하고 있다.
③ 미언급의 오류이다. 기술 가치 내재성 이론을 설명하는 본문에서 "감시 기술이나 도시 교통 시스템은 단순한 기술적 해결책이 아니라 특정 이해관계와 권력 구조를 드러내는 산물로 이해된다."라고 언급은 되어 있다. 하지만 특정 이해관계와 권력 구조에 따라 인간의 존엄성과 자유가 드러난다고 본다는 언급은 되어 있지 않으므로 적절하지 않다. 특정 이해관계와 권력 구조에 따라 기술을 바라보는 관점일 뿐이다.
④ 극단의 오류이다. 본문에서 기술 가치 내재성 이론은 '기술이 특정 이해관계와 권력 구조를 반영하는 산물'이라고 설명하고 있지만, 모든 기술이 반드시 특정한 정치적 목적을 가지고 개발된다고 단정하지는 않았다. 따라서 '가치중립적인 기술이 존재할 수 없다'는 극단적인 표현은 본문의 내용을 벗어난 주장이다.

20 [어휘 - 바꿔 쓸 수 있는 유사한 표현] ▶ ③

'끼어들다'는 '자기 순서나 자리가 아닌 틈 사이를 비집고 들어서다.'를 의미한다. 따라서 '여러 사람에게 알리기 위하여 나붙거나 내걸려 두루 보이다.'를 의미하는 '게시(揭 높이 들 게 示 보일 시)되다'는 ㉢과 바꿔 쓸 수 있는 유사한 표현으로 적절하지 않다. '끼어들다'는 '자신과 직접적인 관계가 없는 일에 끼어들게 되다.'를 의미하는 '개입(介 낄 개 入 들 입)되다'로 바꿔 쓸 수 있다.

오답풀이 ① ㉠ '편들다'는 '어떤 편을 돕거나 두둔하다.'를 의미한다. 따라서 '두둔하고 편들어 지키다.'를 의미하는 '옹호(擁 낄 옹 護 도울 호)하다'로 바꿔 쓸 수 있다.
② ㉡ '품다'는 '생각이나 느낌 따위를 마음속에 가지다.'를 의미한다. 따라서 '어떤 성질이나 뜻 따위를 속에 품다.'를 의미하는 '내포(內 안 내 包 쌀 포)하다'로 바꿔 쓸 수 있다.
④ ㉣ '드러내다'는 '알려지지 않은 사실을 보이거나 밝히다.'를 의미한다. 따라서 '다른 것에 영향을 받아 어떤 현상을 나타내다.'를 의미하는 '반영(反 돌이킬 반 映 비칠 영)하다'로 바꿔 쓸 수 있다.

2025 공무원 시험 대비 적중동형 모의고사 제3회
국어 정답 및 해설

제3회 모의고사

01 ①	02 ③	03 ③	04 ②	05 ②
06 ④	07 ③	08 ④	09 ②	10 ②
11 ③	12 ③	13 ③	14 ④	15 ④
16 ①	17 ①	18 ③	19 ①	20 ②

01 [독해(작문) - 공문서 문장 고쳐 쓰기] ▶①

'몸가짐이나 언행을 조심하다'의 뜻의 동사는 '삼가다'이므로 '삼가 주십시오.'라는 기존 표현을 유지했어야 했다. ㉠에 따라 '삼가하여 주십시오'로 고치면 적절하지 않다.

오답풀이 ② 주어 '조사 내용은'과 호응되는 서술어 '(항목들이) 있습니다'가 호응이 잘 되지 않는다. 따라서 ㉡에 따라 "조사 내용은 공통 조사 항목과 체류 자격에 따른 조사 항목으로 구성되어 있습니다.'로 고치는 것은 적절하다. 주어 '조사 내용은'과 서술어 '(조사 항목으로) 구성되어 있습니다'는 주어와 서술어의 호응이 알맞기 때문이다.
③ 관형사 '유기적'이 서술어 '서술함'을 수식하는 것은 올바른 수식 관계가 아니다. 따라서 ㉢에 따라 '유기적으로'라는 부사어로 고쳐 '유기적으로 서술함'으로 고치는 것은 적절하다.
④ '개선을 추진하다'와 '방향을 추진하다'가 대등 접속의 '과'로 이어진 구조인데 이는 호응이 맞지 않는다. 따라서 ㉣에 따라 '시민의 삶의 질을(목적어) 개선하고(서술어) 도시 위상을(목적어) 강화해 나간다(서술어)'로 수정한다는 것은 구조가 같게 만드는 것이므로 적절하다.

02 [독해(작문) - 내용 고쳐 쓰기] ▶③

본문은 재택 의료와 같은 비대면 서비스 확대와 관련해 의료 기술의 디지털 전환을 다루고 있으며, 이에 수반되는 효율성과 접근성 문제를 동시에 논의하고 있다. 따라서 '디지털 보안'이 아닌 '디지털 전환'이라는 수정이 본문의 흐름에 더 적합하다. 구체적으로, 앞 문장에서 '비대면 서비스 확대'를 언급하며 기술적 전환의 필요성을 강조했으므로, 수정된 표현이 맥락에 더 잘 부합한다.

오답풀이 ① '질병 예방보다는 질병 치료에 치중하고 있다'라는 기존 표현은, 질병 예방 부족으로 인한 문제를 다룬 본문의 논지와 일치한다. 따라서 기존 표현을 유지하는 것이 적절하다.
② ㉡ 앞의 '예방 가능한 질환으로 인한 의료비 증가를 초래하고'라는 지적으로 보아, 의료 시스템 전환은 비용 증가가 아니라 비용 절약과 연관될 수 있다. 따라서 기존 표현을 유지하는 것이 적절하다.
④ ㉣ 앞에는 '고령자는 이러한 변화에서 배제될 가능성이 크다.'는 문제가 나온다. 이로 미루어 보아 디지털 격차를 해소하려는 노력이 필요하다는 기존 서술이 문맥상 적절함을 알 수 있다. 또한 본문의 맥락으로 미루어 보아 디지털 의료 전환은 고령화 사회의 경제적 부담을 가중시키는 것이 아니라, 경감시키는 것이라고 보는 것이 적절하다. 따라서 기존 표현을 유지하는 것이 적절하다.

03 [독해(작문) - 개요 작성] ▶③

본론의 <지침>에 따라 문제점에 대응하는 해결 방안이 잘 들어갔는지 확인해야 한다. 'Ⅱ. 1 문제점'에서 '1. 스트레스 증가 및 정서적 불안정'을 들었다면 ㉢에서는 이를 극복할 만한 방안이 나왔어야 했다. 하지만 ㉢에서 언급된 '체육활동이 내신 및 대학 입시에 반영되도록 함'은 타율적인 방안으로 오히려 스트레스를 유발할 수 있어 '1. 스트레스 증가 및 정서적 불안정'을 극복할 방안으로 적절하지 않다.

오답풀이 ① 서론의 <지침>에서는 청소년 체육 활동 감소의 배경을 설명해야 한다. '과도한 입시 경쟁으로 인한 청소년 체육활동 감소'는 체육활동 감소의 배경에 해당하므로 ㉠에 들어갈 내용으로 적절하다.
② 본론의 <지침>에 따라 ㉡에는 '청소년 체육활동 감소로 인한 문제점'이 와야 하는데 '비만 및 대사 증후군 증가'는 '청소년 체육활동 감소로 인한 문제점'에 대한 근거가 될 수 있으므로 ㉡에 들어갈 내용으로 적절하다.
④ 결론의 <지침>에 따라 ㉣에는 체육활동 확대를 위한 개인적 과제가 들어가야 하므로 '방과 후 체육활동 및 스포츠 클럽 자발적 참여'는 ㉣에 들어갈 내용으로 적절하다.

04 [독해(비문학) - 순서 배열] ▶②

(가)는 1980년대 심리학자들의 발견이라는 배경 지식으로 시작하여 현상에 대한 일반적인 설명을 제시하므로 글의 도입부로 적합하다. (다)는 'SO_P' 예시를 통해 (가)에서 언급한 현상을 구체적으로 보여주고 있다. (나)에서 '또한'이라는 대등 병렬의 접속 부사가 앞의 (다)의 내용을 대등하게 연결해 주고 있고 '점화 효과'라는 핵심 개념을 처음으로 명명하고 있으므로 (다) 다음에 위치해야 한다. (라)는 '점화 효과는 여러 형태로 나타난다'라는 표현으로 시작하여 (나)에서 소개된 '점화 효과' 개념을 확장하여 설명하고 있으므로 (나) 다음에 와야 한다. (마)는 '여기에서 점화된 개념은'이라는 표현으로 (라)의 내용을 이어받아 점화 효과의 확산 과정을 설명하고 있으므로 마지막에 오는 것이 적절하다. 따라서 정답은 (가) - (다) - (나) - (라) - (마)이다.

05 [논리 추론 - 반드시 참인 명제 응용] ▶②

㉠~㉤을 기호를 이용하여 나타내면 다음과 같다.

㉠ 화법
㉡ 작문 ∨ 문학
㉢ 독해 → (~화법 ∧ ~문법) ≡ (화법 ∨ 문법) → ~독해
㉣ 문학 → ~문법 ≡ 문법 → ~문학
㉤ 작문 → 독해 ≡ ~독해 → ~작문

㉠에 의해 '화법'이고 ㉢의 대우명제에 의해 '(화법 ∨ 문법) → ~독해'이므로 전건 '화법 ∨ 문법'이 만족되어 '~독해'가 도출된다. ㉤의 대우명제에 의해 '~독해 → ~작문'이므로 '~작문'이 도출된다. ㉡에 의해 '작문 ∨ 문학'이므로 '문학'이 도출된다. ㉣에 의해 '문학 → ~문법'이므로 '~문법'이 도출된다. 따라서 채림이가 이번 학기에 수강할 과목은 화법, 문학이다.

06 [독해(비문학) - 중심 내용 추론] ▶④

본문에서 유럽연합의 초국가성이 '회원국 간의 협력과 신뢰를 전제로 한다'고 설명되어 있으며, 이는 '법적 통합과 국제적 협력을 도모하는 데' 중점을 둔다는 논지와 일치한다. 또한 본문 마지막 문장에서 '초국가성이 주권과 독립성을 제한하지만, 국제적 협력을 통해 보다 나은 결과를 도출하고자 한다.'라고 명확히 언급되어 있으므로 중심 내용으로 적절하다.

오답풀이 ① 본문에서 유럽연합법이 회원국의 법률보다 상위에 있다고 언급되었으나, 모든 국내법과 동등한 법적 효력을 가진다는 표현은 부정확하므로 적절하지 않다.
② 유럽사법재판소의 판결은 유럽연합의 자율성을 보호하는 데 중점을 두었을 뿐 회원국의 독립성을 보장하는 데 초점을 맞추지는 않았다. 본문에서는 '연합법이 회원국의 법률에 우선한다.'는 점을 강조하였다.
③ 본문에서 초국가성이 '회원국이 주권을 양도하고 독립적 법질서를 형성한다'는 점이 언급되었지만, 이는 초국가성의 일부 특징에 불과하며 중심 논지로 보기 어렵다.

07 [논리 추론 - 빈칸에 들어갈 결론 응용] ▶③

㉠~㉢의 논증을 전제와 결론으로 나누어 기호로 표현하고 분석한다.
㉠

전제 1	~반증 → ~경험 ≡ 경험 → 반증
전제 2	형이상학 → ~반증 ≡ 반증 → ~형이상학
결론	경험 → ~형이상학

전제 1의 대우명제에 의해 '경험 → 반증'이고 전제 2의 대우 명제에 의해 '반증 → ~형이상학'이므로 두 명제를 연결하여 결론 '경험 → ~형이상학'을 도출할 수 있으므로 적절하다.

㉢

전제 1	의식 → 주관적
전제 2	~감각 → ~주관적 ≡ 주관적 → 감각
전제 3	~주관적 → ~감각 ≡ 감각 → 주관적
결론	의식 ∧ 감각

전제 1에 의해 '의식 → 주관적'이고 전제 2에 의해 '주관적 → 감각'이므로 두 명제를 연결하여 '의식 → 감각'을 도출할 수 있다. 전칭인 '의식 → 감각'이 참이므로 특칭인 '의식 ∧ 감각'도 참이다.

따라서 전제가 참일 때 결론이 반드시 참인 논증은 ㉡, ㉢이다.

오답풀이 ①	
전제 1	사회계약론 → 자유
전제 2	실증 ∧ 자유
결론	실증 ∧ 사회계약론

전제 1에 의해 '사회계약론 → 자유'이고, 전제 2에 의해 '실증 ∧ 자유'이긴 하지만 매개항인 '자유'가 전제 1 전칭의 서술에 있기 때문에 두 명제를 연결할 수 없다. 따라서 '실증 ∧ 사회계약론'을 도출하는 것을 불가능하다.

08 [독해(비문학) – 일반 강화, 약화] ▶ ④

(나)는 기억이 개인적 맥락과 감정에 따라 다르게 재구성된다고 주장하는데, 사건의 맥락과 무관하게 동일한 기억이 유지된다는 연구는 오히려 (나)의 입장을 약화할 수 있다.

오답풀이 ① 반대의 오류이다. (가)는 기억이 단계적으로 처리되며, 정확한 입력이 일관된 인출로 이어진다고 본다. 기억을 단계적으로 학습한 사람들의 재인율이 지속적으로 높게 유지된다면, 이는 (가)의 입장을 뒷받침하는 사례가 되므로 주장을 강화한다. 따라서 약화하는 근거로 보기 어렵다.
② 무관의 오류이다. 학습 환경이 기억에 영향을 미친다는 연구는 기억이 처리되는 방식과 관련될 수 있지만, 정보처리 이론이 강조하는 '단계적 저장' 개념과 직접적으로 연결되지 않으므로 (가)를 강화하지도 약화하지도 않는다.
③ 무관의 오류이다. 감정적 경험이 기억의 저장을 촉진한다는 연구는 감정과 기억의 관계를 설명할 수 있지만, 기억이 맥락적 재구성 과정이라는 (나)의 주장과 직접적인 연관이 없으므로 (나)를 강화하지도 약화하지도 않는다.

09 [독해(비문학) – 지시 대상 추론] ▶ ②

㉠은 '기억이 부호화, 저장, 인출이라는 연속적인 과정으로 이루어진다'고 하여 기억이 단계적으로 처리된다고 보는 정보처리 이론가들의 입장을 의미한다. ㉡은 '기억이 현재의 감정과 맥락에 따라 변형될 수 있다'고 하여 기억이 주관적이고 재구성된다는 구성주의 심리학자들의 입장을 의미한다. ㉢은 '기억이 체계적이고 정확하게 저장된다'는 입장을 나타내므로 정보처리 이론가들의 주장과 연결된다. ㉣은 '기억이 단순한 저장이 아니라 문맥적 요소에 의해 조정될 수 있다'고 하여 구성주의 심리학자들의 주장과 연결된다. 따라서 ㉠과 ㉢이 같은 대상을, ㉡과 ㉣이 같은 대상을 가리킨다.

10 [독해(비문학) – 단수 빈칸 추론] ▶ ②

지문에서는 "순수하게 사물의 본질을 이해하기 위해 개발된 이러한 기술들은 인류의 지식을 밝히는 등불과도 같다"라고 설명하며, "근본적 원리를 담고 있어 자연과 우주의 신비를 이해하는 데 큰 도움을 준다"고 강조하고 있다. 또한 이러한 "순수 탐구적 기술의 발전을 장려했던 사회는 자연과의 조화 속에서 문화적 번영과 경제적 풍요를 모두 누릴 수 있었다"고 설명하고 있다. 따라서 기술의 진정한 가치는 현상의 본질을 탐구하고 인류의 지적 지평을 확장하는 데 있다는 ②가 가장 적절하다.

오답풀이 ① 지문에서는 "당장의 성과를 얻고" 하는 태도를 비판하며, "눈앞의 이익만을 좇는 이러한 기술의 무분별한 사용은 결국 자연환경을 훼손하고 인간의 삶의 질도 저하시킬 것"이라고 경계하고 있으므로 적절하지 않다.
③ 지문에서 "이러한 순수 탐구적 기술의 발전을 장려했던 사회는 자연과의 조화 속에서 문화적 번영과 경제적 풍요를 모두 누릴 수 있었다."라는 언급이 있기는 하지만 이는 순수 탐구적 기술의 발전에서 온 결과로 '자연과의 조화 속에서 문화적 번영과 경제적 풍요'를 언급한 것일 뿐이다. 빈칸은 기술의 진정한 가치를 나타내야 하므로 사물의 본질을 밝히는 내용이 들어가는 것이 더 적절하다.
④ 지문에서 "세간의 인정을 받아 명성을 얻으려는 의도"를 부정적으로 서술하고 있으므로 적절하지 않다.

11 [독해(문학) – 현대 운문의 이해] ▶ ③

이용악은 민족 공동의 역사와 개인의 경험을 연관지은 것은 옳지만 이를 통해 고향과 조국을 상실한 아픔을 극복하였음은 언급되지 않으므로 적절하지 않다.

오답풀이 ① '그의 작품은 구절과 문장의 차원, 행과 연의 차원에서 반복 기법을 빈번히 사용하였다. 전자는 리듬을 형성하거나 메시지를 강화하는 기본적 효과를, 후자는 이용악의 시적 정서를 강화하거나 치유하는 시의 근본적 효과를 강화한다.'라는 본문의 내용을 통해 연을 반복하는 것은 시적 정서를 강화하거나 치유함을 알 수 이다. 그런데 "이용악의 대표작인 <그리움> 또한 '눈이 오는가 북쪽엔/함박눈 쏟아져 내리는가'라는 구절을 첫 연과 마지막 연에서 동일하게 반복하고 있다."라는 서술이 있으므로 처음과 마지막을 반복하여 시적 정서를 강화하거나 치유하고 있음을 알 수 있다.
② '그의 작품은 구절과 문장의 차원, 행과 연의 차원에서 반복 기법을 빈번히 사용하였다. 전자는 리듬을 형성하거나 메시지를 강화하는 기본적 효과를, 후자는 이용악의 시적 정서를 강화하거나 치유하는 시의 근본적 효과를 강화한다.'라고 하였으므로 '그리운 곳 차마 그리운 곳'의 반복은 리듬을 형성하고 있음을 알 수 있다.
④ '이용악의 시는 서정성과 서사성 사이의 균형, 리얼리즘과 모더니즘 사이의 긴장을 통해 탁월한 성취를 보여준 것으로 평가받는다.'라는 서술로 보아 적절한 선지임을 알 수 있다.

12 [논리 추론 – 반드시 참이 명제 응용] ▶ ②

주어진 조건을 기호화해서 나타내면 다음과 같다.

| ㉠ 탐사팀 ∨ 과학팀 |
| ㉡ (탐사팀 ∧ ~임무) → 헬멧 ≡ ~헬멧 → (~탐사팀 ∨ 임무) |
| ㉢ 데이터 → (~과학팀 ∨ 임무) ≡ (과학팀 ∧ ~임무) → ~데이터 |
| ㉣ 탐사팀 ∨ 과학팀, ~임무 |

㉣에 따라 '데이터'이므로 ㉢에 의해 '~과학팀 ∨ 임무'가 도출된다. ㉣ '~임무'라는 전제가 있으므로 '~과학팀'이 참임이 도출된다. 따라서 ㉠에 의해 '탐사팀'이 참임을 알 수 있다. 결국 ㉡의 '탐사팀 ∧ ~임무'가 만족되므로 결론 '헬멧'이 도출된다.

오답풀이 ①을 기호화하면 '과학팀'이고 ㉣에 의해 '~임무'이므로 '과학팀 ∧ ~임무'가 만족되어 ㉢의 대우명제에 의해 '~데이터'가 도출된다. 따라서 민재는 데이터를 분석한다는 것은 반대의 오류이다.
③을 기호화하면 '탐사팀'이고, 추가적인 전제 없이 ㉠~㉣만을 활용하여 해당 결론을 도출할 수는 없다.
④을 기호화하면 '~헬멧 ∧ 데이터'인데, 추가적인 전제 없이 ㉠~㉣만을 활용하여 해당 결론을 도출할 수는 없다.

13 [독해(문법) – 한글 맞춤법 – 사이시옷의 표기] ▶ ③

'푸주'와 '간'은 한자어와 한자어의 결합도 아니고 사이시옷을 표기할 수 있으므로 이 선지는 적절하지 않다. '푸주는 순우리말, '간(間)'만 한자어이므로 이 선지는 적절하지 않다. 순우리말+한자어 구성에, 발음도 사잇소리 현상 중 하나인 된소리 현상으로 [푸주깐]으로 발음되기 때문에 사이시옷 표기의 조건을 모두 만족하여 사이시옷을 표기할 수 있다.

오답풀이 ① 본문의 "사이시옷은 순우리말로 된 합성어나 순우리말과 한자어로 이루어진 합성어의 어근 사이에 'ㅅ'을 받치어 적는 표기 방식이다."라는 부분을 통해 '순우리말로 된 합성어'가 사이시옷 표기의 중요한 조건임을 알 수 있다. 또한 "사잇소리 현상이란 복합어에서 뒷말의 첫소리가 된소리로 발음되거나"를 통해 순우리말의 결합인 '선지'와 '국'이 결합되면 [선지꾹]으로 발음됨을 알 수 있다. 이를 통해 '선짓국'으로 사이시옷 표기가 가능함을 알 수 있다.
② '도매(都賣)'와 '금(金)'은 한자어+한자어의 결합이 맞다. 또한 본문의 "또한 뒤의 명사가 된소리나, 거센소리로 끝나는 경우에도 사이시옷을 표기하지 않는다. 가령, '화(火)'와 '병(病)'이 결합되는 경우 뒷말의 첫소리가 된소리로 발음 나서 [화뼝]이 되지만 사이시옷이 표기되지 않는다."를 통해 한자어와 한자어의 결합인 '도매금'은 [도매끔]으로 발음이 되더라도 사이시옷을 표기할 수 없음을 알 수 있다.
④ '위'와 '쪽' 모두 순우리말이다. 하지만 뒷말의 첫소리가 'ㅉ'으로 된소리이다. 본문의 "또한 뒷말이 된소리나, 거센소리로 시작하는 경우에도 사이시옷을 표기하지 않는다."라는 부분을 통해 된소리(ㅉ)가 있는 경우 사이시옷이 표기될 수 없음을 알 수 있다.

14 [독해(화법) – 말하기 방식] ▶ ④

특정 인물이 다른 의견을 무시하거나 독단적으로 대화를 주도하는 모습은 없고, 모두가 서로의 의견을 수용하고 보완하고 있으므로 부적절하다.

오답풀이 ① 대화 참여자들은 단순히 문제가 있다고 말하는 것에 그치지 않고, 조용한 독서 공간과 다양한 프로그램 운영, 시간대 확대 등 구체적인 실행 전략을 논의하고 있으므로 적절하다.
② 서로 다른 요구(정적 분위기 선호자, 활동적 프로그램 선호자)를 결합하여 모두를 만족시키는 방향으로 논의를 발전시키고 있으므로 적절하다.
③ 조용한 공간 확보, 새로운 프로그램 도입, 접근성 개선 등 다양한 의견을 존중하며 발전적 방안을 모색하고 있으므로 적절하다.

15 [독해(비문학) – 밑줄 강화, 약화] ▶ ④

ⓒ은 브랜드의 진정성이 단순한 생산 과정 공개를 넘어 구체적인 환경 개선 성과로 입증되어야 함을 주장하고 있다. 생산 과정은 상세히 공개했으나 실제 환경 개선 효과가 미미했던 사례는, 단순한 과정 공개를 넘어 실질적인 환경 개선 성과가 중요하다는 ⓒ의 주장을 직접적으로 뒷받침한다. 따라서 이는 ⓒ을 강화한다.

오답풀이 ① 반대의 오류이다. ⓗ은 브랜드의 환경적 실천이 모든 생산 단계에서 이루어져야 함을 강조하고 있다. 일부 공정만 친환경적으로 변경한 브랜드들이 고발당한 것은 브랜드의 환경적 실천이 모든 생산 단계에서 이루어지지 않아 문제가 생긴 것이므로 ⓗ을 강화하는 사례이다. 따라서 ⓗ이 약화된다는 것은 적절하지 않다.

② 무관의 오류이다. 이는 환경적 실천이 생산 단계에서 이루어지지 않더라도 아예 다른 방식으로 기여하는 것이므로, 표면적 친환경 마케팅과는 직접적인 연관이 없다. 따라서 ⓗ을 강화하지도 약화하지도 않는다.

③ 무관의 오류이다. 이 사례에 나온 '지역 사회 공헌도'는 ⓒ에 나온 구체적인 환경 개선 성과와는 관련이 없는 내용이다. '지역 사회 공헌도' 즉, 지역 사회에 얼마나 도움을 주었는가는 구체적인 환경 개선과는 관련이 없기 때문이다. 본문에 의하면 구체적인 환경 개선은 '실질적인 탄소 배출량 감축, 자원 재활용 증가, 노동 환경 개선 등'이었다. 따라서 생산 과정 공개가 되었더라도 '지역 사회 공헌도'는 구체적인 환경 개선 성과와는 관련이 없기 때문에 이 선지는 ⓒ을 강화하지도 약화하지도 않는 사례이다.

16 [독해(비문학) – 내용 추론 긍정 발문] ▶ ①

본문에서 '구성, 기법, 역사적 중요성, 원작의 독창성 등과 같은 요소들은 작품의 예술성을 평가하는 객관적 지표로 여겨진다'고 하였으며, '시대를 초월해 영향을 미치는 작품들은 그 문화적·역사적 의미로 인해 높은 가치를 인정받는다'고 언급하여 선지의 내용과 일치한다.

오답풀이 ② 객체 혼동의 오류이다. 본문에서는 '한 사람이 추상화에서 깊은 감정을 느낄 수도 있지만, 다른 사람에게는 그저 의미 없는 색과 선의 조합으로 보일 수도 있다'고 하여 추상화 감상이 개인의 주관적 경험에 따라 달라질 수 있음을 설명했다. 그러나 해당 선지는 추상화에 대한 감상이 작품의 객관적 지표(구성과 기법)에 의해 결정된다고 주장하여, '개인의 주관적 경험'과 '객관적 평가 기준'을 혼동하고 있다.

③ 인과의 오류이다. 본문에서 '시대를 초월해 영향을 미치는 작품들은 그 문화적·역사적 의미로 인해 높은 가치를 인정받는다'고 했으나, 이것이 예술적 가치 평가의 필수 조건이라고 언급하지는 않았다. 시대를 초월한 영향력과 예술적 가치 사이의 인과관계를 잘못 설정했다.

④ 극단의 오류이다. 본문에서는 주관주의적 입장을 설명하면서도 객관주의적 입장도 함께 다루고 있다. '모든' 예술 작품이 '오직' 주관적 경험으로만 평가되며 객관적 평가가 '불가능'하다는 극단적 주장은 본문의 내용을 벗어난다.

17 [어휘 – 문맥적 의미 추론] ▶ ①

'⊙ 주다'는 '「5」 남에게 어떤 일이나 감정을 겪게 하거나 느끼게 하다.'를 의미한다. 따라서 이와 문맥상 의미가 가장 가까운 것은 '이별을 고하여 고통을 주었다'이다.

오답풀이 ② 「1」 물건 따위를 남에게 건네어 가지거나 누리게 하다.
③ 「2」 시간이나 공간 따위를 남에게 허용하다.
④ 「3」 남에게 어떤 자격이나 권리, 점수 따위를 가지게 하다.

18 [독해 – 밑줄 강화, 약화] ▶ ③

⊙은 '파노플리 효과'로, 이는 경제 주체가 소비를 통해 자신이 특정 사회적 지위에 편입된 듯한 기분을 느끼는 데서 유발된다. 이에 따라 선지를 특정할 때 '사회적 지위에의 편입', '착각' 등의 키워드를 머릿속에 떠올린 뒤 내용을 훑는 편이 좋다. 해당 선지는 드라마에서 본 상류층의 소비 행태를 따라 하며 '병' 자신 역시 상류층이 된 듯한 느낌을 느끼고 있기에 ⊙을 강화하는 사례로 적절하다.

오답풀이 ① 무관의 오류이다. 해당 내용은 갑이 선호하던 브랜드의 인기가 증가하자 갑의 선호가 다른 브랜드로 이동하고 있으므로 스놉 효과의 예시라고 할 수 있다.

② 무관의 오류이다. 이는 본문 내에서 제시된 어떤 효과에 대한 설명이 아니다. '정'은 원래가 골프를 즐기고 있었고, 단지 SNS 활동을 통해 동호회를 조직하고 있기 때문이다. 소비 행태가 드러난 것도 아니다.

④ 무관의 오류이다. 특정 브랜드의 가격 인상이 '정'의 수요를 이끌고 있으므로 이는 베블런 효과를 통해 설명할 수 있다.

19 [독해(비문학) – 복수 빈칸 추론] ▶ ①

이 글은 인공지능 기술의 발전이 가져오는 영향과 그에 따른 교육 패러다임의 변화를 다룬 것이다. (가) 뒤의 문장을 고려할 때 인공지능은 '위험한 작업을 대체함으로써 인간의 삶의 질을 향상'하는 장점과, '일자리 감소와 같은 사회적 문제'라는 단점을 모두 가지고 있음을 알 수 있다. 이는 각각 기술 발전과 인간 소외에 대응하므로 '기술 발전과 인간 소외라는'이 빈칸에 들어가는 것이 옳다. 이는 '생산성 향상과 윤리적 문제'와는 적절하게 대응하지 않는다. (나) 뒤의 '암기식 교육에서 벗어나 문제 해결력과 감성지능을 키우는 방향'이라는 서술을 고려할 때, '단순 지식 축적에서 능력 개발로의'라는 표현이 빈칸에 들어가는 것이 자연스럽다. 본문에서 협동에 관한 이야기는 나오지 않았으므로 '개인 학습에서 협동 학습으로의'는 (나)에 들어갈 말로 적절하지 않다.

20 [독해(비문학) – <보기> 강화, 약화] ▶ ②

ㄱ. 정부의 재정 지출이 비효율적으로 운영되어 국가 재정에 부담을 주었다면, 이는 정부의 시장 개입이 효과적이지 못했음을 나타내므로 ⊙을 약화한다.

ㄴ. 정부의 인프라 투자가 경제 성장과 고용 창출에 긍정적인 영향을 미쳤다면, 이는 정부의 시장 개입이 효과적임을 보여주므로 ⊙을 강화한다.

오답풀이 ㄷ. 반대의 오류이다. 시장의 자율적 회복 능력이 정부 개입 없이도 효과적으로 작동했다는 사례가 있다면, 이는 정부 개입의 필요성을 부정하는 것이므로 ⊙을 약화해야 한다. 따라서 ⊙을 강화하는 근거로는 적절하지 않다.

2025 공무원 시험 대비 적중동형 모의고사 제4회
국어 정답 및 해설

제4회 모의고사

01 ①	02 ①	03 ④	04 ④	05 ③
06 ④	07 ①	08 ③	09 ④	10 ④
11 ③	12 ③	13 ③	14 ①	15 ①
16 ②	17 ④	18 ②	19 ②	20 ①

01 [독해(작문) − 공문서 문장 고쳐 쓰기] ▶ ①

<공문서 작성 지침>의 첫 번째 지침의 '문장 성분 간의 자연스러운 호응을 고려할 것'에 따라 보면 기존 문장에서 주어 '○○부 장관은' 서술어 '모색하고' '논의했습니다'와 이미 잘 호응을 이루고 있다. 따라서 '빈집 재생을 통한 지역균형발전방안 모색과 지역소멸 방지 정책을 논의했습니다.'로 고치는 것은 오히려 대등하게 연결되지 않기 때문에 적절하지 않은 표현이 된다. '지역 균형 발전 방안 모색을'과 '논의했습니다'는 호응이 잘 되지 않기 때문이다.

오답풀이 ② <공문서 작성 지침>의 두 번째 지침의 '필수적인 문장 성분이 생략되지 않도록 유의할 것.'에 따라 보면 빈집을 개조한 주어가 부당하게 생략되었으므로 필수 성분인 '빈집을 구입한 사람이'를 추가하는 것은 적절하다. 또한 개조의 대상인 목적어 '빈집을'을 추가하는 것은 적절하다.

③ <공문서 작성 지침>의 세 번째 지침의 '목적어와 서술어의 호응을 고려할 것.'에 따라 보면 '방치하다'에 호응되는 목적어가 있어야 했다. 이는 필수적인 목적어가 생략된 문장이므로 목적어가 추가된 '빈집을 방치하면'으로 수정하는 것이 옳다.

④ <공문서 작성 지침>의 네 번째 지침의 '적절한 조사를 사용할 것.'에 따라 보면 '지역 활성화'와 '생활인구 유입'이라는 두 가지 목표가 나열된 형태의 문장이므로 '지역 활성화와 생활인구 유입'이라고 수정하는 것이 자연스럽다.

02 [논리 추론 − 반드시 참인 명제 응용] ▶ ①

주어진 조건에 따라 표를 그려가며 해결한다.
• A는 일본과 중국을 선택하지 않는다.

	일본	중국	베트남	호주
A	X	X		
B				
C				
D				

• C가 호주를 선택하면 A는 일본을 선택한다.
≡ A가 일본을 선택하지 않으면 C는 호주를 선택하지 않는다.

	일본	중국	베트남	호주
A	X	X		
B				
C				X
D				

• B는 베트남을 선택한다.

	일본	중국	베트남	호주
A	X	X	X	O
B	X	X	O	X
C			X	X
D			X	X

• A가 호주를 선택하면 D는 일본을 선택하지 않는다.

	일본	중국	베트남	호주
A	X	X	X	O
B	X	X	O	X
C	O	X	X	X
D	X	O	X	X

따라서 C가 사전 답사할 국가는 일본이다.

03 [독해(문법) − 형태론 − 품사의 통용] ▶ ④

'비교적으로'의 '으로'는 부사격 조사이다. 따라서 본문의 "예를 들어 명사는 뒤에 격 조사가 결합이 될 수 있고,"라는 부분을 통해 '비교적'은 명사임을 알 수 있다. 하지만 '비교적 교통이 편리하다'의 '비교적'은 뒤의 명사 '교통'을 수식하는 것이 아니므로 관형사라고 하는 것은 적절하지 않다. 이 문장에서의 '비교적'은 형용사 '편리하다'를 수식하므로 '부사'라고 해야 했다. 본문에서도 부사는 뒤의 용언을 꾸미는 특성을 지닌다고 했기 때문이다.

오답풀이 ① '잘못' 뒤의 '입니다'는 서술격 조사 '이다'의 활용형이다. 따라서 본문의 "예를 들어 명사는 뒤에 격 조사가 결합이 될 수 있고,"라는 부분을 통해 '잘못'은 명사임을 알 수 있다. 또한 '잘못'이 동사 '이해하여'를 수식하므로 본문의 "부사는 뒤에 용언을 꾸미는 특성을 지닌다."을 통해 '잘못'은 부사임을 알 수 있다.

② '오늘' 뒤의 '이'는 주격 조사이다. 따라서 본문의 "예를 들어 명사는 뒤에 격조사가 결합이 될 수 있고,"라는 부분을 통해 '오늘'은 명사임을 알 수 있다. 또한 '오늘'이 동사 '왔다'를 수식하므로 본문의 "부사는 뒤에 용언을 꾸미는 특성을 지닌다."을 통해 '오늘'은 부사임을 알 수 있다.

③ '들어오는'은 관형어인데 이것이 '대로'를 수식하고 있다. 따라서 본문의 "'만큼'은 관형어 '먹은'의 수식을 받고 있으므로 명사라고 볼 수 있지만"이라는 부분을 통해 '대로'는 명사임을 알 수 있다. '멋'은 명사인데 이것 뒤에 '대로'가 결합되고 있다. 따라서 본문의 "'나만큼 너를 좋아하는 사람은 없어'의 '만큼'은 대명사와 결합이 되므로 조사라고 볼 수 있다."이라는 부분을 통해 '만큼'은 조사임을 알 수 있다.

04 [독해(비문학) − 순서 배열] ▶ ④

본문은 중세 유럽의 사회적 계급과 식사 방식에 대해 다루고 있다. 주어진 문장들을 통해 '사회적 지위'와 '소금'이 핵심어라는 것을 파악할 수 있다. 선지는 ㄹ으로 시작하는 것과 ㅁ으로 시작하는 것이 있는데, ㄹ보다 ㅁ이 더 앞선 사건이므로 ㅁ이 와야 한다. 이에 2번 선지대로 글을 전개하면, ㄷ-ㄹ 뒤에 소금에 대한 접근권 뿐만 아니라 앉을 자리 '또한' 소금과 관련이 있었다는 내용의 ㄴ과 그것을 구체적으로 설명하는 ㄱ이 이어지는 것은 적절하다. 그러나 이 경우, ㄱ의 뒤에 앞 내용에 대응되는 지시 표현이나 접속 표현 없이 식탁의 높낮이를 언급하는 ㅁ이 연결되는 것은 자연스럽지 못하다. 따라서 ④번 선지처럼 ㄷ-ㄹ-ㄴ-ㄱ의 순서는 유지한 채 ㅁ을 맨 앞으로 배치할 경우, 본문의 첫 문장의 내용이 ㅁ에서 구체적으로 드러나므로 자연스럽다. 또, ㅁ에서 언급된 '높은 식탁'을 사용했던 계층의 식사 특권 중 하나가 '소금에 대한 접근권'이었다며 ㄷ이 이어지는 것도 자연스럽다. ㄷ 뒤에는 ④번 선지와 같은 방식으로 ㄹ-ㄴ-ㄱ이 오게 되므로, ④번의 순서가 가장 적절하다.

05 [독해(문학) − 현대 운문의 이해] ▶ ③

"전자가 탈속적이고 생명적인 밝은 공간이라면 후자는 세속적이고 비생명적인 어두운 공간이다. 하늘과 지상의 도시 공간이 대립하는 상황 속에서 이를 중재하는 것은 제목의 와사등, 즉 '차단한 등불'이다."라는 서술로 보아 와사등은 긍정적 이미지인 하늘과 부정적인 이미지인 도시 공간을 대립시키는 존재가 아니라 '중재'하는 존재임을 알 수 있으므로 이 선지는 적절하지 않다.

오답풀이 ① "전자가 탈속적이고 생명적인 밝은 공간이라면 후자는 세속적이고 비생명적인 어두운 공간이다."라는 서술로 보아 하늘과 도시의 대비는 탈속적 공간과 세속적 공간의 대립으로 이해될 수 있음을 알 수 있다.

② "모더니즘이라는 관점에서 그의 시를 분석한다면 주지적 경향의 감각적 이미지에 낭만적 경향의 정서적 이미지가 혼재되어 나타난 것이라고 볼 수도 있다."라는 서술로 보아 김광균의 시는 감각적 이미지와 정서적 이미지가 섞여 독특한 시적 효과를 창출함을 알 수 있다.

④ "상방의 하늘과 하방의 도시적 거리는 이항대립하며 매개항인 등불은 양항을 중재하는 기능을 한다."라는 서술로 보아 <와사등>은 상방의 하늘과 하방의 도시적 거리가 명확하게 대조되면서도, 이 두 공간을 연결하는 중요한 매개체가 존재함을 알 수 있다.

06 [어휘 − 문맥적 의미 추론] ▶ ④

'㉠ 일으키다'는 「4」 어떤 사태나 일을 벌이거나 터뜨리다.'를 의미한다. 따라서 이와 문맥상 의미가 가장 가까운 것은 '사회 문제를 일으켰다'이다.

오답풀이 ① 「1」 일어나게 하다.
② 「2」 무엇을 시작하거나 흥성하게 만들다.
③ 「3」 물리적이거나 자연적인 현상을 만들어 내다.

07 [독해(비문학) - 내용 추론 긍정 발문] ▶ ①

본문에서 "고전적 자유주의를 바탕으로 하는 이 원칙은 '계약은 법과 도덕에 반하지 않는 한 존중되어야 한다'는 기본 원칙을 따른다."라고 언급되었다. 따라서 고전적 자유주의를 바탕으로 하는 계약 자유의 원칙에서 계약이 법에 저촉되면 존중되지 않을 수 있음을 알 수 있다. 즉, 계약의 효력이 인정되지 않을 수 있다.

오답풀이 ② 비교 미언급의 오류이다. 본문에서 "계약은 법적 형식만으로 유효한 것이 아니라, 실질적인 공정성이 보장되어야 한다"는 점을 강조하고 있으며, 이를 위해 법적 규제가 필요함을 명시하고 있다. 따라서 공정성 보호 법리는 계약이 법적 형식보다 실질적인 공정성을 더 보장해야 한다고 보는 것은 비교 미언급의 오류이다.
③ 본문에서 계약 자유의 원칙은 '개인의 책임과 선택을 강조하며, 시장이 자율적으로 운영될 때 가장 효율적인 결과를 가져올 수 있다고 주장한다'고 하였고, 반면 공정성 보호 법리는 '최저임금제, 소비자 보호법, 약관 규제법과 같은 법적 장치를 통해 계약이 공정한 방식으로 이루어지도록 규제해야 한다'고 하였다. 즉, 계약 자유의 원칙은 자율성을 강조하지만, 공정성 보호 법리는 규제를 통한 형평성을 중시하므로 두 법리가 동일한 가치를 최우선으로 삼는다고 볼 수 없다.
④ 극단의 오류이다. 본문에서는 '현대 법원은 불공정 계약 원칙을 적용하여, 지나치게 불리한 계약을 무효화하거나 수정할 수 있는 권한을 가진다.'고 설명하고 있지만, 이는 지나치게 불리한 계약의 경우에 해당하는 것이지 '계약이 꼭 법원의 개입을 통해서만 유효하다고 단정 짓기 어렵다.

08 [독해(작문) - 내용 고쳐 쓰기] ▶ ③

"성과에 따른 보상"이라는 표현은 본문에서 설명된 벼농사 체제의 보상 방식과 일치하지 않는다. 본문에서는 벼농사 체제가 "서열이 중요한 요소로 작용했고, 결과적으로 불평등이 당연시되는 사회적 관념이 자리 잡았다"고 설명하고 있어, 실제로는 성과보다는 서열에 따라 보상이 달라지는 체계였음을 나타낸다. 따라서 "서열에 따른 차등 보상"으로 수정하는 것이 적절하다.

오답풀이 ① "자원과 생산물을 개별적으로 관리하는 방식"이라는 표현은 본문에서 벼농사 체제를 설명하는 방식과 일치하지 않는다. 본문에서는 벼농사 체제가 "자원을 공유하고 공동체의 협력을 중시하는 구조"라고 하여, 자원의 개별적 관리보다는 공유와 협력을 통한 상호 의존을 중시했음을 나타내고 있다. 따라서 기존의 표현을 유지하는 것이 적절하다.
② "개인의 독립적 성장이 강조되는 환경"이라는 표현은 본문에서 설명하는 벼농사 체제의 특성과 일치하지 않는다. 본문에서는 벼농사 체제가 "위계질서를 강화하여 상호 견제와 질시를 낳는 체계로 변질되었다"고 설명하고 있어, 개인의 독립적 성장보다는 공동체적 의무와 상호 의존이 중시되는 환경임을 나타내고 있다. 따라서 기존의 표현을 유지하는 것이 적절하다.
④ 본론에 따르면 벼농사 체제는 자원을 공유하고 공동체의 협력을 중시한다고 하였다. 따라서 ㄹ에서는 벼농사 체제의 이상을 설명하고, 역접의 접속사 '보다는' 뒤에 불평등을 정당화하는 기반이 되었다는 한계가 이어지는 것이 옳다. "구성원의 성과에 따른 개인별 보상 구조"는 공동체주의를 중시하던 벼농사 체제의 이상일 수 없으므로 기존 표현을 유지하는 것이 적절하다.

09 [독해(비문학) - 단수 빈칸 추론] ▶ ④

지문에서는 법치의 개념이 '군주의 통치를 위한 수단'에서 '국민의 자유와 권리를 보장하기 위한 수단'으로 변화했다고 설명한다. 특히 '실질적 법치주의는 법률은 적법한 절차에 따라 제정되어야 하며, 내용과 목적 면에서도 인간의 존엄성과 인권을 지키고 정의를 실현해야 한다'고 강조하고, 이를 위해 '권력분립의 원칙, 헌법재판 제도, 죄형법정주의 원칙' 등의 제도적 장치를 마련했다고 설명하고 있으므로, ④가 가장 적절하다.

오답풀이 ① 지문에서는 상앙이 '엄격한 법치를 통해 진나라의 통일 기반을 닦았지만, 결국 그의 가혹한 법치는 민심을 잃고 자신의 죽음으로 이어졌다'고 하며 통치 효율성 중심의 법치가 실패했음을 보여주고 있으므로 적절하지 않다.
② 형식적 절차와 규범을 체계화하는 방향에 대한 내용보다는 법치의 의미가 '실질적 법치주의'로 나아가고 있으므로 이 선지는 지문과는 관련이 없는 선지임을 알 수 있다.
③ 지문에서는 법치가 도덕적 가치와의 결합이 아닌, '인간의 존엄성과 인권을 지키고 정의를 실현'하는 방향으로 발전했음을 강조하고 있으므로 적절하지 않다.

10 [독해(비문학) - 글의 전개 방식] ▶ ④

'심장이 멈추고 숨을 쉬지 않는 사람을 발견했다면'이라고 가정했을 뿐, 실제 일어난 사례를 들지는 않았다.

오답풀이 ① '심폐 소생술은 심폐의 기능이 정지하거나 호흡이 멈었을 때 사용하는 응급처치다.'라고 심폐 소생술을 정의하였다.
② '우선', '다음으로', '그 후' 등의 표지를 사용하여 심폐 소생술 방법을 과정의 방식에 따라 설명하고 있다.
③ '가슴 중앙을 5~6cm 깊이, 분당 100-120회의 속도로 30회 압박'과 같이 구체적인 수치를 제시하여 심폐 소생술 방법을 명확하게 설명하고 있다.

11 [독해(비문학) - 밑줄 강화, 약화] ▶ ③

AI가 새로운 일자리를 창출하면서 대규모 실업이 발생하지 않았다는 연구 결과는 AI 규제 반대론자의 입장을 강화하는 근거이다. 이는 AI 기술이 새로운 일자리를 만들어내어 사회적 불안이나 대규모 실업을 초래하지 않았다는 점을 시사하며, AI 기술 발전에 대한 규제 필요성을 약화시킨다.

오답풀이 ① AI가 대체한 직업군에서 대규모 실업이 발생하면서 사회적 불안이 증가한 사례는 AI 규제 찬성론자의 입장을 강화하는 근거이다.
② 딥페이크 등 AI 기술로 인한 법적 분쟁 발생 사례는 규제의 필요성을 강조하는 근거로, AI 규제 찬성론자의 입장을 강화한다.
④ 저학력 노동자의 일자리가 줄었다는 연구 결과는 AI로 인한 일자리 감소를 보여주며, 규제의 필요성을 뒷받침하는 근거가 될 수 있다.

12 [논리 추론 - 반드시 참인 명제 응용] ▶ ③

㉠ 등산 → ~캠핑 ≡ 캠핑 → ~등산
㉡ 영화 감상 → 독서 ≡ ~독서 → ~영화 감상
㉢ 등산 ∨ 영화 감상

㉢에 따라 경우의 수를 나누고 ㉠과 ㉡을 이용하여 결론을 도출한다.
Case 1) 등산을 하고 영화 감상을 하지 않는 경우 (등산 ∧ ~영화 감상)
'등산'이고 ㉠에 의해 '등산 → ~캠핑'이므로 '~캠핑'이 도출된다. '~영화 감상'은 ㉡의 대우명제의 후건에 있기 때문에 ㉡과 연결할 수 없어 독서의 여부는 결정할 수 없다. 따라서 이 경우 선택할 여가 활동은 (등산, 독서) 또는 (등산)이다.
Case 2) 등산을 하지 않고 영화 감상을 하는 경우 (~등산 ∧ 영화 감상)
'영화 감상'이고 ㉡에 의해 '영화 감상 → 독서'이므로 '독서'가 도출된다. '~등산'은 ㉠의 대우명제의 후건에 있기 때문에 ㉠과 연결할 수 없어 캠핑의 여부는 결정할 수 없다. 따라서 이 경우 선택할 여가 활동은 (독서, 영화 감상, 캠핑) 또는 (독서, 영화 감상)이다.
Case 3) 등산과 영화 감상을 모두 하는 경우 (등산 ∧ 영화 감상)
'등산'이고 ㉠에 의해 '등산 → ~캠핑'이므로 '~캠핑'이 도출된다. '영화 감상'이고 ㉡에 의해 '영화 감상 → 독서'이므로 '독서'가 도출된다. 따라서 이 경우 선택할 여가 활동은 (등산, 독서, 영화 감상)이다.
Case 1)을 보면 '등산'만 하는 경우도 있기 때문에 1개의 활동만 하는 경우가 있음을 알 수 있다. 따라서 1개의 활동만 하는 경우는 없다는 것은 적절하지 않다.

오답풀이 ① 캠핑을 하는 경우는 Case 2)에서 (독서, 영화 감상, 캠핑) 밖에 없으므로 캠핑을 하면 독서와 영화 감상을 모두 한다.
② Case 1)에서 (등산)만 하는 것이 가능하므로 등산을 할 때 독서를 하지 않을 수도 있다.
④ Case 2)에서 (독서, 영화 감상, 캠핑), Case 3)에서 (등산, 독서, 영화 감상)을 하는 것이 가능하므로 3개 이상의 활동을 할 수도 있다.

13 [독해(비문학) - 일반 강화, 약화] ▶ ③

'보편적'이란 어떤 시대와 문화이든 적용이 됨을 의미한다. '(나) 자연법론은 '법적 의무의 궁극적 근거가 보편적 도덕 원리에 있다'고 주장한다. '실정법의 근본 원칙들이 시대와 문화를 초월하여 유사한 형태로 발견된다'는 인류학적 연구 결과는 법의 근간에 보편적인 원리가 존재한다는 증거를 제공하므로 자연법론의 핵심 주장을 뒷받침한다. 따라서 이는 (나)의 주장을 강화한다고 볼 수 있다.

오답풀이 ① 반대의 오류이다. '(가) 법실증주의는 '법적 의무가 국가 권위에 의해 제정된 실정법에 근거한다'고 주장한다. '독재 국가에서 적법한 절차를 거쳐 제정된 인권 침해 법률이 국제사회에서 무효로 선언'되는 것은 단순히 적법한 절차를 거친 법률이라도 더 높은 도덕적 기준에 의해 효력이 부정될 수 있음을 보여준다. 이는 법의 효력이 도덕적 가치와 독립적이라는 법실증주의의 주장과 반대되므로, (가)의 주장을 약화하는 것이지 강화하지 않는다.
② 무관의 오류이다. '(가) 법실증주의는 '법은 사회적 사실로서 존재하며, 도덕적 가치와 독립적으로 효력을 갖는다'고 주장한다. '법관들이 동일한 법조문을 해석할 때 개인적 가치관에 따라 판결이 크게 달라진다'는 실증 연구는 법 해석의 주관성을 보여주는 것이지, 법의 효력 근거에 관한 법실증주의의 핵심 주장과는 직접적인 관련이 없다. 법실증주의가 법 해석에서 주관성이 배제되어야 한다고 주장하는 것은 아니므로, 이 연구 결과가 (가)의 주장을 약화한다고 보기 어렵다.
④ 반대의 오류이다. '(나) 자연법론은 '법적 의무의 궁극적 근거가 보편적 도덕 원리에 있다'고 주장한다. '다양한 문화권에서 공통적으로 인정되는 보편적 도덕 원칙들이 객관적으로 입증'되는 것은 보편적 도덕 원리의 존재를 객관적으로 확인하는 것으로, 이는 자연법론의 핵심 전제를 강화하는 증거이다. 따라서 이것이 (나)의 주장을 강화하는 것이지 약화하는 것이 아니다.

14 [독해(비문학) - 지시 대상 추론] ▶①

㉠은 '법실증주의'를, ㉡은 '자연법론'을 의미한다.
㉢은 앞 문장의 서술 대상을 재지칭하는 표현이므로 '자연법론'을 의미한다.
㉣은 '입법자의 의도에 맞추는'이라는 단서를 통해 '법실증주의'와 연결됨을 알 수 있다. 법실증주의는 '법적 의무가 국가 권위에 의해 제정된 실정법에 근거한다'고 보기 때문이다.
㉤은 '정의의 원리를 중시하는'이라는 단서를 통해 '자연법론'과 연결됨을 알 수 있다.
㉥은 '자연법론'을 재지칭하는 것이다. 자연법은 도덕 원리가 주관적이거나 불명확하다는 문제점이 있을 수 있으므로 본문의 '불명확성과 주관성이라는 약점' 또한 ㉥이 '자연법론'을 재지칭함을 보여 준다.
따라서 ㉠, ㉣은 법실증주의로 지시하는 대상이 같음을 알 수 있다.

15 [독해(비문학) - 복수 빈칸 추론] ▶①

㉠ 앞에서는 이상 기후로 인한 영향을 언급하고 있다. ㉠ 뒤에서는 이상 기후로 인한 영향을 언급하되, 앞에서 나오지 않은 새로운 내용을 언급하고 있으므로 이와 관련된 접속어는 '그런데'가 오는 것이 적절하다. ㉡의 앞에는 기후가 변화할 경우 재배 작물종 또한 변화할 수 있음을 이야기하고 있고, 뒤에서는 고온성 병해충이 확산될 수 있다는 또다른 부작용을 제시하였다. 그러므로 인과적 접속사인 '따라서'가 아니라, '뿐만 아니라'가 오는 것이 적절하다. ㉢의 앞에는 이상기후가 식량안보 문제를 초래할 수 있음을 제시하였고, 뒤에서는 위기 대응책을 소개하고 있다. 따라서 인과적 접속사 '그러므로'가 오는 것이 적절하다.

16 [논리 추론 - 빈칸에 들어갈 결론 응용] ▶②

㉠~㉣을 기호를 이용하여 나타내면 다음과 같다.

| ㉠ 학생 ∧ ~성적 |
| ㉡ 학생 ∧ ~성실 |
| ㉢ ~성적 → 성실 ≡ ~성실 → 성적 |
| ㉣ 성실 → ~성적 ≡ 성적 → ~성실 |

나. ㉡에 의해 '학생 ∧ ~성실'이고 ㉢의 대우명제에 의해 '~성실 → 성적'이므로 '학생 ∧ 성적'을 도출할 수 있다. 특칭 긍정이 참일 때 특칭 부정도 참일 수 있으므로 '∃ 학생 ∧ ~성적'은 참일 수 있다.

오답풀이 가. ㉠에 의해 '학생 ∧ ~성적'이고 ㉣에 의해 '~성적 → 성실'이므로 '학생 ∧ 성실'이 도출된다. 하지만 이를 통해 '㉡ 학생 ∧ ~성실'이 반드시 참이라고는 할 수 없다.
다. ㉠에 의해 '학생 ∧ ~성적'이고 ㉣에 의해 '성실 → ~성적'이다. ㉢ '~성적 → 성실'은 ㉣의 역명제이므로 ㉣이 참이라고 해서 ㉢이 참인지 거짓인지는 알 수 없다. 따라서 ㉢이 반드시 거짓이라는 것은 적절하지 않다.

17 [독해(비문학) - 논리 추론] ▶④

중심극한정리란 모든 사건은 정규분포곡선을 따른다는 이론이다. 만약 이 이론이 옳다면 비일상적인 사건들은 과감히 무시해야 한다. 이에 대한 대우는 ~(비일상적인 사건 무시) → ~(중심극한정리 옳음)이다. 그런데 마지막에서 두 번째 문장에서 탈레브는 비일상적인 사건을 무시해서는 안 된다고 주장한다. 따라서 탈레브에 따르면 중심극한정리, 즉 모든 사건은 정규분포곡선을 따른다는 이론은 옳지 않다는 추론이 가능하다.

오답풀이 ① 중심극한정리에 따르면 비일상적인 사건을 포함한 모든 사건은 정규분포곡선을 따른다. 따라서 일상적인 사건들만 정규분포곡선을 따른다고 말할 수 없다.
② 중심극한정리에 따르면 비일상적인 사건들을 과감히 무시하고, 일상적인 사건 중 중요한 사건에 자원과 에너지를 집중시키는 것이 지혜로운 삶의 태도이다. 여기서 모든 자원과 에너지를 집중시키는 사건은 일상적인 사건이라는 것은 추론할 수 있지만, 자원과 에너지를 집중시키지 않는다고 해서 비일상적인 사건인지는 추론할 수 없다. 일상적이지만 중요하지 않은 사건에도 자원과 에너지를 집중시키지 않기 때문이다.
③ 탈레브는 러시아의 우크라이나 침공을 포함한 본문의 사건들을 일상적인 사건이 아닌 비일상적인 사건으로 보았다. 비일상적인 사건이지만 무시하면 안 된다는 주장을 한 것이다.

18 [독해(비문학) - 내용 추론 긍정 발문] ▶②

본문에서 "기업 내에서 여러 부서와 연결된 관리자는 제한된 네트워크 내 직원보다 더 많은 정보와 영향력을 가질 수 있다."를 통해 사회적 자본은 개방된 네트워크일수록 더 잘 성취됨을 알 수 있다. 또한 "개인 간의 깊은 신뢰와 호혜성이 사회적 자본의 핵심이라고 본다."를 통해 관계의 호혜성이 높을수록 더 잘 성취됨을 알 수 있다.

오답풀이 ① 미언급의 오류이다. 본문에서는 사회적 자본의 형성 요소로 네트워크 구조와 신뢰를 강조했지만, 개인의 성격이나 능력, 경제적 자산의 축적 여부가 사회적 자본을 결정한다고 언급한 적이 없다. 따라서 선지는 본문에서 다루지 않은 내용을 포함하고 있어 적절하지 않다.
③ 제한된 네트워크 내에 있는 직원은 사회적 자본을 형성하기 힘들고 개인 간의 깊은 신뢰와 호혜성이 있다면 사회적 자본을 형성하기 좋으므로 이 두 조건이 함께 있는 경우 사회적 자본을 효율적으로 형성할 수 있을지는 추론하기 어렵다.
④ 극단의 오류이다. 본문에서는 '사회적 자본은 구조적 네트워크와 관계적 신뢰가 복합적으로 작용하는 과정에서 형성된다'고 설명하고 있어, 사회적 자본이 오직 신뢰와 협력만으로 형성된다고 단정할 수 없다. 그러나 선지는 '오직 개인 간의 신뢰와 협력을 통해 형성된다'라고 극단적인 표현을 사용하여 본문의 논지에서 벗어나고 있다.

19 [독해(문법) - 통사론 - 피동 표현] ▶②

'밝히다'는 '알려지지 않은 사실을 드러내 알리다.'를 의미하므로 '주어가 당함'을 의미하는 피동의 의미가 없다. 따라서 여기에서 '-히-'는 사동 접미사에 해당된다. 따라서 뒤에 피동 표현 '-어지다'가 붙어도 '밝혀지다'는 이중 피동 표현이라고 볼 수 없다. '사동 접미사+피동 표현'의 구조이기 때문이다.
☞ 이와 비슷하게 이중 피동이 아닌 단어들로는 '받아들여지다, 여겨지다, 알려지다'가 있다.

오답풀이 ① '보+이(피동 접미사)+어지(피동 보조 용언)+ㅁ'은 이중 피동이므로 옳지 않다.
③ '복구+되(피동 접미사)+어지(피동 보조 용언)+었+다'는 이중 피동이므로 옳지 않다.
④ '쓰+이(피동 접미사)+어지(피동 보조 용언)+었+다'는 이중 피동이므로 옳지 않다.

20 [독해(비문학) - 〈보기〉 강화, 약화] ▶①

ㄱ. 본문의 ㉠은 '공생주의 원리'이다. 모든 시민에게 의료서비스를 제공하는 국가의료보험 체계가 의료 접근성 격차 해소와 함께 전체 의료비 지출 효율성도 향상시켰다는 연구는 보편적 접근이 효율성까지 높일 수 있음을 보여 준다. 이는 본문에서 '국민의 생존권과 존엄성을 보장하는 것을 국가의 기본 책무로 보며, 이를 위해 보편복지를 확대'해야 한다는 공생주의 관점과 일치한다. 따라서 ㉠을 강화하는 근거로 적절하다.
ㄴ. 본문의 ㉠은 '공생주의 원리'이다. 재난 상황에서 상호부조 네트워크가 형성되지 못한 지역사회가 위기 극복 속도가 느리고 심리적 회복력이 낮게 나타났다는 조사 결과는 상호부조의 실질적 효과를 입증하는 사례이다. 이는 본문에서 '공동소유와 상호부조를 중시하는 공생주의 원리'와 직접적으로 연결된다. 따라서 ㉠을 강화하는 근거로 적절하다.

오답풀이 ㄷ. 반대의 오류이다. 본문의 ㉠은 '공생주의 원리'이다. 높은 세율의 보편복지 체계를 운영하는 국가들에서 근로 의욕 저하와 경제 성장률 둔화 현상이 관찰되고 있다는 분석은 보편복지의 부정적 경제 효과를 보여주는 사례이다. 이는 본문에서 언급된 '재정 부담과 포퓰리즘 논란'과 연결되며, 공생주의가 지향하는 보편복지 확대의 지속 가능성에 의문을 제기한다. 따라서 ㉠을 강화하는 것이 아니라 약화하는 근거로 보는 것이 적절하다.

2025 공무원 시험 대비 적중동형 모의고사 제5회
국어 정답 및 해설

제5회 모의고사

01 ②	02 ④	03 ④	04 ④	05 ①
06 ①	07 ①	08 ②	09 ③	10 ③
11 ①	12 ②	13 ④	14 ④	15 ①
16 ④	17 ③	18 ②	19 ③	20 ②

01 [독해(작문) – 공문서 문장 고쳐 쓰기] ▶ ②

<공문서 작성 지침>의 두 번째 지침인 '주어와 서술어의 호응을 고려할 것.'에 따라 보았을 때, 기존 문장의 주어 '○○부는'과 서술어 '지원해야 합니다'의 호응이 자연스러우므로 표현을 유지해야 한다. 오히려 '지자체의 지원사업과 연계하여 특별교부세를 지원하는 것이 특징입니다.'로 고치게 되면 주어 '○○부는'과 '특징입니다.'의 호응이 어색해진다.

오답풀이 ① <공문서 작성 지침>의 첫 번째 지침인 '필수적인 문장성분이 생략되지 않도록 주의할 것.'에 따라 특별교부세가 지원되는 '지역이' 생략되었으므로 '선정된 지역에는'이 들어가는 것은 적절하다.
③ <공문서 작성 지침>의 세 번째 지침인 '피동·사동 표현이 오용되지 않도록 주의할 것.'에 따라 '생활 사건이'라는 주어에 호응되는 피동 표현인 '개선될'로 고치는 것은 적절하다.
④ <공문서 작성 지침>의 네 번째 지침인 '대등한 것끼리 접속할 때는 구조가 같은 표현을 사용할 것.'에 따라 '빈집 문제와 지역 활성화나 생활 인구 유입을 목표로'에서 '빈집 문제'가 유입되는 것은 적절하지 않으므로 '빈집 문제'에 대응하는 명사구 '빈집 문제에 대한 대응'으로 고치는 것이 적절하다. '빈집 문제에 대한 대응'으로 고치면 '지역의 활성화나 생활 인구의 유입'이라는 명사구와 구조적으로 대등해지므로 '대등한 것끼리 접속할 때는 구조가 같은 표현을 사용할 것.'을 잘 지킬 수 있게 된다.

02 [독해(화법) – 말하기 방식] ▶ ④

병은 도시에서의 농업 체험에 대해 긍정적인 측면을 강조하면서도 마지막 발화에서는 자신과 대립되는 을이 주장하는 현실적인 문제도 인정하고 있다. 이를 통해 긍정적인 측면에만 집중하는 것이 아니라 부정적인 입장에서 주장하는 문제점도 인정하는 균형 잡힌 태도를 보이고 있음을 알 수 있다.

오답풀이 ① 대화 참여자들은 처음부터 각자의 관점을 일관되게 유지하며 대화를 이어가고 있다. 긍정적 입장에서 부정적 입장으로 선회하는 참여자는 없으므로 적절하지 않다. 병이 을이 말하는 우려에 동조하기는 하나 그렇다고 도시민의 농업 체험에 대한 입장을 선회한 것은 아니므로 이 선지는 적절하지 않다.
② 병은 을이 '도시 농업은 수확량도 적고 관리도 쉽지 않을 것이다'는 우려를 해소할 구체적인 근거를 들지 않고 있다. 만약 그 우려를 해소하려면 '생각보다 수확량이 좋다'거나 '관리'에 대한 해소 근거를 들었어야 했는데 을의 우려와는 관련이 없는 대안을 제시하고 있기 때문이다. 수확량보다는 도시민들의 농업 체험의 가치에 대해 말하거나 먹거리의 소중함을 드는 것은 을의 우려를 해소하는 근거와는 관련이 없다. 또 을이 관리 책임 같은 현실적인 문제를 언급하자, 병은 그에 동조할 뿐이므로 우려를 해소하는 근거를 제시하는 부분은 나오지 않는다.
③ 대화 참여자들은 도시 농업의 일반적인 특성과 영향에 대해 논의하고 있을 뿐, 개인의 실패 경험을 언급하는 참여자는 없으므로 적절하지 않다.

03 [독해(비문학) – 순서 배열] ▶ ④

(나)는 탈진실 사회의 현실과 옥스퍼드 사전의 '탈진실' 선정 사례를 통해 시대적 배경을 제시하고 있어 글의 도입부로 적합하다. (라)는 '탈진실의 시대'라는 표현으로 시작하여 (나)에서 언급한 탈진실 현상의 구체적인 예로 '가짜 뉴스'를 소개하고 그 정의를 설명하고 있으므로 (나) 다음에 오는 것이 자연스럽다. (다)는 '21세기형 가짜 뉴스'의 특징을 설명하며 (라)에서 제시한 가짜 뉴스의 개념을 구체화하고 있으므로 (라) 다음에 위치하는 것이 적절하다. (가)는 '이렇게'를 통해 (다)의 내용을 받으면서 가짜 뉴스의 확산 방식과 유통 경로에 대해 설명하며 글을 마무리하고 있다. 따라서 정답은 (나) – (라) – (다) – (가)이다.

04 [독해(비문학) – 내용 추론 긍정 발문] ▶ ④

2문단의 '뉴턴의 역학 법칙은 행성의 운동을 정밀하게 예측할 수 있었기에 오랫동안 과학적 사실로 인정받았지만, 이후 아인슈타인의 상대성 이론이 이를 수정하며 더 정밀한 예측을 가능하게 했다.'를 통해 뉴턴의 역학 법칙은 시간이 흐른 후 경험적 데이터가 부족해져 아인슈타인의 상대성 이론으로 대체되었음을 드러내고 있다. 또한 2문단에서 상대성 이론이 상대성 이론을 뒷받침하는 다른 이론들에 의해 논리적 일관성이 더해졌다는 내용을 통해 뉴턴의 역학 법칙은 논리적 일관성 또한 떨어졌을 것임을 추론할 수 있다.

오답풀이 ① 비교의 오류이다. 본문에서는 뉴턴의 역학 법칙과 아인슈타인의 상대성 이론을 예시로 들어 설명했을 뿐, 두 이론에서 경험적 검증의 중요도를 표면적으로 비교하지는 않았다. 또 본문을 통해 추론해 보았을 때 뉴턴의 역학 법칙이 아인슈타인의 상대성 이론에 의해 반박되어 수정되었으므로 경험적 검증으로 형성된 '아인슈타인의 상대성 이론'이 경험적 검증의 중요성을 더 잘 보여주는 사례가 될 수 있음을 추론할 수 있다.
② 미언급의 오류이다. 본문에서는 '중력 렌즈 현상과 중력파 검출 등의 증거가 발견되면서 그 타당성이 더욱 강화되었다'고 언급했을 뿐, 이것이 물리학 이론 발전 과정에서 가장 중요한 발견이었다는 내용은 없다.
③ 비교 미언급의 오류이다. 본문에서는 '과학적 이론은 경험적 검증과 논리적 일관성이 조화를 이룰 때 더욱 신뢰를 얻을 수 있다'고 하여, 두 요소의 균형을 강조했다. 그러나 해당 선지는 경험적 검증이 논리적 일관성보다 더 핵심적인 역할을 한다고 단정하고 있으므로 적절하지 않다.

05 [어휘 – 문맥적 의미 추론] ▶ ①

'㉠ 얻다'는 '1 「2」, 긍정적인 태도·반응·상태 따위를 가지거나 누리게 되다.'를 의미한다. 따라서 이와 문맥상 의미가 가장 가까운 것은 '그는 친구의 도움에 용기를 얻다'이다.

오답풀이 ② 1 「4」, 돈을 빌리다.
③ 3 「2」, 일꾼이나 일손 따위를 구하여 쓸 수 있게 되다.
④ 1 「3」, 구하거나 찾아서 가지다.

06 [논리 추론 – 빈칸에 들어갈 결론] ▶ ①

지훈 : ~(수영 ∨ 자전거) ≡ ~수영 ∧ ~자전거
혜진 : ~(달리기 ∧ ~자전거) ≡ ~달리기 ∨ 자전거
≡ 달리기 → 자전거 ≡ ~자전거 → ~달리기

지훈의 '~수영 ∧ ~자전거'와 혜진의 대우 명제 '~자전거 → ~달리기'는 '~자전거'가 전칭 명제의 주어에 공통되므로 연결 지을 수 있다. 따라서 결론으로 '(~수영 ∧ ~자전거) → ~달리기'를 도출할 수 있다. 이는 '~수영 ∧ ~자전거 ∧ ~달리기'가 있다는 결론을 도출할 수 있으므로 ㉠에 들어갈 말로 가장 적절한 것은 '수영, 자전거, 달리기를 모두 하지 않은 사람이 있겠구나'이다.

오답풀이 ② ①과 같은 이유로 수영, 자전거, 달리기를 모두 하지 않은 사람(~수영 ∧ ~자전거 ∧ ~달리기)이 있다는 결론을 도출할 수 있다. 하지만 이를 통해 수영, 자전거, 달리기를 모두 한 사람(수영 ∧ 자전거 ∧ 달리기)이 있다는 결론을 도출하는 것은 불가능하다.
③ ①과 같은 이유로 수영, 자전거, 달리기를 모두 하지 않은 사람(~수영 ∧ ~자전거 ∧ ~달리기)이 있다는 결론을 도출할 수 있다. 하지만 이를 통해 수영, 자전거, 달리기를 모두 한 사람(수영 ∧ 자전거 ∧ 달리기)이 없다는 결론을 도출하는 것은 불가능하다.
④ 수영을 하지 않은 사람 중 자전거를 타지 않은 사람이 있고, 자전거를 타지 않은 사람은 모두 달리기를 하지 않았으므로 수영을 하지 않은 사람 중 자전거를 타지 않은 사람(~수영 ∧ ~자전거)이 존재한다는 결론을 내릴 수 있다. 하지만 이를 통해 수영을 한 사람 중 달리기를 하지 않은 사람(수영 ∧ ~자전거)이 존재한다는 결론을 도출하는 것은 불가능하다.

07 [독해(문법) - 표준 발음법 - 제5항] ▶ ①

본문의 "'예, 례' 이외의 'ㅖ'는 [ㅔ]로도 발음한다고 밝혀 두었다. 이는 '예, 례'는 [ㅖ]로만 발음됨을 알 수 있다. '가령 '혜택'은 [혜택/헤택]으로 발음되지만"을 통해 '폐해'는 [폐해/페해]로 발음됨을 알 수 있다. 따라서 '폐해'를 [페해]로 발음하는 것은 표준 발음에 해당하지 않는다는 것은 적절하지 않다.

오답풀이 ② 본문의 "단어의 첫음절 이외의 '의'는 [ㅣ]로, 조사 '의'는 [ㅔ]로 발음함도 허용"에 따라, '정의'의 '의'는 [ㅣ]로, 조사 '의'는 [ㅔ]로 발음하여 [정이에]로 발음할 수 있다.
③ 본문에서 "우선, '가져[가저]'와 같이 용언의 활용형에 나타나는 '져, 쪄, 쳐'의 'ㅕ'는 [ㅓ]로 발음한다는 단서 조항이 있다."로 나와 있으므로 '쳐서'는 [처서]로 발음할 수 있음을 알 수 있다.
④ 본문에서 "단어의 첫음절의 '의'는 표기대로 [ㅢ]로 발음되지만"으로 나와 있으므로 단어의 첫음절에 있는 '의'는 [의]로 발음이 되어야 하므로 '의지[의지]'를 [이지]로 발음하는 것은 표준 발음에 해당하지 않는다.

08 [독해(작문) - 개요 작성] ▶ ②

본론 첫 번째 장에서는 층간소음 문제의 현황을 제시해야 한다. '층간소음의 심리적 영향에 대한 종합 평가'는 문제의 현황으로 보기 어렵다. 따라서 ㉡에 층간소음의 심리적 영향에 대한 종합 평가가 들어가는 것은 상위 항목인 'Ⅱ. 층간소음 문제의 현황'에 어울리지 않으므로 적절하지 않다.

오답풀이 ① <지침>의 서론에서는 '층간소음 문제의 중요성'을 설명해야 한다. 이때 문제의 심각성을 들면 문제의 중요성이 강조될 것이므로 ㉠에 '층간소음 문제로 인한 사회적 갈등 증가'를 넣는 것은 적절하다.
③ <지침>의 본론에서는 '본론 두 번째 장(Ⅲ. 층간소음 문제의 원인과 부작용)과 세 번째 장(Ⅳ. 층간소음 문제 해결 방안)의 하위 항목이 호응해야 한다'고 하였다. 따라서 'Ⅲ. 2. 층간소음으로 인한 심리적 스트레스 증가'의 하위 항목과 'Ⅳ. 2. ㉢'이 호응되어야 하는데, ㉢에 '층간소음 방지법 제정 및 시행으로 피해 완화'를 넣으면 '층간소음으로 인한 심리적 스트레스 증가'를 해결할 수 있으므로 이는 적절하다.
④ <지침>의 결론에서는 ㉣에 '층간소음 문제 해결 시의 기대 효과'를 넣어야 한다고 했다. 층간소음을 해결하면 '주거 환경 개선과 생활의 질적 향상'을 기대할 수 있으므로 ㉣에 '주거 환경 개선과 생활의 질적 향상'을 넣는 것은 적절하다.

09 [독해(작문) - 내용 고쳐 쓰기] ▶ ③

이 글은 동아시아 유교문화권 중에서도 한국과 일본, 대만, 홍콩에서 가족 동반 자살이 인정되고 있다는 문제를 다루고 있다. ㉢ 전후의 서술로 미루어 보아 중국에서는 개인 윤리가 우선하며 자녀가 부모가 그 생사 여부를 결정할 수 없는 국가의 성원이라고 보았음을 알 수 있다. 따라서 '자녀는 부모의 소유물'이라는 기존의 서술은 '자녀는 부모의 소유물이 아니며'로 수정되는 것이 적절하다.

오답풀이 ① ㉠ 앞에 '살해의 비윤리성보다는 가족이 운명공동체이므로'라는 서술이 나오므로, 이와 호응하는 내용이 이어져야 한다. '부모가 자녀의 운명을 결정해서는 안 된다'는 서술은 운명공동체와 반대되는 이야기이므로 적절하지 않다.
② ㉡ 중국은 오히려 '함부로 부모가 그 생사 여부를 결정할 수 없는 국가의 성원'이라고 보'므로 가족 동반 자살이 중국에서 많이 발견된다는 서술로 고치는 것은 적절하지 않다.
④ ㉣ 전후는 한국, 일본과는 다른 중국의 사상을 이야기하고 있다. 이에 따르면 한국, 일본과는 달리 중국은 개인 윤리가 중시되고 있음을 알 수 있으므로 한국과 일본의 윤리관은 중국과 다르다는 서술이 나와야 한다. 따라서 한국과 일본에서 가족 윤리는 경시되는 것이 아니라 중요하게 고려되었을 것임을 알 수 있다.

10 [독해(비문학) - 단수 빈칸 추론] ▶ ③

지문에서는 '해결할 수 없는 난제나 부합하지 않는 경험적 사실이 누적되면 과학혁명이 발생하게 된다'고 설명하며, 이 과정에서 '서로 다른 패러다임이 경쟁하게 되는데, 과학자들이 서로 다른 용어와 세계관을 가지고 있어 단순한 경험적 비교만으로는 우열을 가리기 어렵다'고 서술하고 있다. 즉, 패러다임의 전환은 기존 체계의 한계를 극복하고 새로운 체계가 정립되는 불연속적 변화의 과정이라는 점에서 ③이 가장 적절하다.

오답풀이 ① 지문에서는 '그러나 해결할 수 없는 난제나 부합하지 않는 경험적 사실이 누적되면 과학혁명이 발생하게 된다.'고 설명하고 있으므로, 객관적 사실의 축적을 통해 "자연스럽게" 이루어진다는 진술은 적절하지 않다.
② 지문에서는 '개별 과학자들이 이론에 부합하는 관찰 결과를 정리하는 과정에서 점차 통일된 세계관이 형성되고, 이러한 개별적 결정들이 모여 전체 과학계의 합의된 결론으로 발전하는 것'이라고 설명하고 있으므로, 소수 천재 과학자들의 혁신적 발견이 다수에게 수용되는 설득의 과정이라는 진술은 적절하지 않다. 일방적 수용이라기보다는 점차 합의가 되어 전체 과학계의 결론으로 발전되는 것이다.
④ 지문에서는 새로운 패러다임이 기존 체계와 '서로 다른 용어와 세계관을 가지고' 있다고 설명하고 있으므로, 기존 체계와 조화를 이루며 점진적으로 발전한다는 진술은 적절하지 않다.

11 [독해(비문학) - 복수 빈칸 추론] ▶ ①

(가)의 경우, 본문에서 푸틴의 연설 전략에 대해 설명하면서 '서방 국가들이 러시아를 고립시키려 한다는 서사를 구축하며, 자국민에게 애국심과 결속을 강조한다'라고 언급하고 있다. 이는 외부의 위협(서방 국가들)을 강조함으로써 내부의 단결을 도모하는 전략으로, '외부의 적을 부각하여 내부 결속을 강화하는' 표현이 가장 적절하다. 빈칸 이후에도 '전형적인 전쟁 수사의 특징'이라고 언급하고 있어, 이러한 전략이 전쟁 수사에서 자주 사용되는 방식임을 알 수 있다. '자국의 역사적 정통성을 강조하여 침략을 합리화하는'은 본문에 직접적으로 언급되지 않은 내용이다.
(나)의 경우, 본문에서 젤렌스키의 연설 전략을 설명하면서 마지막 문장에 '그의 언어는 감성적 호소를 기반으로 하며, 우크라이나를 희생자로 묘사함으로써 전 세계의 동정을 유도하는 전략을 사용한다'라고 명확히 서술하고 있다. 이는 빈칸 (나)에 들어갈 내용과 정확히 일치한다. '군사적 승리의 가능성을 강조하여 자국민의 사기를 고취하는'은 본문에서 언급되지 않은 내용으로, 젤렌스키가 '저항의 중요성을 부각'한다고 했지만 군사적 승리 가능성을 강조했다는 내용은 없다.

12 [논리 추론 - 빈칸에 들어갈 결론 응용] ▶ ②

㉠ 고객 ∧ ~특별 할인
㉡ ~회원 → 특별 할인 ≡ ~특별 할인 → 회원
㉢ 회원 → ~특별 할인 ≡ 특별 할인 → ~회원
㉣ 고객 ∧ 회원

㉰ ㉢ '회원 → ~특별 할인'과 ㉣ '고객 ∧ 회원'에서 '회원'이 전칭 명제의 주어에서 공통되므로 ㉢과 ㉣을 연결 지을 수 있다. 이 둘을 연결 지으면 '고객 ∧ ~특별 할인'이라는 결론이 나오므로 ㉠ '고객 ∧ ~특별 할인'은 반드시 참이다. 따라서 ㉢과 ㉣이 참일 경우 ㉠은 반드시 참이다.

오답풀이 ㉮ ㉠ '고객 ∧ ~특별 할인'과 ㉡의 대우 명제 '~특별 할인 → 회원'에서 '~특별 할인'이 전칭 명제의 주어에서 공통되므로 ㉠과 ㉡을 연결 지을 수 있다. 이 둘을 연결 지으면 '고객 ∧ 회원'이라는 결론이 나오므로 ㉣ '고객 ∧ 회원'은 반드시 참이다. 따라서 ㉠과 ㉡이 참일 경우 ㉣은 반드시 참이므로 거짓일 수 없다.
㉯ ㉠ '고객 ∧ ~특별 할인'과 ㉢ '회원 → ~특별 할인'에서 '~특별 할인'이 전칭 명제의 서술어에서 공통되므로 ㉠과 ㉢을 연결 지을 수 없다. 따라서 ㉣ '고객 ∧ 회원'이 반드시 참이라고 보는 것은 적절하지 않다.

13 [독해(비문학) – 일반 강화, 약화] ▶ ④

'전자 현미경'이라는 새로운 기술이 개발되면서 이를 활용해 기존에 몰랐던 바이러스를 분석하여 구조를 규명한 사례는 새로운 기술이 발전되어 새로운 발견을 할 수 있게 된 것으로 이는 체계적 연구의 중요성과 관련이 없는 사례임을 알 수 있다. 새로운 기술이 발견되어 새로운 발견을 하는 것은 우연적 요소도 아니고 체계적 연구에 관한 것도 아니다. 따라서 이는 체계적 연구의 중요성을 강화하지도 약화하지도 않는 무관의 오류이다. 전자 현미경이 바이러스의 구조를 규명하기 위해 체계적으로 만들어진 것이라고 단정지을 수 없기 때문이다.

오답풀이 ① 음극선(전자 빔)이 특정 물질을 통과할 때 발생하는 현상을 연구하려고 했다가 우연하게 'X선'이라는 과학적 혁신을 이루게 된 것이므로 우연성의 중요성을 강조하는 입장을 강화하는 근거가 될 수 있으므로 적절하다.
② 과학적 혁신이 체계적 연구의 결과로만 이루어진다는 것은 우연한 발견은 과학적 혁신을 일으킬 수 없다는 입장이므로 우연한 발견의 역할을 약화할 수 있다.
③ 멘델이 수년간 완두콩을 재배하며 형질(색깔, 모양 등)의 유전 패턴을 체계적으로 분석하여 이와 관련한 DNA 구조 발견의 기반을 제공한 것이므로 이는 체계적 연구의 중요성을 강화할 수 있다.

14 [독해(비문학) – 내용 추론 긍정 발문] ▶ ④

본문에서 '아리스토텔레스는 예술이 단순한 모방이 아니라 현실을 해석하고 정리하는 방식이라고 보았다'고 하였으며, '예술이 인간 경험을 반영하면서도 이를 재구성하여 보다 깊은 의미를 전달할 수 있다'고 하였다. 마지막으로 '인간 삶의 진리를 효과적으로 전달하는 수단'이라고 명시하여 선지의 내용과 정확히 일치한다.

오답풀이 ① 반대의 오류이다. 본문에서는 '플라톤은 예술을 이데아의 모방으로 간주하였다'고 하였으며, '예술은 현실을 흉내 내는 이차적인 모방에 불과하며, 이는 진리에 도달하는 데 방해가 될 수 있다고 보았다'고 하였다. 또한 '시인과 예술가들을 이상적인 국가에서 배제해야 한다'고 주장'했다고 언급했다. 따라서 본문에서는 예술이 이데아를 직접 표현할 수 있다고 보지 않았으며, 예술가의 역할을 중시했다고 해석하는 것은 본문의 내용과 정반대이다.
② 미언급의 오류이다. 본문에서는 '비극을 통해 관객이 '카타르시스'를 경험한다고 보았다'고 하였다. 따라서 현실을 있는 그대로 모방해야만 카타르시스가 일어난다는 것은 본문의 내용에 언급되지 않았다.
③ 극단의 오류이다. 본문에서 플라톤은 예술을 부정적으로 평가했으나, 아리스토텔레스는 '예술이 인간 삶의 진리를 효과적으로 전달하는 수단'이라고 긍정적으로 평가했다. 따라서 '철학자들이 부정적으로 평가했다'는 극단적 일반화는 적절하지 않다.

15 [독해(비문학) – 밑줄 강화, 약화] ▶ ①

엘리트 그룹이 주도하는 정책 결정이 사회적 안정과 번영을 가져온 사례는, 철학자가 통치하는 플라톤의 이상국가 개념이 긍정적 결과를 낳을 수 있음을 시사하며, 비판을 약화하는 근거로 적절하다.

오답풀이 ② 철학적 지식과 이성을 바탕으로 정책을 결정하는 사례가 늘어난다는 연구 결과는 플라톤의 이상국가 개념을 강화하는 것처럼 보일 수 있지만, 이것이 플라톤의 이상국가론을 의미하는 것은 아니므로 관계 없는 선지로 보는 것이 가장 적절하다. 플라톤의 이상국가론은 철인왕이 다스리는 이상적 국가를 주장하는 것이기 때문이다.
③ 엘리트주의가 강조되면서 다양한 사회적 가치를 수용하지 못할 수 있다는 우려는 ㉠을 강화하는 근거가 된다.
④ 권력의 집중이 사회적 불안을 초래할 수 있다는 경고는 철인왕 체제의 위험성을 강조하는 것으로, 비판을 강화하는 근거로 보는 것이 옳기 때문에 ㉠을 강화하는 근거에 불과하다.

16 [독해(문학) – 현대 운문의 이해] ▶ ④

<교목>은 대안을 드러내지 않는다는 비판을 받는다는 내용이 본문에 있으나 <절정>은 어딘지에 대해 언급이 되어 있지 않으므로 미언급의 오류이다.

오답풀이 ① 본문의 '교목은 이상적 세계인 하늘을 지향하지만 그 세계에 닿을 수 없기에, 호수 속에 비친 푸른 하늘에 뛰어들어 신념을 실현하고자 한다.'라는 부분을 보면 '<교목>에서 교목은 하늘에 닿을 수 없기에 호수 속에 비친 푸른 하늘에 뛰어들어 신념을 실현하고자 한다.'는 선지는 적절함을 알 수 있다.
② '교목이란 나라와 운명을 같이 하려는 정신을 표상하는 것이다.'를 통해 <교목>은 나라와 운명을 같이 하려는 정신을 표상하는 작품임을 알 수 있다. '이 작품은 미래에 대한 대안이 제시되어 있지 않다는 점에서 비판받기도 하지만,'이라는 본문을 통해 미래에 대한 대안은 제시하지 않았다는 한계가 있다는 적절함을 알 수 있다.
③ 본문의 '"교목'은 줄기가 곧고 굵으며 높이 자라는 나무를 말하며, 선비의 자세를 나타내는 표상이다"라는 부분을 통해 교목은 우뚝 남아 서 있으므로 이는 신념을 지키며 살아가기를 지향하는 선비의 자세를 나타냄을 추론할 수 있다.

17 [독해(비문학) – 중심 내용 추론] ▶ ③

본문에서 "루소는 사회계약론에서 인간 사회의 불평등과 억압을 해결하고, ~ 공공선을 추구하는 정치 공동체를 형성해야 한다고 주장했다."고 하였으므로 루소는 사회계약을 통해 공공의 이익을 우선하는 정치 공동체의 중요성을 강조하였음이 중요한 정보임을 알 수 있다. 또한 "그러나 루소의 이론은 몇 가지 현실적 한계를 지닌다"고 하며 현실적인 한계들을 뒤에서 나열하고 있다. 그러므로 현실적인 제한점이 존재했다는 부분까지 나와야 중심 내용으로 적절함을 알 수 있다.

오답풀이 ① 루소가 개인의 도덕적 의무를 강조한 것은 사실이나, 본문의 핵심은 도덕적 의무만이 아니라 '사회계약을 통한 정치 공동체 형성'과 '루소의 이론의 현실적인 한계'에 있다.
② 루소는 절대왕정을 옹호한 것이 아니라, 절대왕정의 부패를 막기 위해 정기적 집회를 통해 통치자를 교체해야 한다고 주장했다. 따라서 내용 자체가 틀린 내용이다.
④ 루소는 무력 혁명 대신 집회나 교육, 종교 등을 통해 개인이 공공의 이익을 우선하는 방향으로 발전하도록 제안했을 뿐, 무력 혁명은 언급하지 않았다.

18 [어휘 – 바꿔 쓸 수 있는 유사한 표현] ▶ ②

'지키다'는 '재산, 이익, 안전 따위를 잃거나 침해당하지 아니하도록 보호하거나 감시하여 막다.'를 의미한다. 따라서 '건물이나 시설 따위의 낡거나 부서진 것을 손보아 고치다.'를 의미하는 '보수(補 기울 보 修 닦을 수)되다'는 ㉡과 바꿔 쓸 수 있는 유사한 표현으로 적절하지 않다. '지키다'는 '어떤 일이 어려움 없이 이루어지도록 조건이 마련되어 보증되거나 보호되다.'를 의미하는 '보장(保 지킬 보 障 막을 장)되다'로 바꿔 쓸 수 있다.

오답풀이 ① ㉠ '넘기다'는 '물건, 권리, 책임, 일 따위를 맡기다.'를 의미한다. 따라서 '권리나 재산, 법률에서의 지위 따위를 남에게 넘겨주다.'를 의미하는 '양도(讓 사양할 양 渡 건널 도)하다'로 바꿔 쓸 수 있다.
③ ㉢ '막다'는 '어떤 현상이 일어나지 못하게 하다.'를 의미한다. 따라서 '어떤 일이나 현상이 일어나지 못하게 막다.'를 의미하는 '방지(防 막을 방 止 그칠 지)하다'로 바꿔 쓸 수 있다.
④ ㉣ '나타내다'는 '어떤 일의 결과나 징후를 겉으로 드러내다.'를 의미한다. 따라서 '어떤 내용을 구체적인 사실로 나타나게 하다.'를 의미하는 '구현(具 갖출 구 現 나타날 현)하다'로 바꿔 쓸 수 있다.

19 [논리 추론 - 반드시 참인 명제 응용] ▶ ③

주어진 조건에 따라 표를 그려가며 해결한다.
- A는 물리를 수강하지 않는다.

	물리	화학	생명과학	지구과학
A	X			
B				
C				

- B가 화학 또는 지구과학을 수강하면 A는 물리를 수강한다.
  ≡ A가 물리를 수강하지 않으면 B는 화학과 지구과학을 수강하지 않는다.

	물리	화학	생명과학	지구과학
A	X			
B	O	X	O	X
C				

- C는 물리를 수강한다.

	물리	화학	생명과학	지구과학
A	X			
B	O	X	O	X
C	O			

- A가 생명과학을 수강하면 C는 물리를 수강하지 않는다.
  ≡ C가 물리를 수강하면 A가 생명과학을 수강하지 않는다.

	물리	화학	생명과학	지구과학
A	X	O	X	O
B	O	X	O	X
C	O			

따라서 A가 수강할 과목은 화학, 지구과학이다.

20 [독해(비문학) - 〈보기〉 강화, 약화] ▶ ②

ㄱ. 엘리아데는 '그는 신화가 상징과 이야기를 통해 성스러움을 표현하고, 종교적 인간은 이를 통해 세계를 실재적인 것으로 만들 수 있다고 보았다.'고 주장하였다. 따라서 '신화와 상징이 성스러운 것을 표현하지 못하고 인간 경험에 중요한 역할을 하지 않는다는 실증적 연구'는 ㉠의 주장을 약화할 수 있다.

ㄷ. 엘리아데는 '성스러움은 종교적 인간의 경험에서 중요한 역할을 한다고 주장'하였다. 따라서 현대 사회에서 종교의 중요성을 강조하는 사례는 ㉠의 주장을 강화할 수 있다.

[오답풀이] ㄴ. 무관의 오류이다. 엘리아데는 '인간이 극단적 상황에서 실존적 위기를 경험할 때 종교적 본질을 회복'할 수 있다고 보았다. 그런데 이 선지는 전쟁을 겪는 극단적 상황에서 실존적 위기를 경험하기만 한 것으로 '종교적 본질'을 회복했는지 회복하지 않았는지 나오지 않았으므로 ㉠의 주장과 관련이 없는 사례이다. 따라서 이는 ㉠의 주장을 강화하지도 약화하지도 않는다.

합격까지

박문각

2025 공무원 시험 대비 적중동형 모의고사 제1회~제5회
국어 빠른 정답 찾기

제1회
01 ③	02 ②	03 ②	04 ③	05 ④	06 ①	07 ②	08 ④	09 ②	10 ④
11 ④	12 ①	13 ②	14 ③	15 ④	16 ①	17 ③	18 ④	19 ②	20 ①

제2회
01 ④	02 ②	03 ①	04 ③	05 ④	06 ③	07 ①	08 ④	09 ②	10 ②
11 ①	12 ②	13 ①	14 ②	15 ④	16 ③	17 ②	18 ④	19 ①	20 ③

제3회
01 ①	02 ②	03 ③	04 ②	05 ②	06 ④	07 ③	08 ④	09 ①	10 ②
11 ③	12 ②	13 ③	14 ④	15 ④	16 ①	17 ①	18 ③	19 ①	20 ②

제4회
01 ①	02 ①	03 ④	04 ④	05 ③	06 ④	07 ①	08 ③	09 ④	10 ④
11 ③	12 ③	13 ③	14 ①	15 ①	16 ②	17 ④	18 ②	19 ②	20 ①

제5회
01 ②	02 ④	03 ④	04 ④	05 ①	06 ①	07 ①	08 ②	09 ③	10 ③
11 ①	12 ②	13 ④	14 ④	15 ①	16 ④	17 ③	18 ④	19 ③	20 ②

수고하셨습니다.
당신의 합격을 응원합니다.

2025 공무원 시험 대비

적중동형 봉투모의고사
Vol. 2

국 어

| 제6회 ~ 제10회 |

정답 및 해설

합격까지

2025 공무원 시험 대비 적중동형 모의고사
국어 정답 및 해설
▌제6회~10회 ▌

응시번호		문제책형
성 명		A

제1과목	국어	제2과목	영어	제3과목	한국사
제4과목		제5과목			

응시자 주의사항

1. **시험시작 전 시험문제를 열람하는 행위나 시험종료 후 답안을 작성하는 행위를 한 사람은**「지방공무원 임용령」제65조 등 관련 법령에 의거 **부정행위자**로 처리됩니다.
2. 시험이 시작되면 문제를 주의 깊게 읽은 후, **문항의 취지에 가장 적합한 하나의 정답만을 고르며**, 문제내용에 관한 질문은 할 수 없습니다.
3. **답안은 문제책 표지의 과목 순서에 따라 답안지에 인쇄된 순서에 맞추어 표기**해야 하며, 과목 순서를 바꾸어 표기한 경우에도 문제책 표지의 과목 순서대로 채점되므로 유의하시기 바랍니다.
4. 법령, 고시, 판례 등에 관한 문제는 **2025년 4월 30일 현재 유효한 법령, 고시, 판례 등을 기준**으로 정답을 구해야 합니다. 다만, 개별 과목 또는 문항에서 별도의 기준을 적용하도록 명시한 경우에는 그 기준을 적용하여 정답을 구해야 합니다.
5. **시험시간 관리의 책임은 응시자 본인에게 있습니다.**
   ※ 문제책은 시험종료 후 가지고 갈 수 있습니다.

정답공개 및
이의제기 안내

1. 정답공개 일시: 정답가안 6.21.(토) 14:00 / 최종정답 6.30.(월) 18:00
2. 정답공개 방법: 사이버국가고시센터(www.gosi.kr) ➜ [시험문제 / 정답 → 문제 / 정답 안내]
3. 이의제기 기간: 6.21.(토) 18:00 ~ 6.24.(화) 18:00
4. 이의제기 방법
   ■ 사이버국가고시센터 ➜ [시험문제 / 정답 → 정답 이의제기]
   ■ 구체적인 이의제기 방법은 정답가안 공개 시 공지 예정

박문각

합격까지

박문각

2025 공무원 시험 대비 적중동형 모의고사 제6회
국어 정답 및 해설

✅ 제6회 모의고사

01 ③	02 ③	03 ②	04 ②	05 ①
06 ②	07 ④	08 ②	09 ④	10 ③
11 ④	12 ③	13 ①	14 ①	15 ③
16 ②	17 ①	18 ④	19 ③	20 ④

01 [독해(작문) – 공문서 문장 고쳐 쓰기] ▶③

<공문서 작성 지침> 중 세 번째 지침인 '불필요한 표현을 사용하지 않도록 주의할 것'에 따라 보면, '지정 기부는'이라는 표현에서 이미 지정 기부를 선택한 기부자라는 정보를 알 수 있다. 따라서 굳이 불필요한 표현인 '지정 기부를 선택한'을 추가할 이유는 없다. 오히려 추가를 하게 되면 '지정 기부'와 중복이 되어 지침을 어기게 되므로 옳지 않은 표현이 된다.

오답풀이 ① <공문서 작성 지침> 중 첫 번째 지침인 '문장 성분 간의 호응을 고려할 것'에 따라 보면, '지역사회 문제'에 호응하는 적절한 서술어가 없으므로 '지역사회 문제를 해결하고' 형태로 고치는 것이 옳다.
② <공문서 작성 지침> 중 두 번째 지침인 '문장이 이어질 때는 적절한 연결사를 사용할 것'에 따라 보면, 앞 문장과 뒷 문장의 차이를 강조하는 연결사가 들어가야 한다. 따라서 대등 나열의 의미를 지닌 '뿐만 아니라' 대신 '반면에'로 문장을 잇는 것이 바람직하다. 기존의 일반 기부는 원하는 지자체에 기부하지만 지정 기부는 원하는 지자체가 아닌 미리 준비된 지자체에 기부한다는 상반된 내용이 언급되어 있기 때문이다.
④ <공문서 작성 지침> 중 네 번째 지침인 '필요한 문장 성분이 생략되지 않도록 할 것.'에 따라 보면, 기존 표현은 어떤 것이 지역사회에 실질적인 도움이 되기를 원하는 것인지 서술되어 있지 않다. 따라서 '이 제도가'라는 주어가 들어가는 것이 옳다.

02 [독해(화법) – 의견의 대립 양상] ▶③

ㄷ. 병이 지지하는 철학자인 야스퍼스는 "실존주의가 인간의 주체성과 자유를 강조하는 동시에, 그 자유가 가져오는 불안과 고독을 인정한다고 보았는데"라고 하였다. 갑이 지지하는 철학자인 사르트르는 "'인간의 주체적 존재'를 강조하며, 개인의 자유와 책임을 중시한다."는 입장에서 인간의 주체적 자유와 책임을 중시한다. 두 입장은 모두 인간의 주체성과 자유를 강조한다는 점에서 상호 대립하지 않는다고 볼 수 있다.

오답풀이 ㄱ. 갑은 '인간이 먼저 존재하고 그 후에 자신의 본질을 정의한다'는 사르트르의 주장을 통해, 인간이 외부 규범이나 본질에 의존하지 않고 자신의 선택과 행동에 대해 전적인 책임을 진다고 본다. 을은 니체의 입장에서 '기존의 도덕적 규범을 넘어서 개인이 스스로 가치를 창조해야 한다'고 보며 자유로운 선택을 강조한다. 따라서 인간이 자신의 가치를 스스로 결정한다는 측면에서 보았을 때 갑과 을은 인간의 주체적 존재를 중시한다는 공통점이 있으므로 갑과 을은 대립하지 않으므로 '대립한다'는 적절하지 않다.
ㄴ. 을은 '따라서 니체의 실존주의는 개인의 창의성과 자기 초월을 강조하고, 기존의 도덕적 틀을 넘어서는 자유로운 선택을 중시하는 철학이라고 할 수 있다.'는 입장이다. 병은 '카를 야스퍼스는 실존주의가 인간의 주체성과 자유를 강조하는 동시에, 그 자유가 가져오는 불안과 고독을 인정한다고 보았는데 나는 그의 관점을 지지한다.'고 보는 야스퍼스의 입장에서, 자유와 자기 초월을 통한 자아 발견을 중요하게 본다. 기존 도덕을 넘어 자유롭게 자신을 찾는다는 점에서 을과 병의 주장은 서로 대립하지 않으므로 '대립한다'는 적절하지 않다.

03 [논리 추론 – 숨겨진 전제 추론] ▶②

각 문장을 기호로 나타내어 해석한다.

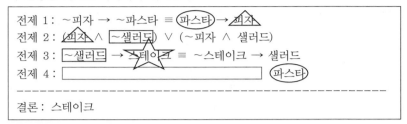

②를 논리 기호화 하여 '파스타'가 추가된다면 전제 1의 대우명제에 의해 '피자'가 도출되고, 전제 2에 의해 '~샐러드'가 도출된다. 따라서 전제 3에 의해 '스테이크'를 도출할 수 있다.

오답풀이 ①을 논리 기호화 하여 '샐러드'가 추가된다면 전제 2에 의해 '~피자'를 도출할 수 있고 전제 1에 의해 '~파스타'를 도출할 수 있다. 하지만 이를 통해 '스테이크'를 도출하는 것은 불가능하다.
③을 논리 기호화 하여 '~파스타'가 추가되면 이를 비롯해 전제 1, 2, 3을 모두 활용할 수 없다.
④을 논리 기호화 하여 '~피자'가 추가된다면 전제 1에 의해 '~파스타'를 도출할 수 있으며, 또 전제 2에 의해 '샐러드'를 도출할 수 있다. 하지만 이를 통해 '스테이크'를 도출하는 것은 불가능하다.

04 [독해(비문학) – 내용 추론 긍정 발문] ▶②

본문에서 '상대적 미를 주장하는 입장에서는 아름다움이 시대와 문화에 따라 다르게 정의된다고 본다'고 하였으며, 중세 유럽, 바로크 시대, 현대의 서구와 아프리카, 폴리네시아 문화권의 예시를 통해 각 시대와 문화권마다 다른 미적 가치와 기준이 있음을 설명하고 있다.

오답풀이 ① 미언급의 오류이다. 본문에서는 '중세 유럽에서는 신체적 아름다움보다 종교적 숭고함이 더 중요한 미적 가치로 여겨졌으며, 17세기 바로크 시대에는 역동적이고 화려한 형태가 미의 기준이 되었다'고 설명했을 뿐, 두 시대의 미적 가치의 보편성을 비교하지는 않았다.
③ 반대의 오류이다. 본문에서는 '서구에서는 날씬한 몸매가 미의 이상으로 간주되는 반면, 일부 아프리카나 폴리네시아 문화권에서는 풍만한 몸매가 건강과 아름다움의 상징으로 여겨진다'고 하여, 문화권에 따라 다른 미적 기준이 존재함을 설명했다. 그러나 해당 선지는 '현대 사회에서는 문화권과 관계없이 날씬한 몸매가 미의 기준으로 자리 잡았다'고 하여, 문화적 차이를 부정하고 단일한 기준이 존재한다고 주장하고 있다. 이는 본문의 내용과 반대되는 주장이다.
④ 미언급의 오류, 극단의 오류이다. 본문에서 '황금비율을 적용한 조각이나 건축물이 시대와 문화를 초월해 미적으로 우수하게 평가받는 것'이라고 했으나, 이것이 '모든 문화권에서 가장 완벽한 형태의 미'로 인정받았다는 내용은 언급되지 않았다.

05 [어휘 – 문맥적 의미 추론] ▶①

'㉠ 따르다'는 '2「2」((흔히 '따라(서), 따른, 따르면' 꼴로 쓰여)) 어떤 경우, 사실이나 기준 따위에 의거하다.'를 의미한다. 이와 문맥상 의미가 가장 가까운 것은 '국회에서는 법에 따라 일을 처리하였다.'이다.

오답풀이 ② 2「1」 어떤 일이 다른 일과 더불어 일어나다.
③ 1「4」 【…에】【…을】 관례, 유행이나 명령, 의견 따위를 그대로 실행하다.
④ 1「2」 앞선 것을 좇아 같은 수준에 이르다.

06 [독해(문법) – 음운론 – 음운의 변동] ▶②

'여덟이'의 경우 '덟'뒤에 '이'라는 조사(형식 형태소)가 연결되는 경우이기 때문에 "겹받침 뒤에 모음으로 시작하는 형식 형태소가 오는 경우에 겹받침 중 뒤에 위치한 자음을 형식 형태소의 초성으로 그대로 연음한다"는 본문의 내용에 따라 연음하여 [여덜비]로 발음해야 한다. [여더비]로 발음하는 것은 옳지 않다.

오답풀이 ① 본문 2문단 전체의 내용을 보면 "모음으로 시작하는 형식 형태소, 즉 모음으로 시작하는 조사나 어미, 접사가 오는 경우에 겹받침 중 뒤에 위치한 자음을 형식 형태소의 초성으로 그대로 연음한다."라고 언급되어 있다. '없어'의 '어'는 모음으로 시작하는 형식 형태소, 즉 모음으로 시작하는 어미이다. 따라서 본문의 '값이'가 [갑씨]로 발음되는 것처럼 '없어'도 [업써]로 발음될 것임을 추론할 수 있다.

③ 본문의 "하지만 '값있다'의 경우, 용언의 어간 '있-'은 실질 형태소이므로 겹받침 중 'ㅅ'을 탈락시킨 후 'ㅂ'을 연음하여 최종적으로는 [가빋따]로 발음한다."를 통해 보면, '넋 안에'의 '안'이 실질 형태소이므로 겹받침 중 'ㅅ'을 탈락시킨 후 'ㄱ'을 연음하여 최종적으로 [너가네]로 발음되는 것은 옳음을 알 수 있다.
④ '외곬'은 본문에 따르면 "음절의 끝이나 자음 앞에서 두 개의 자음 중 하나가 탈락"해야 하는 경우에 해당하기 때문에 'ㅅ'을 탈락시켜 [외골]로 발음한다.

07 [독해(작문) - 내용 고쳐 쓰기] ▶ ④

㉣의 경우, '노화에 따른 기억력 감퇴를 획기적으로 개선할 수 있는 방법을 발견했다'는 서술은 앞선 내용과 논리적으로 어긋난다. 간섭 이론은 '기억 손실의 구체적 메커니즘'을 설명하고 있을 뿐, 노화로 인한 기억력 감퇴와는 관련이 없다. 따라서 '이를 통해 기억력 향상을 위한 다양한 방안을 제시했다'로 수정하는 것이 적절하다.

오답풀이 ① ㉠ '뇌의 신경 흔적이 점차 사라지기 때문'이라는 후속 설명이 제시되어 있으므로, 기존 서술이 적절하다.
② ㉡ 본문에서 '오래된 기억이 선명하게 남아있는 현상을 설명하기 어렵다는 한계가 있다'고 직접적으로 언급하고 있으므로, 기존 서술이 적절하다.
③ ㉢ '새로운 정보가 이전 기억을 방해하거나 이전 기억이 새로운 학습을 방해하는 현상'이라고 명시되어 있으므로, 기존 서술이 적절하다.

08 [독해(비문학) - 중심 내용 추론] ▶ ②

본문은 능력주의가 기회 평등을 보장하려 하더라도, 그로 인해 발생하는 결과의 차이를 공정하게 다룰 수 없다는 비판을 언급하며, 이는 사회에서 실제로 불평등을 해소하지 못하는 문제로 이어진다고 설명하고 있다. 따라서 본문의 핵심 논지를 가장 잘 설명한 것은 ② 선지라고 보는 것이 적절하다.

오답풀이 ① 능력주의는 기회 평등을 강조하지만, 그 결과가 반드시 공정하다고 볼 수 없다. 본문은 능력주의가 결과의 불평등을 해소하지 못한다고 지적하고 있기 때문에 ①은 부적절하다.
③ 본문에 기회 평등만으로는 경제적 공정성을 완전히 달성할 수 없다는 언급이 일부 나오기는 하지만, 이것이 본문의 핵심은 아니다. 본문은 "능력주의"가 결과적으로 불평등을 해소하지 못한다는 점에 더 집중하고 있으므로 적절하지 않다.
④ 본문에서는 능력주의가 경제적 불평등을 정당화하는 측면이 있다고 지적하고 있으며, 그로 인해 사회적 격차를 해소하지 못한다고 보았다. 따라서 능력주의가 경제적 불평등을 줄이는 데 중요한 역할을 한다는 주장은 본문과 맞지 않다.

09 [어휘 - 바꿔 쓸 수 있는 유사한 표현] ▶ ④

'없애다'는 '어떤 일이나 현상, 증상 따위를 사라지게 하다.'를 의미한다. 따라서 '사라져 없어지다.'를 의미하는 '소멸(消 사라질 소 滅 다할 멸)하다'는 ㉣과 바꿔 쓸 수 있는 유사한 표현으로 적절하지 않다. '어려운 일이나 문제가 되는 상태를 해결하여 없애 버리다.'를 의미하는 '해소(解 풀 해 消 사라질 소)하다'로 바꿔 쓸 수 있다.

오답풀이 ① ㉠ '만들다'는 '규칙이나 법, 제도 따위를 정하다.'를 의미한다. 따라서 '체제, 체계 따위의 기초를 닦아 세우다.'를 의미하는 '구축(構 얽을 구 築 쌓을 축)하다'로 바꿔 쓸 수 있다.
② ㉡ '주다'는 '시간이나 공간 따위를 남겨 허용하다.'를 의미한다. 따라서 '무엇을 내주거나 갖다 바치다.'를 의미하는 '제공(提 끌 제 供 이바지할 공)하다'로 바꿔 쓸 수 있다.
③ ㉢ '넘기다'는 '지나쳐 보내다.'를 의미한다. 따라서 '큰 관심 없이 대강 보아 넘기다.'를 의미하는 '간과(看 볼 간 過 지날 과)하다'로 바꿔 쓸 수 있다.

10 [독해(비문학) - 내용 추론 긍정 발문] ▶ ③

본문의 마지막 문단에서 '비환원주의는 각 학문의 독립성을 인정한다는 의의를 가진다.'고 했는데 DNA의 유전 정보 전달 과정을 '물리학, 생물학'으로 각각 이해할 수 있다고 하고 있으므로 이는 비환원주의에 따른 것임을 알 수 있다.

오답풀이 ① 미언급의 오류이다. 본문에서는 'DNA의 유전 정보 전달 과정'을 환원주의를 설명하는 예시로 들었을 뿐, 이것이 '현대 과학에서 가장 중요한 환원주의적 발견'이라는 내용은 언급되지 않았다.
② 반대의 오류이다. 본문에서는 '비환원주의는 과학의 각 분야가 독립적인 설명 수준을 가지며, 더 근본적인 학문으로 완전히 환원될 수 없다고 본다'고 설명했다. 그러나 해당 선지는 '모든 과학적 현상이 물리학의 법칙으로 환원될 수 있다'고 주장하고 있어, 이는 환원주의적 관점에 해당하며, 비환원주의의 입장과 정반대이다.
④ 극단의 오류이다. 본문에서는 '생물학적 현상을 물리학적 법칙으로 분석할 수는 있지만, 생명 시스템의 복잡성과 상호작용을 온전히 설명하기에는 한계가 있다'고 설명했다. '모든' 생명 현상이 '반드시' 생물학적 수준에서만 설명 '가능'하다는 극단적 주장은 본문의 내용을 벗어난다.

11 [독해(비문학) - 복수 빈칸 추론] ▶ ④

이 글은 현대 사회의 선택 과부하 현상과, 그 해결 방안에 대해 다루고 있다. (가) 앞뒤의 맥락을 고려하면 선택지가 지나치게 많으면 부정적 결과가 초래됨을 설명하고 있으므로 '오히려 만족도가 낮아지고 결정을 내리는 것이 어려워진다'가 빈칸에 들어가는 것이 적절하다. (나) 뒤에는 '사람들은 다양한 가능성을 원하기 때문에, 선택의 범위를 지나치게 제한하면 불만을 초래할 수 있다.'라는 서술이 이어지고 있다. 이를 고려할 때 '선택지의 개수를 지나치게 줄이는 것은 최선의 해결책이 아니다'가 들어가는 것이 옳다.

12 [독해(비문학) - 순서 배열] ▶ ③

(라)는 워싱턴 대학 존 스톤의 연구를 소개하며 지구 기후 변화의 복잡성을 언급하고 있어 글의 전체 주제를 제시하는 도입부로 적합하다. (가)는 (라)의 조사에 대한 결과를 본격적으로 설명하는 것이므로 (라) 뒤에 오는 것이 옳다. (다)는 온도 상승이 물의 부피, 빙하 용해, 수분 증발 등에 미치는 영향을 설명하면서 기후 변화의 구체적인 메커니즘을 소개하고 있으므로 (가) 다음에 위치하는 것이 자연스럽다. (나)는 '시간 또한 중요한 요소이다'라고 시작하며 빙하가 녹는 데 걸리는 시간과 온도 조건을 설명하고 있어, 앞서 언급된 해수면 상승과 관련된 추가 요소를 제시하며 글을 마무리하고 있다. 따라서 정답은 (라) - (가) - (다) - (나)이다.

13 [독해(비문학) - 내용 추론 긍정 발문] ▶ ①

2문단에서 '산업 기반이 취약한 국가는 무역 장벽을 통해 국내 기업이 성장할 시간을 벌어야 한다고 주장한다.'라고 하며 산업 기반이 약하면 보호무역을 취하는 것이 유리하다고 주장했다. 하지만 끝 부분에서는 '보호무역은 단기적으로는 국내 산업을 보호할 수 있지만, 장기적으로는 경쟁력을 약화하고 소비자 선택을 제한할 위험이 있다.'고 했으므로 국제적으로 경쟁력을 얻게 되면 자유무역을 선택하는 것이 유리할 것임을 추론할 수 있다.

오답풀이 ② 비교의 오류이다. 본문에서는 자유무역과 보호무역의 특징과 장단점을 설명했을 뿐, 두 정책 간의 경제 성장률을 비교하지 않았다. 선진국과 후발 산업국의 경제 성장률을 직접적으로 비교하는 것은 적절하지 않다.
③ 극단의 오류이다. 본문에서는 보호무역이 '장기적으로는 경쟁력을 약화할 위험이 있다'고 설명했다. '항상' 도움이 되며 '핵심 요인'이라는 극단적 표현은 본문의 내용을 벗어난다.
④ 극단의 오류이다. 또한 보호무역이 단기적으로는 효과가 있을 수 있기 때문에 시장의 효율성을 고려하지 않는다고 단정 지을 수도 없다. 보호무역론이 이를 '고려하지 않는다'는 것은 보호무역론의 입장을 극단적으로 잘못 해석한 것이다.

14 [논리 추론 - 반드시 참인 명제 응용] ▶ ①

㉠~㉢을 기호로 나타내면 다음과 같다.

> ㉠ 브라질 → ~칠레 ≡ 칠레 → ~브라질
> ㉡ ~아르헨티나 → ~우루과이 ≡ 우루과이 → 아르헨티나
> ㉢ 브라질 ∨ 우루과이

㉢에 따라 경우의 수를 나누고 ㉠과 ㉡을 이용하여 결론을 도출한다.
Case 1) 브라질을 여행하고 우루과이를 여행하지 않는 경우(브라질 ∧ ~우루과이)
㉠에 의해 '브라질 → ~칠레'이므로 '~칠레'가 도출된다. '~우루과이'는 ㉡의 후건에 있기 때문에 ㉡과 연결할 수 없어 아르헨티나의 여행 여부는 결정할 수 없다. 따라서 이 경우 여행할 국가는 (브라질) 혹은 (브라질, 아르헨티나)이다.
Case 2) 브라질을 여행하지 않고 우루과이를 여행하는 경우(~브라질 ∧ 우루과이)
㉡의 대우명제에 의해 '우루과이 → 아르헨티나'이므로 '아르헨티나'가 도출된다. '~브라질'은 ㉠의 대우명제의 후건에 있기 때문에 ㉠과 연결할 수 없어 칠레의 여행 여부는 결정할 수 없다. 따라서 이 경우 여행할 국가는 (아르헨티나, 우루과이) 혹은 (아르헨티나, 우루과이, 칠레)이다.
Case 3) 브라질과 우루과이 모두 여행하는 경우(브라질 ∧ 우루과이)
㉠에 의해 '브라질 → ~칠레'이므로 '~칠레'가 도출된다. ㉡의 대우명제에 의해 '우루과이 → 아르헨티나'이므로 '아르헨티나'가 도출된다. 따라서 이 경우 여행할 국가는 (브라질, 아르헨티나, 우루과이)이다.
결론적으로, Case 1)에서 브라질만 여행하는 것이 가능하므로 브라질을 여행한다고 해서 반드시 아르헨티나를 여행한다고 단정 지을 수 없다.

오답풀이 ② Case 2)에서 아르헨티나, 우루과이만 여행하는 것이 가능하므로 우루과이를 여행할 때 칠레를 여행하지 않을 수도 있음을 알 수 있다.
③ Case 3)에서 브라질, 아르헨티나, 우루과이를 모두 여행하는 것이 가능하므로 브라질과 우루과이를 모두 여행할 수 있다고도 볼 수 있다.
④ Case 1)~Case 3)에서 발생하는 모든 경우의 수 중 네 개의 국가를 모두 여행하는 경우의 수는 없다.

15 [독해(비문학) - 일반 강화, 약화] ▶ ③

고고학자들은 '물질문화의 발굴과 분석을 통한 접근을 강조'하며, 본문에서 고고학자의 입장을 보여 주는 폴슨이 '문헌 기록이 엘리트들의 관점만 반영할 뿐'이라고 지적하는 부분이 나온다. 이는 '과거 기록이 특정 계층이나 목적에 의해 편향되어 있을 가능성'을 지적하는 것이다. 따라서 '기록물들이 당시 정치 지도자의 업적을 과장했다'는 증거는 문헌 기록의 한계와 물질 문화 연구의 필요성을 보여주므로, (나)의 주장을 강화한다.

오답풀이 ① 반대의 오류이다. '역사적 문헌에 언급되지 않았던 고대 도시가 발굴 조사를 통해 확인된다'는 것은 문헌 자료의 한계와 고고학적 발굴의 중요성을 보여주므로, 역사적 기록과 사료를 통한 연구를 중시하는 (가)의 주장을 약화하는 증거이다. 따라서 (가)의 주장을 강화한다는 것은 적절하지 않다.
② 무관의 오류이다. '공식 역사서와 고고학적 발굴 결과 사이에 심각한 불일치가 발견된다'는 것은 문헌 기록과 고고학적 증거의 차이를 보여줄 뿐, 문헌사학의 방법론 자체의 가치나 한계를 직접적으로 입증하지는 않는다. 문헌사학자들이 중시하는 공식 역사서가 진짜일지 고고학적 유물이 진짜일지는 둘 사이가 불일치한다는 사실만으로는 알 수 없기 때문에 (가)의 주장을 강화하지도 약화하지도 않는다.
④ 무관의 오류이다. '수도원 기록의 분석을 통해 농업 기술의 발전 과정이 밝혀진다'는 것은 문헌 연구의 성과를 보여주는 것으로, 고고학적 방법론의 장단점과는 직접적인 관련이 없다. 따라서 이를 통해 (나)의 주장을 강화하지도 약화하지도 않는다.

16 [독해(비문학) - 지시 대상 추론] ▶ ②

㉠은 '문헌사학자들'을, ㉡은 '고고학자들'을 의미한다. ㉢의 '쿠퍼'는 '비문 해독을 통해 그들이 고도의 천문학 지식을 가졌다고 주장'한 것으로 미루어 보아 문헌사학자임을 알 수 있다. ㉣은 '마야인들의 비문 해독을 통해 ㉤ 그들이 고도의 천문학 지식을 가졌다'를 통해 ㉣이 '마야인들'임을 알 수 있다. ㉤의 '폴슨'은 '일상을 보여주는 발굴 증거를 중시'한 것으로 보아 고고학자임을 알 수 있다. ㉥은 '그들의 일상을 보여주는'을 통해 '마야인들'임을 알 수 있다. 따라서 각각 ㉠과 ㉢ / ㉡과 ㉤ / ㉣과 ㉥이 함축하는 의미가 유사하다고 볼 수 있다.

17 [독해(문학) - 현대 운문의 이해] ▶ ①

본문에서는 이육사의 시 '절정'이 '아나키즘적 특성을 잘 드러낸다'고 하였다. 또한, '절정'은 현실의 억압과 고통을 표현하면서도, 희망의 표상인 "무지개"를 발견하고자 한다. 이를 통해 이육사는 아나키즘이 추구하는 해방과 자유에 대한 갈망을 드러낸다'고 하였다. 따라서 <절정>에서 아나키즘적 특성이 두드러지게 나타난 것이므로, 민족주의적 사상이 두드러지게 나타났다고 보기 어렵다.

오답풀이 ② 본문의 "중국에서는 아나키즘 독립운동 단체 '의열단'의 일원으로 활동했다."를 통해 아나키즘과 독립운동이 결합된 단체인 '의열단'의 일원으로 활동했음을 알 수 있다. 이를 통해 이육사는 중국에서 일제강점기 독립운동에서 중요한 역할을 했던 아나키즘 단체에 가담하였음을 알 수 있다. 또한 본문의 "일제강점기 독립운동에서 중요한 역할을 했던 아나키즘 계열은"이라는 언급을 통해서도 이 선지가 적절함을 확인할 수 있다.
③ 본문에서는 '이육사의 생애와 작품 경향이 민족주의적 관점에서 주로 논의되어 왔던 데에는 아나키즘의 역사적 쇠퇴가 큰 영향을 미쳤다', '이로 인해 이육사의 아나키스트로서의 면모가 충분히 조명받지 못했던 것이다'라고 하였다. 이는 아나키즘의 쇠퇴가 그의 아나키스트로서의 면모가 널리 알려지지 않은 중요한 이유였음을 드러내는 것이다.
④ 본문에서 '<절정>은 현실의 억압과 고통을 표현하면서도, 희망의 표상인 "무지개"를 발견하고자 한다. 이를 통해 이육사는 아나키즘이 추구하는 해방과 자유에 대한 갈망을 드러낸다'고 하였다. 또한, '그의 실천적 삶과 문학적 지향은 분리될 수 없으며, 아나키즘은 이육사의 사상과 작품 세계를 이해하는 데 핵심적인 요소라고 할 수 있다'고 하여, 이육사가 아나키즘 사상을 기반으로 작품을 통해 사회의 억압적인 구조에 저항하고 있음을 보여주고 있으므로 적절한 선지이다.

18 [논리 추론 - 반드시 참인 명제 응용] ▶ ④

㉠~㉣을 기호를 이용하여 나타내면 다음과 같다.

㉠ 등산 ∨ 수영
㉡ 캠핑 → ~바비큐 ≡ 바비큐 → ~캠핑
㉢ ~바비큐 → (~수영 ∧ ~캠핑) ≡ (수영 ∨ 캠핑) → 바비큐
㉣ ~등산

㉣에 의해 '~등산'이고 ㉠에 의해 '등산 ∨ 수영'이므로 '수영'이 도출된다. ㉢의 대우명제에 의해 '(수영 ∨ 캠핑) → 바비큐'이므로 전건 '수영 ∨ 캠핑'이 만족되어 '바비큐'가 도출된다. ㉡의 대우명제에 의해 '바비큐 → ~캠핑'이므로 '~캠핑'이 도출된다. 따라서 재민이의 여행 계획에 포함되는 활동은 수영, 바비큐이다.

19 [독해(비문학) - 단수 빈칸 추론] ▶ ③

지문에서는 "기술이 특정 업무를 완전히 대체하는 경우도 있지만, 많은 경우 일부 업무는 대체하고 일부는 보완하는 방식으로 작용한다"고 명시하고 있다. 또한 "어떤 일자리의 직무 일부가 대체되더라도 기술과 보완관계에 있는 업무의 생산성이 증가하면 해당 일자리의 수요가 오히려 늘어날 수 있다"고 구체적으로 설명하고 있다. 따라서 기술의 직무 대체 효과와 보완 효과를 종합적으로 고려해야 한다는 ③이 가장 적절하다.

오답풀이 ① 지문에서는 "일자리 소멸가능성은 제도와 경제주체의 대응이 적절하게 이루어지지 않을 경우에 발생할 수 있는 부정적 효과를 경고하거나, 기술적 가능성을 이론적으로 검토한 것에 불과하다"고 언급하고 있어, 새로운 직종 개발에 초점을 맞추는 것은 적절한 대응이 아님을 알 수 있다.
② 지문에서는 단순히 장기적 관점만을 강조하는 것이 아니라, "기술이 특정 일자리를 없애는지 여부는 그 일자리의 업무를 기술이 모두 대체하는지, 일부는 대체하더라도 일부는 보완하는지 여부에 달려 있다"고 설명하고 있으므로 적절하지 않다.
④ 지문에서는 "자동화로 인한 생산성 향상은 단기적으로는 필요 인력을 감소시키지만, 장기적으로는 새로운 수요를 창출하여 노동 수요를 증가시킬 수 있다"고 설명하고 있어, 생산성 향상을 부정적으로만 보는 것은 적절하지 않다.

20 [독해(비문학) - <보기> 강화, 약화] ▶ ④

가드너의 다중지능 이론은 인간의 지능이 단일한 능력이 아니라 음악, 공간, 신체운동, 대인관계, 개인이해, 자연탐구 지능 등 다양한 형태로 존재하며, 각 개인이 특정한 지능을 중심으로 발달할 수 있고 개인마다 강점이 되는 지능이 다를 수 있다는 이론이다. 따라서 ㉠을 평가하는 기준은 '각 영역의 지능이 독립적이며 특정 지능이 우수하더라도 다른 영역에서의 지능은 그렇지 않을 수도 있는가'이다.

ㄱ. 이 사례는 음악 지능이 발달한 학생이 논리-수리 지능이나 언어 지능과 관련된 학업 성적과 무관하게 다른 분야에서 높은 성취를 이룰 수 있음을 보여 준다. 이는 다중지능 이론의 주장과 부합하며, 모든 지능이 동일한 방식으로 발달하는 것이 아님을 보여 주므로 ㉠을 강화하는 사례라고 볼 수 있다.
ㄴ. 본문에서 ㉠을 주장하는 가드너는 "그는 전통적인 지능검사가 논리-수리 지능과 언어 지능만을 측정하고 그 지능이 있으면 다른 지능들도 우월할 것이라고 착각하는 것을 비판하며"라는 부분이 언급된다. 즉, 가드너는 논리-수리 지능과 언어 지능이 있으면 다른 지능들도 우월할 것이라는 주장에 동의하지 않고 있다. 그런데 이 사례에서는 수리, 언어 지능이 뛰어난 사람이 다른 모든 지능 영역에서도 우수한 성과를 보이고 있으므로 이는 ㉠의 주장과 상반되는 사례임을 알 수 있으므로 ㉠을 약화하는 사례라고 볼 수 있다.
ㄷ. 이 사례는 지능이 단일한 능력이 아니라, 서로 다른 영역에서 독립적으로 발달할 수 있음을 보여준다. 즉, 수리 지능이 낮더라도 대인관계 지능이 뛰어나면 성공할 수 있다는 점은 특정 지능을 중심으로 성취를 이루어낸 사례이므로 다중지능 이론을 뒷받침한다. 이는 각각의 지능이 별개로 발달할 수 있다는 점에서 ㉠을 강화하는 사례라고 볼 수 있다.

2025 공무원 시험 대비 적중동형 모의고사 제7회
국어 정답 및 해설

✓ 제7회 모의고사

01 ③	02 ④	03 ④	04 ②	05 ③
06 ②	07 ④	08 ③	09 ②	10 ③
11 ①	12 ②	13 ②	14 ①	15 ④
16 ①	17 ③	18 ②	19 ①	20 ②

01 [독해(작문) – 공문서 문장 고쳐 쓰기] ▶③

'태풍 피해 예방에 만전을 기해주시기 바랍니다.'는 하나의 뜻으로 해석되는 문장이므로 ㉢을 고려할 때는 고칠 필요가 없다. 그러나 어려운 한자어는 될 수 있으면 쉬운 표현으로 바꾸어 쓰는 것이 좋으므로, '태풍 피해를 입지 않도록 철저히 대비하시기 바랍니다.'로 수정하는 것은 좋다.

오답풀이 ① 주격 조사 '이'와 결합한 '자율화 방안'은 무언가를 차질 없이 추진할 수 있는 주체가 아니라 추진할 대상이다. 따라서 이는 ㉠에 따라 '자율화 방안을 차질 없이 추진하는 중'으로 수정하는 것이 적절하다.
② ㉡에 따라 보면 '꼼꼼이'는 맞춤법 표기가 옳지 않은 표현이다. 어근 '꼼꼼'은 접사 '-하다'가 붙을 수 있으므로 '꼼꼼히'가 맞는 표기이다. '꾸준히, 넉넉히'처럼 '-하다'가 붙는 어근 뒤에는 '-히'를 붙이는 것이 원칙이다. ('깨끗이, 깊숙이'처럼 'ㅅ'으로 끝나는 어근은 예외)
④ '~에 대해, ~에 대하여'는 영어식 표현이므로, ㉣에 따라 '후보자를'로 고치는 것은 적절하다.

02 [독해(비문학) – 내용 추론 긍정 발문] ▶④

2문단에서 '사회적 구성론은 과학이 절대적인 진리를 향해 나아가는 것이 아니라, 사회적·문화적 요인에 의해 형성된다고 본다.'고 명시하였다. 선지에서처럼 지동설로의 전환이 교회에 대한 비판이라는 "사회적 맥락"에 따라 이루어진 것이므로 이는 사회적 구성론을 뒷받침한다고 추측할 수 있다.

오답풀이 ① 미언급의 오류이다. 본문에서는 '예를 들어, 중세에는 신학적 관점이 과학적 탐구를 제약했으며, 20세기 이후 양자역학과 상대성 이론이 등장하면서 과학적 세계관이 급격히 변화했다.'고 설명했을 뿐, 양자역학과 상대성 이론의 등장이 신학적 관점의 제약에서 벗어나려는 시도 때문이라고 하지 않았다. 중세에 신학적 관점이 과학적 탐구를 제약했다는 내용뿐이지 이것이 양자역학과 상대성 이론을 등장시켰다고 보기는 힘들다.
② 기준의 오류이다. 본문에서는 과학의 진보를 '객관적 진보'와 '사회적 구성'이라는 두 관점에서 설명하고 있다. 이를 '보편적 진리를 추구'하는 단일 기준으로만 평가해야 한다는 것은 평가 기준을 잘못 설정한 것이다.
③ 주체 혼동의 오류이다. 해당 선지는 '과학이 사회적 맥락에 따라 발전 방향이 결정된다'고 하여, 사회적 구성론의 입장을 반영하고 있다. 이는 객관적 진보론의 입장이 아니므로 적절하지 않다.

03 [독해(문법) – 통사론 – 문장 성분] ▶④

본문에 따르면 "관계 관형절의 경우 관형절 안에 쓰인 체언과 그 관형절이 수식하는 체언이 같을 경우 관형절 안에서 생략이 이루어지기 때문에 문장이 불완전한 것처럼 보인다"고 명시되어 있다. 해당 문장의 관형절은 '매일 새벽에 운동하는'이며, 이 문장은 주어가 없어서 불완전한 문장이다. 따라서 주어인 '그는'이 생략되었다고 볼 수 있으며 이는 뒤에 수식하는 대상인 '그'와 동일한 대상이기 때문이다.

오답풀이 ① 본문에 따르면 "관형절 안에 모든 문장 성분이 빠짐없이 들어가 있는" 것은 동격 관형절로 명시하고 있다. 해당 관형절에 생략된 성분이 없으면 이는 관계 관형절이 아닌 동격 관형절이다. '민수가 착하'라는 관형절 안에 '행동이'라는 성분이 생략되지 않았으므로 동격 관형절이지, 관계 관형절이 아니다.
② 해당 문장에서의 관형절은 '선미가 직접 만든'이며, 여기에는 목적어 '신발을'이 생략되어 있다. 본문에 따르면 "관계 관형절의 경우 관형절 안에 쓰인 체언과 그 관형절이 수식하는 체언이 같을 경우 관형절 안에서 생략이 이루어지기 때문에 문장이 불완전한 것처럼 보인다"고 명시되어 있다. 따라서 '선미가 직접 만든'은 생략된 성분인 '신발을'이 있으므로 관계 관형절이지 동격 관형절이 아니다.
③ 해당 문장에서 관형절은 '내가 어제 읽은'이며, 여기에는 주어가 아닌 목적어 '책을'이 생략된 것이므로 "관형절에서 생략된 주어인 '책은'"이라는 내용은 적절하지 않다. 이 부분은 본문의 "하지만 '나는 먹던 밥을 버렸다.'의 경우 해당 문장의 관형어인 '먹던'은 목적어인 '밥을'이 생략되어 있는 형태이다."를 통해 알 수 있다.

04 [독해(비문학) – 복수 빈칸 추론] ▶②

제임스-랑게 이론에 경우에는 "인간이 정서적 자극을 지각하면 이 지각은 신체적 변화를 일으키고, 이 신체적 변화가 뇌로 전달되어 정서가 경험된다는 것이다."라는 본문의 언급에 따라 신체적 반응이 곧 정서에 해당됨을 알 수 있다. 따라서 ㉠에는 동치값을 설명할 수 있는 필요충분조건이 들어오는 것이 타당하다. 반면 샤흐터는 "샤흐터는 동일한 신체적 변화가 서로 다른 정서를 유발할 수도 있음을 지적하며"라고 했으므로 신체 변화는 정서 경험에 의해 발생하는 부수적 효과일 뿐임을 보여주고 있다. 이에 따라 신체 변화는 충분 조건이 될 수 없다. ㉡에는 필요조건, ㉢에는 충분조건이 타당하다.

05 [독해(비문학) – <보기> 강화, 약화] ▶③

ㄴ. 이민자들이 공용어를 배우고 기존 사회의 가치관을 수용하면서 사회 통합이 원활해졌다는 연구 결과는 이민자들의 동화가 사회적 통합을 촉진한다는 문화 동화주의의 주장과 일치한다. 따라서 문화 동화주의 입장을 강화하는 근거로 적절하다.
ㄷ. 이민자들이 기존 사회에 적응하지 못하고 문화적 충돌이 발생했다는 연구 결과는 문화적 다양성이 사회를 풍요롭게 한다는 다문화주의의 주장과 상반된다. 따라서 다문화주의 입장을 약화하는 근거로 적절하다.

오답풀이 ㄱ. 반대의 오류이다. 미국 내 한인들처럼 이민자들이 자신의 문화와 언어를 유지하면서도 성공하는 사례는 문화적 정체성 유지가 사회 발전에 기여할 수 있다는 다문화주의의 주장을 뒷받침한다. 따라서 다문화주의 입장을 약화하는 것이 아니라 강화하는 근거가 되어야 한다.

06 [논리 추론 – 반드시 참인 명제 응용] ▶②

㉠~㉤을 기호를 이용하여 나타내면 다음과 같다.

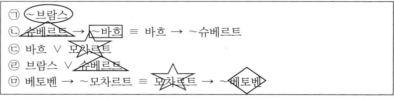

㉠에 의해 '~브람스'이고 ㉣에 의해 '브람스 ∨ 슈베르트'이므로 '슈베르트'가 도출된다. ㉡에 의해 '슈베르트 → ~바흐'이므로 '~바흐'가 도출된다. ㉢에 의해 '바흐 ∨ 모차르트'이므로 '모차르트'가 도출된다. ㉤의 대우명제에 의해 '모차르트 → ~베토벤'이므로 '~베토벤'이 도출된다. 따라서 채연이가 행사에서 재생할 작품의 작곡가는 모차르트, 슈베르트이다.

07 [독해(비문학) – 순서 배열] ▶④

해당 지문은 뒤러 판화의 특징에 대해 설명하고 있다. (다) 문단에서는 뒤러라는 인물이 어떤 인물인지를 소개하였으며, 이후 뒤러 판화의 특징이 이어진다. 그 첫 번째 특징은 '해칭 기법'이 사용되었다는 것인데, 이는 문단 (나)에서 제시되어 있다. 이어 해칭 기법의 예시가 (가) 문단에서 제시되어 있으며, 문단 (라)는 뒤러 판화의 또 다른 특징인 선 원근법이 제시되어 있다. 따라서 해당 지문은 (다) – (나) – (가) – (라)의 순으로 전개되고 있다.

08 [독해(작문) – 개요 작성] ▶③

<지침>의 본론에서는 그에 대응하는 방안을 논의해야 한다. 즉, 'Ⅱ. 청년 경제적 불안의 주요 요인 3. 정책적 차원: 불충분한 청년 복지 제도와 사회적 안전망 미비'에 대응하는 방안을 논의해야 한다. 하지만 '비정규직 확대'는 오히려 청년 경제 불안을 더 심각하게 만드는 방안이므로 'Ⅱ. 3.'과 대응하지 않는다. '정규직 확대'를 넣었으면 적절했겠지만 '비정규직 확대'는 'Ⅱ. 청년 경제적 불안의 주요 요인 3. 정책적 차원: 불충분한 청년 복지 제도와 사회적 안전망 미비'에 대응하는 방안으로 적절하지 않다.

오답풀이 ① <지침>의 서론에서는 청년 경제 불안의 사회적 중요성을 설명해야 하므로, '청년 경제 불안 완화를 위한 사회적 제도 구축 필요'는 적절하다.
② <지침>의 본론에서는 정책적 차원의 요인을 다루어야 한다. '불충분한 청년 복지 제도와 사회적 안정망 미비'는 정책적 차원의 제도 미비로 청년 경제적 불안이 발생했음을 시사하는 것이므로 적절하다.
④ <지침>의 결론에서는 사회적 비전을 제시해야 한다고 하였다. '청년 경제 문제 해결을 위한 사회적 공감대 형성'은 현재 문제 해결을 위한 사회적 차원의 비전에 해당하므로 적절하다.

09 [독해(비문학) - 일반 강화, 약화] ▶ ③

본문에서 "대의제는 복잡한 정책을 전문가가 심층적으로 검토할 수 있으며,"라고 하였는데 이 선지는 시민들도 충분한 정보가 주어진다면 정치인들만큼 합리적인 판단을 내릴 수 있다고 하고 있다. 이는 대의제의 필요성에 대해 문제를 제기하는 것이므로 대의제를 옹호하는 이들의 주장을 약화한다고 볼 수 있다.

오답풀이 ① 반대의 오류이다. 시민들의 정치 참여가 오히려 부작용을 초래한다는 연구 결과는 직접 민주주의의 한계를 보여주므로, 직접 민주주의 옹호론자들의 주장을 약화시키는 증거이다.
② 무관의 오류이다. 전자 투표 시스템 도입으로 인한 참여율 증가는 기술적 수단의 효과를 보여줄 뿐, 직접 민주주의의 본질적 가치나 한계와는 직접적 관련이 없다. 따라서 이를 통해 직접 민주주의 옹호론자들의 주장이 강화된다고도 약화된다고도 보기 어렵다.
④ 반대의 오류이다. 선거를 통해 선출된 대표가 자신의 이해관계나 정당의 이익을 우선할 가능성이 크다는 것은 대의제가 비합리적으로 이뤄질 수 있다는 한계점을 보여주는 것이므로 대의제를 옹호하는 이들의 주장을 약화하는 것이다. 따라서 대의제를 옹호하는 이들의 주장을 강화한다는 것은 적절하지 않다.

10 [독해(비문학) - 지시 대상 추론] ▶ ③

(가)는 시민들이 직접 정치에 참여하는 형태를 가리키는 것이다. ㉠은 (가)에 대한 설명 바로 뒤에 이어지므로 (가)와 유사한 참여민주주의를 가리킴을 알 수 있다. ㉡ 앞의 문장을 볼 때 '전자'는 '시민들의 직접 참여가 정치적 안정으로 이어진 사례'를 의미하는 것이다. 따라서 이는 (가)와 유사한 참여민주주의를 의미함을 알 수 있다. ㉢은 '선거를 통한 대표자 선출' 형태를 의미하는 것이다. 이는 시민들의 직접 참여와는 다르므로 (가)와 의미가 상이하다. ㉣은 '직접민주주의의 이상'이라는 맥락에서 사용되었다. 따라서 (가)와 의미가 유사함을 알 수 있다.

11 [독해(비문학) - 내용 추론 긍정 발문] ▶ ①

본문의 마지막 문단에서 '보수주의와 진보주의는 각각 사회의 안정과 변화라는 중요한 가치를 대변한다'고 했으며, '시대적 상황과 사회적 요구에 따라 달라질 수 있다'고 직접적으로 언급하여 선지의 내용과 일치한다.

오답풀이 ② 극단의 오류이다. 본문에서는 진보주의의 관점에서 '기존의 제도와 전통이 반드시 옳은 것은 아니며, 시대의 흐름에 맞게 수정되어야 한다'고 설명했다. '모든' 제도와 전통이 '반드시' 개혁되어야 한다는 극단적 주장은 본문의 내용을 벗어난다.
③ 비교 미언급의 오류이다. 본문에서는 보수주의가 '가족, 종교, 국가와 같은 공동체적 가치를 중시'한다고 설명했을 뿐, 이를 진보주의와 비교하여 더 중요하게 평가한다는 내용은 없다.
④ 미언급의 오류이다. 본문에서 보편적 인권 개념의 확장을 진보주의적 변화의 예시로 들었을 뿐, 이것이 '진보주의가 이룬 가장 핵심적인 사회 발전의 성과'라는 내용은 언급되지 않았다.

12 [논리 추론 - 빈칸에 들어갈 결론 응용] ▶ ②

㉠~㉣을 기호를 이용하여 나타내면 다음과 같다.

| ㉠ 선수 ∧ ~경기 |
| ㉡ 선수 ∧ 훈련 |
| ㉢ ~경기 → ~훈련 ≡ 훈련 → 경기 |
| ㉣ 경기 → 훈련 ≡ ~훈련 → ~경기 |

나. ㉡에 의해 '선수 ∧ 훈련'이고 ㉢의 대우명제에 의해 '훈련 → 경기'이므로 '선수 ∧ 경기'를 도출할 수 있다. 특칭 긍정 '선수 ∧ 경기'가 참일 때 특칭 부정 '선수 ∧ ~경기'는 참일 수도 있고 거짓일 수도 있으므로, ㉠은 참일 수 있다.

오답풀이 가. ㉠에 의해 '선수 ∧ ~경기'이고 ㉢에 의해 '~경기 → ~훈련'이므로 '선수 ∧ ~훈련'을 도출하는 것이 가능하다. 특칭 부정 '선수 ∧ ~훈련'이 참일 때 특칭 긍정 '선수 ∧ 훈련'은 참일 수도 있고 거짓일 수도 있으므로, ㉡이 반드시 거짓이라는 것은 적절하지 않다.
다. ㉡에 의해 '선수 ∧ 훈련'이고 ㉣에 의해 '경기 → 훈련'이지만 공통되는 '훈련'이 전칭 명제의 서술어에 있으므로 이 두 명제를 연결 지을 수 없다. 따라서 ㉠을 도출하는 것은 불가능하다.

13 [독해(작문) - 내용 고쳐 쓰기] ▶ ②

㉡의 경우, '인간의 고차원적 쾌락을 중시함으로써 현실적 적용이 어렵다'는 서술은 양적 공리주의의 특징과 어긋난다. 본문에서 양적 공리주의는 '쾌락의 강도, 지속 시간, 확실성, 근접성 등 수치화할 수 있는 기준으로 행복을 계산할 수 있다'고 설명하고 있다. 따라서 '모든 쾌락의 가치를 동등하게 취급함으로써 인간의 고차원적 능력을 간과했다는'으로 수정하는 것이 적절하다.

오답풀이 ① ㉠ 뒤의 '수치화할 수 있는 기준으로 행복을 계산할 수 있다'는 서술로 보아, 쾌락을 양으로 측정할 수 있다는 기존 서술을 유지하는 것이 적절하다.
③ ㉢ 뒤의 '시를 읽거나 음악을 감상하는 것과 같은 고차원적 쾌락이 단순한 육체적 쾌락보다 더 바람직하다'는 서술을 참고할 때 '정신적 쾌락이 감각적 쾌락보다 더 가치 있다'는 기존 서술을 유지하는 것이 적절하다.
④ ㉣ 앞의 서술에 따르면 질적 공리주의는 육체적 쾌락과 고차원적 쾌락을 구분하는 입장이다. 따라서 물질적 가치에 대한 설명보다는 기존의 '인간의 존엄성과 정신적 가치를 중시'한다는 기존 서술을 유지하는 것이 적절하다.

14 [독해(비문학) - 밑줄 추론] ▶ ①

밑줄 친 부분에는 '집권자는 파벌, 즉 당파에 치우치지 않고 공평해야 한다.'는 판단이 포함되어 있다. 그렇다면 집권자가 당파에서 벗어나지 못했다는 것은 어느 특정 파벌에만 관심이 편중되었음을 의미한다. 문맥으로 보아 그 특정 파벌은 '종친부'이다. 즉 대원군은 왕권을 강화하기 위해 종친부를 강화하려 했지만, 종친부의 강화는 또 다른 파벌의 형성을 의미하므로, 결과적으로 당색에서 벗어나지 못했다는 것이다.

오답풀이 ② 흥선대원군은 기존 파벌에서 자유로워지기 위해 종친부 강화책을 쓴 것인데, 알고 보니 종친부 강화책도 하나의 파벌에 불과하기 때문에 밑줄과 같은 비판을 받은 것이므로 '집권자는 파벌로부터 자유로울 수 없다'는 밑줄 친 부분의 전제라고 보기 힘들다.
③ 실제로 흥선 대원군이 왕권 강화에 성공을 했다는 언급이 있으므로 종친부는 강화에 도움이 되지 않았다는 것은 내용과 일치하지 않는 내용이므로 전제도 될 수 없다.
④ 밑줄 부분은 흥선대원군에 대한 비난에 관한 것인데 '군주권의 강화는 집권자의 의지에 달려 있다'는 흥선 대원군을 비난하는 내용과는 관련이 없으므로 전제도 될 수 없다.

15 [독해(문학) - 현대 운문의 이해] ▶ ④

본문에서 신동엽은 코스모폴리타니즘적 사상을 통해 '민족, 계급, 인종 등 특정 집단에 국한되지 않고 인간 전체의 관점에서 사물과 세계를 조망한다'고 하였다. 또한, 시에서 '"어느 나라 사람이냐"라는 질문에 단호히 "어느 나라 사람도 아니다"라고 답한다. 이는 특정 집단에 속하지 않는 보편적 인간 존재로서의 자신을 천명하는 것'이라고 하였다. 이는 국가와 민족을 부정하고 사회적 정체성을 허무화 하려는 의도가 아니라, 보편적 인류애를 강조하는 것이다. 따라서 ④는 부적절하다.

오답풀이 ① 본문에서 신동엽은 '농부의 모습을 통해 인간 노동의 본질과 자연과의 조화로운 공존을 형상화한다'고 하였다. 이는 인간 노동의 본질과 그 본질이 인간과 자연에 미치는 영향을 깊이 성찰하였음을 의미하므로, 적절한 선지이다.
② 1문단의 "코스모폴리타니즘은 개인과 공동체, 국가와 문화를 초월하는 보편적 가치를 지향하는 사상이다. 신동엽 시에서 이러한 코스모폴리타니즘은 현실 비판과 더불어 인류 보편의 가치를 모색하는 시적 태도로 나타난다."를 통해 알 수 있는 정보이다. 즉 신동엽은 코스모폴리타니즘에 입각하여 인류 보편의 가치, 즉 더 넓은 차원의 사회적, 문화적 의미를 제시하였음을 알 수 있다.
③ 본문에서 신동엽의 시는 '민족, 계급, 인종 등 특정 집단에 국한되지 않고 인간 전체의 관점에서 사물과 세계를 조망한다'고 하였으며, '보편적 인간 존재로 그려진다', '민족과 계급을 넘어선 보편적 인류애를 표현한다'고 하였다. 따라서 적절한 선지이다.

16 [어휘 - 문맥적 의미 추론] ▶ ①

'㉠ 넘어서다'는 '2 【…이】【…을】 일정한 시간, 시기, 범위 따위를 넘어서 벗어나다.'를 의미한다. 이와 문맥상 의미가 가장 가까운 것은 '전통적인 표현 방식을 넘어서서 혁신적인 기법을 도입했다'이다.

오답풀이 ② 1 【…을】 「2」 경계가 되는 일정한 장소를 넘어서 지나다.
③ 1 【…을】 「1」 높은 부분의 위를 넘어서 지나다.
④ 3 【…으로】 마음이나 주장 따위가 다른 쪽으로 기울어지다.

17 [독해(비문학) - 일반 강화, 약화] ▶③

(나) 규범주의를 지지하는 교육이론가들은 '보편적 도덕규범과 원칙의 교육이 중요하다'고 주장하며 '체계적인 도덕적 추론 능력과 판단력 향상'을 강조한다. '도덕적 원칙을 체계적으로 교육받은 학생들이 복잡한 윤리적 갈등 상황에서 일관된 판단을 내린다'는 연구 결과는 규범 교육이 실제로 일관된 도덕적 판단력 향상으로 이어진다는 것을 보여준다. 이는 규범주의 교육론의 핵심 주장을 직접적으로 뒷받침하므로, (나)의 주장을 강화한다.

[오답풀이] ① 무관의 오류이다. (가) 정서주의 교육론자들은 '도덕적 감수성과 공감 능력의 발달이 도덕성 함양의 토대'라고 주장한다. 하지만 '일부 동물도 다른 종의 감정에 공감하는 반응을 보인다'는 연구 결과는 동물의 공감 능력을 설명하는 것이지, 인간의 도덕성 형성과 공감 교육의 중요성을 논하는 정서주의 교육론과 직접적인 관련이 없다. 따라서 (가)의 주장을 강화하거나 약화하는 근거가 될 수 없다.

② 반대의 오류이다. (가) 정서주의 교육론자들은 '타인의 감정을 이해하고 공감하는 능력이 규칙의 암기보다 중요하다'고 주장한다. '소설과 영화를 통한 정서적 공감 교육을 받은 아동들이 규칙 중심 교육을 받은 아동들보다 실제 도덕적 상황에서 더 이타적으로 행동한다'는 결과는 정서적 공감 교육의 효과를 입증하는 것으로, 이는 정서주의 교육론의 주장을 약화하는 것이 아니라 강화하는 것이다.

④ 반대의 오류이다. (나) 규범주의를 지지하는 교육이론가들은 '보편적 도덕규범과 원칙의 교육'을 강조한다. '문화적 배경이 다른 사람들이 동일한 도덕적 딜레마에 대해 서로 다른 판단을 내린다'는 실험 결과는 도덕적 판단이 문화적 배경에 따라 달라질 수 있음을 보여준다. 이는 보편적 도덕규범의 적용에 문화적 차이가 영향을 미칠 수 있음을 시사하므로, (나)를 강화하는 것이 아니라 약화하는 것이다.

18 [독해(비문학) - 지시 대상 추론] ▶②

㉠은 '규범주의를 지지하는 교육이론가들'을 지칭하는 표현이다. ㉡은 '도덕성 민감성'을 중시하는 입장이므로 '정서주의 교육론'과 가깝다. ㉢ 또한 문맥상 정서적 교육을 중시함을 알 수 있으므로 '정서주의 교육론자들'을 지칭하는 표현이다. ㉣은 '체계적인 판단력 발달'을 중시하는 입장이므로 '규범주의 교육론가들'의 입장과 가깝다. ㉤ 또한 앞의 내용을 재지칭하므로 규범주의 교육론가들을 지칭하는 것이다. 따라서 ㉠, ㉣, ㉤이 규범주의 교육론가들을, ㉡, ㉢이 정서주의 교육이론가들을 나타냄을 알 수 있다.

19 [독해(화법) - 말하기 방식] ▶①

병은 을이 주장하는 '신재생 에너지 도입의 필요성'을 '그렇지.'라고 지지하면서도 '그런데 신재생 에너지는 설치 비용이 많이 들어서 모든 지역에서 도입하기는 어려워.'라며 비용 문제를 지적하고 있다. 그리고 마지막에 병은 '정부와 기업이 협력해서 경제적인 부담을 줄여가면서 신재생 에너지를 확대할 수 있는 정책을 만드는 게 좋겠어.'라며 갑과 을의 의견도 반영하는 절충적인 대안을 덧붙이고 있다.

[오답풀이] ② 병은 "그런데 신재생 에너지는 설치 비용이 많이 들어서 모든 지역에서 도입하기는 어려워."라고 하며 신재생 에너지를 확대하는 의견에 대해 의문을 가지고 있는 것을 알 수 있다. 하지만 '끝까지' 의문을 가지고 있지는 않았다. 끝에서는 "그래서 정부와 기업이 협력해서 경제적인 부담을 줄여가면서 신재생 에너지를 확대할 수 있는 정책을 만드는 게 좋겠어."라며 신재생 에너지를 확대하는 방안을 얘기하고 있기 때문이다.

③ 갑은 '그래도 탄소 배출을 줄이려면 비용이 들어도 신재생 에너지를 더 늘리는 방향으로 가야 할 거야.'라고 하며 비용이 드는 것은 어쩔 수 없음을 말하고 있다. 을 또한 '맞아. 비용 문제도 있지만, 환경 보호를 위해 우리가 희생할 필요가 있다고 생각해.'라고 하며 비용이 드는 것은 어쩔 수 없음을 말하고 있다. 따라서 대화 참여자들 중 병만 비용적 한계에 대해 우려를 표하고 있으므로 이 선지는 적절하지 않다.

④ 갑은 발화 초반에 '최근에 기후 변화로 인한 자연재해가 자주 발생하고 있어서 걱정이야.'라며 현황을 드러내며 호기심을 유발하고 있다. 하지만 갑은 바로 뒤에 '탄소 배출을 줄이기 위해 전기 에너지를 더 많이 사용해야 한다고 생각해.'라고 하며 '신재생 에너지'가 아니라 '전기 에너지'의 필요성을 주장했으므로 적절하지 않다.

20 [논리 추론 - 숨겨진 전제 추론] ▶②

각 문장을 기호로 나타내어 해석한다.

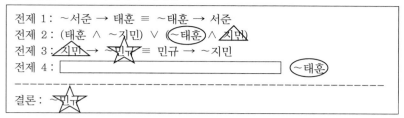

'~태훈'이 추가되면 전제 2에 의해 '지민'이 도출되고, 전제 3에 의해 '~민규'가 도출된다.

[오답풀이] ①의 '~서준'이 추가되면 전제 1에 의해 '태훈'이 도출되고, 전제 2에 의해 '~지민'이 도출된다. 하지만 이를 통해 '~민규'를 도출하는 것은 불가능하다.

③의 '~지민'이 추가되면 전제 2에 의해 '태훈'이 도출된다. 하지만 이를 통해 '~민규'를 도출하는 것은 불가능하다.

④의 '서준'이 추가되면 이를 비롯해 전제 1, 2, 3을 모두 활용할 수 없다. 따라서 '~민규'를 도출하는 것은 불가능하다.

2025 공무원 시험 대비 적중동형 모의고사 제8회
국어 정답 및 해설

제8회 모의고사

01 ①	02 ②	03 ④	04 ①	05 ①
06 ②	07 ①	08 ③	09 ④	10 ③
11 ④	12 ③	13 ③	14 ①	15 ②
16 ②	17 ④	18 ②	19 ③	20 ④

01 [독해(작문) - 공문서 문장 고쳐 쓰기] ▶①
<공문서 작성 지침>의 첫 번째 지침인 '주동·사동 표현이 적절히 사용되었는지 점검할 것'을 보면, 주어 'ㄱ군은'이 직접 시책을 추진하는 것이므로 기존 주동 표현인 '추진할'을 그대로 유지했어야 했다. 만약 '추진시킬'로 고치게 되면 잘못된 사동 표현이 되어 버린다.

오답풀이 ② <공문서 작성 지침>의 두 번째 지침인 '주어와 서술어의 호응이 적절한지 고려할 것'을 보면, 출퇴근 비용과 주거비용을 절감하는 주체인 '근로자들은'을 추가해야 주어와 서술어 '절감하다' 호응이 적절해지므로 주어인 '근로자들은'을 추가하는 것이 옳다.
③ <공문서 작성 지침>의 세 번째 지침인 '능동·피동 표현이 적절히 사용되었는지 점검할 것'을 보면, '생활인구가 시범 산정되었으며,'는 적절하지 않다. '지방소멸대응부는'이 생활인구를 시범 산정하는 것이므로 주어인 '지방소멸대응부는'와 호응이 적절하게 되기 위해 '생활인구를 시범 산정하였으며'로 고치는 것은 적절하다.
④ <공문서 작성 지침>의 네 번째 지침인 '문장의 필수 성분이 생략되었는지 살필 것'을 보면, 어떤 것을 더욱 정교하게 추진할 수 있는지가 나와야 하므로 '인구 정책을'이라는 목적어가 추가되어야 한다.

02 [독해(문법) - 형태론 - 체언] ▶②
본문에서 "체언의 가장 큰 특징은 뒤에 조사가 결합할 수 있다는 것인데, 이를 통해 체언과 다른 품사의 구별이 가능하다"라고 언급하고 있기 때문에, '이' 뒤에 조사 '를'이 결합하였다는 것은 '이'가 체언임을 의미한다. 따라서 '이'는 지시대명사이다.

오답풀이 ① 본문에서 "체언의 가장 큰 특징은 뒤에 조사가 결합할 수 있다는 것인데, 이를 통해 체언과 다른 품사의 구별이 가능하다"라고 언급하고 있기 때문에, '이 사람은 우리 학교 학생이 아니다'에서 '이' 뒤에 조사가 결합할 수 있는지 여부를 살펴야 한다. '이는 사람', 혹은 '이를 사람' 등이 불가능하기 때문에 해당 문장에서 '이'는 지시 대명사가 아닌 지시 관형사인 것을 알 수 있다.
③ 본문에서 "체언의 가장 큰 특징은 뒤에 조사가 결합할 수 있다는 것인데, 이를 통해 체언과 다른 품사의 구별이 가능하다"라고 언급하고 있기 때문에, '여기에'에 조사가 결합할 수 있는지 여부를 살펴야 한다. '여기에 길을 잃어버린 아이가 있어' 등과 같이 '여기'에 부사격 조사 '에'를 결합시킬 수 있기 때문에 이는 지시 관형사가 아니라 지시 대명사로 보아야 한다.
④ '그 가족은 팔 년 동안 거기에서 살았다'에서 '그'와 '거기'의 품사는 본문에 따라 각각 조사를 결합시켜보면 알 수 있다. '그'에 조사를 결합하여 '그는 가족', '그에 가족' 등으로 쓸 경우 어색하기 때문에 '그'는 지시 관형사임을 알 수 있다. 하지만 '거기에서는' '거기'에 부사격 조사 '에서'가 결합한 형태이기 때문에 조사 결합이 가능하여 지시 대명사라는 것을 알 수 있다. 따라서 이 둘은 품사가 같지 않다.

03 [독해(비문학) - 내용 추론 긍정 발문] ▶④
본문의 마지막 문단에서 '국가 개입의 정도는 경제 상황과 사회적 요구에 따라 달라질 수 있으며, 두 입장의 균형을 찾는 것이 정책 결정에서 중요한 과제가 된다'고 직접적으로 언급하여 선지의 내용과 일치한다.

오답풀이 ① 극단의 오류이다. 본문에서는 작은 정부론이 '시장과 개인의 자율성을 보장하는 것이 중요하다'고 설명했을 뿐이다. '모든 국가가 반드시 경제 성장을 최우선으로 해야 한다'는 극단적 주장은 본문의 내용을 벗어난다.
② 미언급의 오류이다. 본문에서는 '북유럽 국가들은 높은 세율을 바탕으로 의료와 교육을 무상 제공하며, 사회적 안전망을 강화하는 정책을 펼쳐왔다'고 설명했을 뿐, 이것이 '가장 성공적인 사례'라는 평가는 언급되지 않았다.
③ 극단의 오류이다. 본문에서는 작은 정부론의 특징으로 '복지가 약화될 위험이 있다는 한계도 있다'고 설명했다. 이는 복지가 존재하되 약화될 수 있다는 의미이지, '복지 정책을 시행하지 않는다'는 의미가 아니다.

04 [독해(비문학) - 중심 내용 추론] ▶①
본문은 "고령화와 인구 구조 변화가 지역별로 상이한 경제 성장의 영향을 미친다"고 설명하며, 서울과 같은 대도시와 충청권 및 경기 지역이 서로 다른 성장 패턴을 보인다고 언급한다. 이로 인해 각 지역의 상황에 맞춘 "맞춤형 정책"의 필요성이 강조되므로, 두 가지 요소를 모두 포괄한 ①이 중심 내용으로 가장 적절하다.

오답풀이 ② "대한민국은 고령화가 가속되며, 생산인구 감소와 평균 연령 상승이 지역 경제에 미치는 영향이 점차 두드러지고 있다."는 본문의 내용이 언급은 되지만 이는 일부 언급된 것일 뿐이므로 중심 내용으로 보기 힘들다.
③ 충청권과 경기 지역이 상대적으로 성장세가 있다는 점은 언급되었으나, 이 외 지역이 쇠퇴하고 있다는 내용은 본문에 등장하지 않는다.
④ "이러한 변화는 소비 패턴과 지역 내 경제활동에도 영향을 미쳐, 특정 지역은 더욱 쇠퇴하고 반면에 일부 지역은 경제적 활력을 유지하고 있다."는 본문의 내용이 언급은 되지만 이는 일부 언급된 것일 뿐이므로 중심 내용으로 보기 힘들다. 그보다는 그렇기 때문에 각 지역의 상황에 맞춘 "맞춤형 정책"의 필요성이 강조되는 것이 중심 내용으로 와야 했다.

05 [어휘 - 바꿔 쓸 수 있는 유사한 표현] ▶①
'끌어당기다'는 '끌어서 가까이 오게 하다.'를 의미한다. 따라서 '일정한 작용을 가함으로써 상대편이 지나치게 세력을 펴거나 자유롭게 행동하지 못하게 억누르다.'를 의미하는 '견제(牽 이끌 견 制 절제할 제)하다'는 ㉠과 바꿔 쓸 수 있는 유사한 표현으로 적절하지 않다. '끌어서 당기다.'를 의미하는 '견인(牽 이끌 견 引 끌 인)하다'로 바꿔쓸 수 있다.

오답풀이 ② ㉡ '굳어지다'는 '흔들리거나 바뀌지 아니할 만큼 힘이나 뜻이 강하게 되다.'를 의미한다. 따라서 '어떤 상황이나 현상이 굳어져 변하지 아니하게 되다.'를 의미하는 '고착(固 굳을 고 着 붙을 착)되다'로 바꿔 쓸 수 있다.
③ ㉢ '넘다'는 '일정한 시간, 시기, 범위 따위에서 벗어나 지나다.'를 의미한다. 따라서 '일정한 수나 한도 따위가 넘어가다. 또는 일정한 수나 한도 따위를 넘다.'를 의미하는 '초과(超 뛰어넘을 초 過 지날 과)하다'로 바꿔 쓸 수 있다.
④ ㉣ '만들다'는 '규칙이나 법, 제도 따위를 정하다.'를 의미한다. 따라서 '새로 만들어 정해 두다.'를 의미하는 '설정(設 베풀 설 定 정할 정)하다'로 바꿔 쓸 수 있다.

06 [독해(작문) - 내용 고쳐 쓰기] ▶②
㉡의 경우, '이성적 추론 없이도 보편적 진리를 증명할 수 있다'는 서술은 경험론의 특징과 어긋난다. 본문에서 경험론은 '관찰과 실험을 통해 얻은 경험적 증거만이 신뢰할 수 있는 지식의 원천'이라고 설명하고 있으며, 이는 경험적 지식의 한계를 내포한다고도 볼 수 있다. 따라서 '직관적 진리나 도덕적 가치와 같은 추상적 관념을 설명하는 데 한계를 보인다'로 수정하는 것이 적절하다.

오답풀이 ① ㉠ 뒤에서 경험론은 '선천적 지식의 존재를 부정하며, 인간의 모든 관념이 경험의 결합과 연상에서 비롯된다'고 설명하고 있으므로, '모든 지식이 감각 경험으로부터 비롯되며, 인간의 마음은 본래 백지 상태라고'라는 기존 서술이 적절하다.
③ ㉢ 뒤에서 이성론이 '수학적 진리나 신의 존재와 같은 관념이 경험이 아닌 이성의 본성에서 비롯된다'고 설명하고 있으므로, '순수한 이성적 추론을 통해 확실한 진리에 도달할 수 있다'라는 기존 서술이 적절하다.
④ ㉣은 역접의 접속사로 앞의 내용과 이어지고 있다. 따라서 이성론에 대한 비판이 제기되는 것이 흐름상 자연스러우므로 '이성만으로는 현실 세계의 구체적 지식을 얻을 수 없다는 비판을'이라는 기존 서술이 적절하다.

07 [독해(비문학) - 일반 강화, 약화] ▶ ①

인지주의 심리학자들은 '개인이 기존 지식을 새롭게 재구성하고 조합하는 과정에서 창의적 산물이 나온다'고 주장한다. 그런데 해당 사례는 동물들이 '기존 지식을 학습하지 않고도' 창의적인 행동을 하고 있으므로 이는 인지주의 심리학자들의 주장을 약화하는 사례로 적절하다.

오답풀이 ② 무관의 오류이다. 신경과학자들은 '창의적 과정에서 나타나는 뇌의 활성화 패턴'을 연구한다. '창의적인 사람들의 뇌 활성화 패턴이 일반인들과 유사하다'는 실험 결과는 창의성과 뇌 활동의 차이를 밝히고자 하는 신경과학자들의 연구 목적과 직접적 관련이 없다. 따라서 이는 강화나 약화를 판단할 수 없다.
③ 반대의 오류이다. 사회적 관점을 지지하는 연구자들은 '창의적 사고가 문화적 맥락 속에서만 이해될 수 있다'고 주장한다. '다양한 문화권에서 창의성의 기준이 서로 다르게 나타난다'는 연구 결과는 문화적 맥락에 따라 창의적 사고가 다르게 나타남을 보여주므로 오히려 이들의 주장을 강화하는 증거가 된다.
④ 무관의 오류이다. 체계모델 지지자들은 '개인의 능력, 전문 분야의 특성, 사회적 평가가 상호작용'한다고 주장한다. '전문가 집단의 평가 기준이 시대에 따라 변화한다'는 증거는 평가 기준의 변화만을 보여줄 뿐, 이러한 요소들의 상호작용을 보여주지는 않는다. 따라서 이는 강화나 약화를 판단할 수 없다.

08 [독해(비문학) - 밑줄 강화, 약화] ▶ ③

해당 본문은 지그문트 프로이트의 '합리화'에 대한 설명이다. 본문에 의하면 '합리화'는 원초아의 충동을 자아가 억제하지 못한 상태에서 초자아의 비난을 회피하기 위한 자아의 전략을 의미한다. 해당 선지에서는 격분한 나머지 상대방을 폭행(원초아의 충동적 발현)한 병이 '짐승(상대방)은 맞아도 싸.'라고 생각하며 초자아(도덕적으로 타인에 대한 폭력은 정당화되지 않는다.)를 무마하고 있으므로 합리화의 사례를 강화함을 알 수 있다.

오답풀이 ① 갑은 반성을 하고 있다. 이는 자아가 초자아의 꾸중에 순응한 것이므로 합리화와 무관한 사례이다.
② 을은 상대방의 시선을 의식해 자신과 동일한 취미를 가지고 있는 사람을 비난하고 있다. 이는 본문에 제시된 합리화와 무관한 사례이다.
④ 정은 아내와 싸운 뒤 기분이 상했고, 이 분노를 서재의 문에 돌리고 있다. 이는 본문 내에서 설명된 합리화와 무관한 사례이다.

09 [독해(비문학) - 내용 추론 긍정 발문] ▶ ④

본문의 3문단 내용에 따르면 개개인에 대한 평가 없이 팀에 대한 평가를 수행할 때 링겔만 효과가 발생할 가능성이 높아진다. 링겔만 효과를 억제하는 방법은 개인에 대한 평가를 수행하는 것이다.

오답풀이 ① 3문단에서 '실험에서 그러한 결과가 나온 까닭은 줄다리기는 구성원 전체의 힘을 측정하는 것일 뿐'이라고 언급하고 있다. 따라서 링겔만은 집단의 총 공헌도를 측정하는 것에 성공했으므로 이 선지는 적절하지 않다.
② 팀을 구성하는 인원이 적어진다면 링겔만 효과가 감소할 것이다. 이는 2문단의 내용에서 3명의 집단은 85%의 힘을, 8명의 집단은 49%의 힘을 냈다는 점에서 알 수 있다.
③ 개개인에 대한 평가가 이루어진다면 링겔만 효과는 감소할 수 있다. 링겔만 효과가 발생하는 이유는 팀에 대한 평가만 이루어지기 때문이다.

10 [독해(비문학) - 순서 배열] ▶ ③

이 글은 해미국제성지가 어떤 의미를 갖는가를 서술하고 이후 이곳의 여숫골이라는 지명의 유래를 설명하고 있다. 여숫골의 지명은 몬더그린 현상에 의해 '예수 - 마리아'가 '여수(여우) - 머리'로 착각되는 과정에서 붙은 이름이다. 몬더그린 현상은 다시 파레이돌리아라는 용어로 설명되며, 파레이돌리아가 착시 현상과 다른 점, 그리고 파레이돌리아가 발생하는 원인에 대해 기술하고 있으므로 전개의 순서는 (다) - (나) - (가) - (라)가 적절하다.

11 [독해(비문학) - 고전 산문의 이해] ▶ ④

본문의 내용을 통해서 장면의 극대화가 이루어지면 사건의 전개가 잠시 멈춘다는 것을 확인할 수 있다.

오답풀이 ① 창자는 장면의 극대화를 통해 자신의 감정을 토로하고 이로써 청중과 동화된다.
② 부분의 독자성은 판소리 대본 전체와 어울리지 않는 특정 대목을 의미한다.
③ 판소리의 시공간적 제약으로 인해 부분창이 발생하는데, 이러한 상황에서 창자는 선호에 따라 특정 대목을 즐겨 창할 수 있다.

12 [독해(문학) - 고전 운문의 이해] ▶ ③

"<고공가>는 허전이 지은 작품으로, 머슴을 벼슬아치에 비유하며 당시 관리들의 탐욕과 무능을 강하게 비판한다."라는 부분과 "<고공답주인가>는 단순한 비판에 그치지 않고, 원로의 충언과 상벌의 분명함을 바탕으로 한 대안을 제시하며, 공사 구분과 법 질서를 강조하는 교훈적 메시지를 전달한다."라는 부분을 통해 이 선지는 적절함을 알 수 있다. <고공가>는 관리들의 탐욕과 무능을 비판하는 데에서 그쳤다면, <고공답주인가>는 이에 대한 대안까지 제시하였기 때문이다.

오답풀이 ① 주체 혼동의 오류이다. 당시 관리들과 임금을 비판의 대상으로 삼아 사회 부조리에 대해 비판한 것은 <고공가>가 아니라 <고공답주인가>이다. "이 작품[<고공답주인가>]에서는 관리들뿐만 아니라 임금까지도 비판의 대상으로 삼으며, 모두가 자신의 역할을 다하지 못한 결과 나라가 혼란에 빠졌음을 지적한다."라는 부분이 나오기는 하나 <고공가>에서 또한 임금을 비판의 대상으로 삼았음은 언급되지 않는다.
② 본문에서 <고공답주인가>는 이원익이 지은 작품으로, <고공가>에 대한 답변 형식을 취한다. 이 작품에서는 관리들뿐만 아니라 임금까지도 비판의 대상으로 삼으며, 모두가 자신의 역할을 다하지 못한 결과 나라가 혼란에 빠졌음을 지적한다'고 하였다. 즉, 이 작품은 갈등 조정보다는 비판과 대안을 중심으로 전개되므로, 적절하지 않은 선지이다.
④ <고공가>가 국가 운영과 사회 문제를 비유적으로 풀어낸 것은 맞지만 '올바른 국가 운영의 방법'을 풀어냈다는 내용은 언급되지 않고 있다.

13 [어휘 - 문맥적 의미 추론] ▶ ②

'㉠ 풀어내다'는 '2. 복잡하거나 어려운 문제나 일 따위를 깊이 파고들어 밝혀내다.'를 의미한다. 이와 문맥상 의미가 가장 가까운 것은 '복잡한 원인을 과학적 데이터로 풀어내고 있다'이다.

오답풀이 ① 「3」 오해를 없애다.
③ 「1」 얽힌 것이나 얼크러진 것을 끌러 내다.
④ 「1」 얽힌 것이나 얼크러진 것을 끌러 내다.

14 [논리 추론 - 반드시 참인 명제] ▶ ①

㉠~㉣을 기호를 이용하여 나타내면 다음과 같다.

```
㉠ (B ∧ ~C) ∨ (~B ∧ C)
㉡ (A ∨ E) → ~B ≡ B → (~A ∧ ~E)
㉢ B → D ≡ ~D → ~B
㉣ C → (~A ∧ ~D) ≡ (A ∨ D) → ~C
```

먼저 ㉠에 따라 경우의 수를 나눈다.
Case 1) B 동아리가 예산을 받고 C 동아리는 예산을 받지 못하는 경우(B ∧ ~C) 'B'이고 ㉡의 대우명제 'B → (~A ∧ ~E)'이므로 '~A'와 '~E'가 도출된다. ㉢에 의해 'B → D'이므로 'D'가 도출된다. 따라서 이 경우 예산을 받는 동아리는 (B, D)이다.
Case 2) B 동아리가 예산을 받지 못하고 C 동아리가 예산을 받는 경우(~B ∧ C) 'C'이고 ㉣에 의해 'C → (~A ∧ ~D)'이므로 '~A'와 '~D'가 도출된다. E의 예산 수령 여부는 조건만으로 결정할 수 없지만 문제에서 두 개 이상의 동아리에 예산을 지급한다고 했으므로, E는 반드시 예산을 받아야 한다. 따라서 이 경우 예산을 받는 동아리는 (C, E)이다.
결론적으로 Case 1)과 Case 2)의 모든 경우에서 A는 예산을 받지 않는다.

오답풀이 ② Case 2)에서 (C, E)가 예산을 받는 것이 가능하므로 B 동아리와 D 동아리가 예산을 받는다는 진술은 항상 참이라고 할 수 없다.
③ Case 1)에서 C 동아리는 예산을 받지 못하므로 C 동아리는 예산을 받는다고 단정 지을 수 없다.
④ Case 1)과 Case 2) 모두에서 예산을 받는 동아리는 2개이다. 따라서 세 개의 동아리가 예산을 받는다는 진술은 항상 거짓이다.

15 [논리 추론 – 반드시 참인 명제 응용] ▶ ②

㉠~㉣을 기호를 이용하여 나타내면 다음과 같다.

> ㉠ (물리 ∧ ~화학) ∨ (~물리 ∧ 화학)
> ㉡ ~지구과학 → ~화학 ≡ 화학 → 지구과학
> ㉢ ~화학 → 생명과학 ≡ ~생명과학 → 화학
> ㉣ 생명과학 → ~지구과학 ≡ 지구과학 → ~생명과학

먼저 ㉠에 따라 경우의 수를 나눈다.
Case 1) 물리를 수강하고 화학을 수강하지 않는 경우(물리 ∧ ~화학)
'~화학'이고 ㉢에 의해 '~화학 → 생명과학'이므로 '생명과학'이 도출된다. ㉣에 의해 '생명과학 → ~지구과학'이므로 '~지구과학'이 도출된다. 따라서 이 경우 건우가 이번 학기에 수강할 과목은 물리, 생명과학이다.
Case 2) 물리를 수강하지 않고 화학을 수강하는 경우(~물리 ∧ 화학)
'화학'이고 ㉡의 대우명제에 의해 '화학 → 지구과학'이므로 '지구과학'이 도출된다. ㉣의 대우명제에 의해 '지구과학 → ~생명과학'이므로 '~생명과학'이 도출된다. 따라서 이 경우 건우가 이번 학기에 수강할 과목은 화학, 지구과학이다.
결론적으로 Case 1, Case 2와 무관하게 건우가 이번 학기에 수강할 과목은 2과목이다.

16 [독해(비문학) – 단수 빈칸 추론] ▶ ②

본문은 대평면이 인공 호수 진양호에 잠기게 되면서 남강 사람들이 이주해야 했음을 이야기하고 있다. 따라서 '남강이 오히려 생활 터전을 모조리 빼앗아 버리는 일'이 빈칸에 들어가는 것이 가장 적절하다.

오답풀이 ① 본문의 '농민들은 피땀으로 일군 논밭을 수몰로 잃게 되었고 이웃들과 생이별을 해야 하는 상황에 내몰리게 됨으로써'라는 표현을 통해, 생활 터전이 통째로 이전된 것이 아니라 마을 사람들이 다른 곳으로 흩어졌음을 확인할 수 있다.
③ '남강의 치수와 용수를 개발할 목적으로 인위적으로 물길을 가두게 되면서'에서 용수를 공급할 목적으로 댐을 건설했음을 확인할 수 있지만, 빈칸 앞부분과 호응하지 않는다. 본문은 대평면에 댐이 들어서면서 마을 사람들이 고통을 겪었음을 이야기하고 있으므로 적절하지 않다.
④ 본문에 마을 사람들의 재결집 관련 서술은 나오지 않는다.

17 [독해(화법) – 의견의 대립 양상] ▶ ④

ㄱ. 갑은 '전자책은 현대 독서의 미래이며 종이책을 대체할 것'이라고 보는 입장이다. 을은 이와 달리 '종이책은 전통적인 독서 방식으로서 그 가치를 유지해야 한다.'라고 보는 입장이다. 따라서 종이책의 지속 가능성이라는 측면에서 보았을 때 갑은 종이책이 없어질 것이라고 보는 반면 을은 종이책이 유지될 것이라고 보므로 상호 대립하는 관점이라고 보는 것이 옳다.
ㄴ. 을은 '종이책은 전통적인 독서 방식으로서 그 가치를 유지해야 한다'며 종이책의 장점을 강조하고 있다. 병은 '전자책과 종이책은 각각의 장단점을 가지고 있으며, 서로를 보완하는 관계'라고 하며 두 매체가 공존할 가능성을 높게 보고 있다. 종이책의 가치와 지속 가능성에 대해서는 두 입장이 서로 다르지 않으므로, 을과 병의 주장은 대립한다고 보기 어렵다.
ㄷ. 병은 '전자책과 종이책은 각각의 장단점을 가지고 있으며, 서로를 보완하는 관계에 있다'며 두 매체의 공존 가능성을 인정하고 있다. 갑은 '전자책은 현대 독서의 미래이며, 종이책을 대체할 것'이라고 주장하고 있다. 이는 종이책이 미래에 있을지 없을지에 대한 의견의 대립이 있는 것이므로 갑과 병의 의견이 대립한다고 볼 수 있다.

18 [독해(비문학) – 논리 추론] ▶ ②

하인리히에 따르면, 더 올바른 해결책을 찾기 위해서는 직접 원인뿐 아니라 간접 원인을 올바르게 이해해야 한다. 즉 '더 올바른 해결책 → 직접 원인 이해 ∧ 간접 원인 이해', 대우를 취하면, '~직접 원인 이해 ∨ ~간접 원인 이해 → ~더 올바른 해결책'이다. 그런데 직접 원인 = 관찰 가능, 간접 원인 = 관찰 불가능이다. 따라서 '~ 관찰가능 이해 ∨ ~ 관찰 불가능 이해 → ~더 올바른 해결책'이 될 수 있으므로, 관찰 불가능한 원인을 올바르게 이해하지 못하는 경우 더 올바른 해결책을 찾을 수 없다는 추론은 적절하다.

오답풀이 ① 제시문을 보면 직접 원인에 대한 원인, 즉, 간접 원인만 올바르게 이해하는 것만으로는 올바른 해결책을 찾을 수 없으므로 극단의 오류이다. 직접 원인도 이해해야 더 올바른 해결책을 찾을 수 있기 때문이다.
③ 정보가 많다고 해서 올바른 결정을 내릴 수 있는 것은 아니다. 제시문처럼 '올바른' 정보의 양이 많아져야 하므로 이 선지는 적절하지 않다.
④ 원인에 대한 원인, 즉 간접 원인을 올바르게 이해하면, 더 올바른 해결책을 찾을 수 있다. 따라서 원인에 대한 원인을 계속 파헤치는 일이 꼭 문제를 악화시키는 것은 아니다.

19 [논리 추론 – 빈칸에 들어갈 결론 응용] ▶ ③

㉠~㉣을 기호를 이용하여 나타내면 다음과 같다.

> ㉠ 학생 ∧ 여행
> ㉡ ~(~학생 ∨ 독서) ≡ 학생 ∧ 독서
> ㉢ ~(여행 ∧ 독서) ≡ ~여행 ∨ ~독서
>   ≡ 여행 → ~독서 ≡ 독서 → ~여행
> ㉣ 독서 → 여행 ≡ ~여행 → ~독서

나. ㉡에 의해 '학생 ∧ 독서'이고 ㉣에 의해 '독서 → 여행'이므로 '학생 ∧ 여행'을 도출하는 것이 가능하다. 따라서 ㉠은 반드시 참이다.
다. ㉡에 의해 '학생 ∧ 독서'이고 ㉢의 대우명제에 의해 '독서 → ~여행'이므로 '학생 ∧ ~여행'을 도출할 수 있다. '학생 ∧ ~여행'이 참이면 '학생 ∧ 여행'이 참일 수 있기 때문에 이 선지는 옳다.

오답풀이 가. ㉠에 의해 '학생 ∧ 여행'이고 ㉢에 의해 '여행 → ~독서'이므로 '학생 ∧ ~독서'를 도출하는 것이 가능하다. 하지만 '학생 ∧ ~독서'가 참이면 '학생 ∧ 독서'가 참일 수는 있지만, 반드시 참이라는 결론을 도출할 수는 없으므로 ㉡이 반드시 참이라고는 할 수 없다.

20 [독해(비문학) – 〈보기〉 강화, 약화] ▶ ④

ㄱ. 민영화된 철도 서비스의 효율성 증가와 고객 만족도 상승은 시장 원리에 따른 운영이 더 나은 서비스를 제공할 수 있다는 민영화 지지 입장의 주장과 일치한다. 따라서 공공 서비스 민영화의 정당성을 강화하는 근거로 적절하다.
ㄴ. 정부가 운영하는 공공 의료 서비스가 안정적인 요금과 보편적 접근성 유지에 실패했다는 연구 결과는 정부 운영이 공공성을 보장한다는 정부 운영 지지 입장의 주장과 상반된다. 따라서 공공 서비스 정부 운영의 정당성을 약화하는 근거로 적절하다.
ㄷ. 민영화된 수도 서비스로 인한 저소득층의 어려움은 민영화가 사회적 형평성을 해칠 수 있다는 정부 운영 지지 입장의 주장을 뒷받침한다. 따라서 공공 서비스 정부 운영의 정당성을 강화하는 근거로 적절하다.

2025 공무원 시험 대비 적중동형 모의고사 제9회
국어 정답 및 해설

✓ 제9회 모의고사

01 ②	02 ④	03 ②	04 ②	05 ④
06 ①	07 ②	08 ③	09 ①	10 ①
11 ①	12 ②	13 ③	14 ④	15 ④
16 ③	17 ③	18 ③	19 ②	20 ③

01 [독해(작문) - 공문서 문장 고쳐 쓰기] ▶②

'녹색 성장으로 변화되는 모습과 기대 효과를 분석하는 등의 일을 할 계획이다.'는 이미 대등 접속의 표현이 올바르게 된 문장이므로 고쳐서는 안 되었다. '와/과'를 중심으로 '분석하다'라는 서술어가 '녹색 성장으로 변화되는 모습'과 호응이 잘 되고 있기 때문이다. 따라서 이 옳은 표현을 '녹색 성장을 통한 변화되는 모습 및 기대 효과 분석 등을 실시할 계획이다.'로 고쳐서는 안 된다. '모습'을 실시할 수는 없기 때문이다.

오답풀이 ① 생략된 주어를 '철수가'라고 임의적으로 넣었을 때, 철수가 직접 인지하는 것이 아니라 대중에게 인지하도록 시킨 것이므로 ㉠에 따라 '일반 대중에게 인지시키기'로 고치는 것은 올바른 사동 표현이라고 볼 수 있다.
③ '법무부는 여러분의 외국인 등록, 귀화 신청 등을 담당하는 정부 기관으로 잘 알고 계실 것입니다.'는 '잘 알고 계실 것입니다.'가 군더더기 표현이며, 주체가 빠져 있어 비문인 문장이다. 따라서 ㉢에 따라 '법무부는 여러분의 외국인 등록, 귀화 신청 처리 등을 담당하는 정부 기관입니다.'로 수정하는 것은 적절하다.
④ '~에 있어'는 일본어 번역 투 표현이므로, ㉣에 따라 '-에'로 수정하는 것이 적절하다.

02 [독해(비문학) - 서술 방식] ▶④

첫 번째 문단에서 바르셀로나, 스톡홀름, 코펜하겐을 대표적 스마트 시티로 제시하고 있으며 두 번째 문단에서는 스톡홀름의 사례를 예로 들어 정부의 역할을 강조하고 있다. 따라서 '대표적인 스마트 시티의 사례를 들어 정부의 역할을 강조하고 있다.'가 가장 적절하다.

오답풀이 ① 본문에 스마트 시티 건립 실패 사례는 나오지 않는다.
② 본문에 스마트 시티 구축 비용 이야기는 나오지 않는다.
③ 본문에 스마트 시티의 개념은 언급되나 스마트 시티에 대한 자세한 설명은 나오지 않는다. 특히 구체적인 수치 또한 나오지 않는다.

03 [독해(문법) - 형태론 - 용언의 활용 양상] ▶②

본문의 "자음으로 시작하는 어미가 결합되는 경우에는 규칙 활용이든 불규칙 활용이든 어간과 어미의 원형이 변하지 않고 결합되는 경우가 많으므로"를 보면 자음 어미가 결합되는 것으로는 규칙 활용이나 불규칙 활용을 판단할 수 없음을 알 수 있다. 그런데 선지의 '춥다'에는 자음 어미 '-니'가 결합된 채로 규칙 활용으로 단정 짓고 있으므로 적절하지 않음을 알 수 있다. 본문에서 "모음으로 시작하는 어미를 결합하여 활용 양상을 판단하는 것이 좋다."라고 했기 때문에 '춥-'에 '-어'를 결합하면 '추워'가 되기 때문에 이는 본문에서 언급된 불규칙 활용의 사례인 '돕다'의 활용 양상과 유사하므로 '춥다'는 불규칙 활용으로 봐야 했다.

오답풀이 ① '고맙다'의 경우, 어간 '고맙-'에 어미 '-어'를 결합하면 어간의 끝소리 'ㅂ'이 'ㅗ'로 변화하며 '고마워'가 된다. 이는 본문에서 나타난 예시인 '돕다'와 동일하게 어간의 형태가 변한 것이다. 본문의 "예를 들어, 어간의 끝소리가 'ㅂ'이고 그 뒤에 '-아/-어'로 시작하는 어미가 연결될 경우, 끝소리 'ㅂ'이 'ㅗ'소리로 변하는 경우가 생긴다."를 통해 알 수 있다.
③ 본문의 "이는 어간의 끝소리가 'ㄹ'인 다른 용언에도 모두 해당되는 규칙이기 때문에 규칙 활용이라 할 수 있다."라는 부분을 통해 보면, 만약 어간의 끝소리가 '─'인 다른 용언에 모음 어미가 결합이 될 때 '─'가 모두 탈락된다면 이는 규칙 활용임을 알 수 있다.
④ '불다'의 경우, 어간 뒤에 'ㄴ'으로 시작하는 어미가 결합하면 'ㄹ'이 탈락하여 어간의 형태가 바뀐다. 이는 본문에서 나타난 예시인 '살다'와 동일한 경우이므로 어간이 변하는 것이라 볼 수 있다. 본문의 "예를 들어, 어간의 끝소리가 'ㄹ'이고 뒤에 'ㄴ'으로 시작하는 어미가 연결되는 경우에 'ㄹ'이 탈락한다. '살다'의 경우, 어간 '살-'에 어미 '-는'을 결합하면 '살는'이 아니라 '사는'이 된다."를 통해 알 수 있다.

04 [독해(비문학) - 복수 빈칸 추론] ▶②

반드시 강의를 참고해 주시길 바랍니다~^^
'하지만, 그런데'의 차이점을 분명하게 아셔야 합니다!

㉠의 앞에서는 지금까지는 '공중송신'을 방송, 전송, 디지털 음성송신으로 구분하였다고 했으나, 뒤에서는 구분이 모호해졌다고 말하고 있다. 따라서 앞의 내용과 상반되는 내용을 언급할 때 쓰는 접속 부사 '하지만'이 오는 것이 적절하다.
㉡의 앞에는 온라인과 오프라인의 구분이 무의미해지기 시작했다는 문장이 나와 있다. 뒤에서는 '제페토'라는 구체적 사례를 들어 온라인 플랫폼에서 전시, 공연, 공중송신 등이 활발하게 이루어지고 있다고 설명하고 있으므로 '예를 들어'가 적절하다.
㉢의 앞에서는 새로운 온라인 플랫폼에서는 전시, 공연, 공중송신 등이 활발하게 이루어지고 있다고 나와 있다. 그리고 뒤에서는 2022년 미술분야 표준계약서의 부속합의서에서 온라인 전시에 관한 내용을 정의할 수 있도록 하는 조치가 이루어졌다고 하였으므로 앞뒤 문맥이 유사하게 이어짐을 나타내는 '따라서'가 오는 것이 적절하다.

오답풀이 '그리고'는 대등한 정보의 나열을 의미하는데, ㉠의 앞뒤 정보가 대등한 내용이라고 보기 어렵다. '그런데'는 역접이 아니라 동일한 중심 화제의 초점이 달라지는 것이므로 옳지 않다. '하지만'은 주로 앞뒤의 내용이 반대되거나, 앞의 내용을 뒤집는 내용일 때 사용하는 접속 부사이므로 ㉡에 오기에 적절하지 않다. '그러나' 역시 앞뒤의 내용이 반대될 때 사용하는 접속 부사이므로 ㉢에 오기에 적절하지 않다.

05 [독해(문학) - 현대 운문의 이해] ▶④

'바다를 무서워하지 않았던 처음의 나비와, 추구했던 세계와 화합하지 못하고 실패로 지쳐버린 나비는 구별될 수 있다.'라는 서술로 보아 <바다와 나비>에 등장하는 나비는 시상의 전개에 따라 둘로 구별될 수 있음이 적절함을 알 수 있다.

오답풀이 ① '<기상도>가 실패작이라는 평가를 받는 것과는 상반되게, 그의 대표작 <바다와 나비>는 주지시에서 서정시로의 성공적 이행이라는 평가를 받는다.'라고 하였다. <바다와 나비>는 주지시도 아닐 뿐더러 <기상도>는 성공적 평가를 받지 못했으므로 적절하지 않다.
② '삶의 고단함이 낙관적 전망에 의해 보장받지 못하는 현실의 모습을 비극적 이미지로 드러낸 것이다.'라는 서술로 보아 낙관적 전망을 유지한다고 볼 근거는 없다.
③ "나비 허리에 새파란 초생달이 시리다'라는 마지막 문장은 동화의 단순한 구도를 벗어난 양상을 보여 준다.'라고 하였다. 따라서 동화적 구조를 유지했다고 보기는 어렵다.

06 [어휘 - 문맥적 의미 추론] ▶①

'㉠ 돌아오다'는 '1 「1」 원래 있던 곳으로 다시 오거나 다시 그 상태가 되다.'를 의미한다. 이와 문맥상 의미가 가장 가까운 것은 '다시 학교로 돌아와 공부할 수 있기를 바라고 있다'이다.

오답풀이 ② 1 「2」 무엇을 할 차례나 순서가 닥치다.
③ 1 「3」 몫, 비난, 칭찬 따위를 받다.
④ 3 「2」 일정한 간격으로 되풀이되는 것이 다시 닥치다.

07 [독해(작문) - 개요 작성] ▶②

두 번째 <지침>을 보면 본론은 SNS 판매 피해 사례와 이에 대응하는 예방 방안을 제시해야 한다. 따라서 'Ⅱ. 1. 허위 및 과장 광고로 인한 피해 사례'에 대응하는 예방 방안을 ㉡에 제시했어야 했다. '안전결제 시스템이 적용된 플랫폼을 통해 결제하기'는 결제 과정 속에서 사기 행각이 드러날 것을 막는 방안이므로 'Ⅱ. 1. 허위 및 과장 광고로 인한 피해 사례'에 대응되는 방안이 아니다. 차라리 ㉡에는 '판매자의 계정 활동 및 후기 확인을 통한 신중한 구매' 등이 오는 것이 더 적절했다.

오답풀이 ① 첫 번째 <지침>을 보면 ㉠에는 SNS 판매 피해의 증가에 대한 문제를 제기해야 한다. '위조품 및 저품질 제품 판매'는 대면으로 판매하지 않는 것으로 인한 문제점이라고 볼 수 있으니 ㉠에 들어갈 내용으로 적절하다.
③ 두 번째 <지침>을 보면 ㉢에는 'Ⅱ. 1. 소비자 개인정보 유출 사례'에 대응하는 예방 방안을 제시해야 한다. 따라서 소비자 개인정보 유출되었다는 것은 소비자에 대한 개인정보 보호가 필요하다는 것이므로 '소비자 보호를 위한 법적 규제 강화'는 '소비자 개인정보 유출 사례'를 막을 수 있는 예방 방안으로 적절하다.
④ 세 번째 <지침>을 보면 ㉣에는 SNS 판매 피해를 예방하는 기대 효과가 제시되어야 하므로 'SNS 판매 피해 감소로 건전한 전자상거래 시장 형성'이 들어가는 것은 적절하다.

08 [독해(비문학) - 순서 배열] ▶ ③

(다)는 플라스틱 줄이기의 중요성과 미세 플라스틱이 환경 문제로 떠오른 배경을 설명하므로 글의 도입부로 적합하다. (가)는 세계자연보호연맹의 연구 결과를 통해 미세 플라스틱 오염의 주요 원인 중 하나인 미세 섬유를 소개하고, 이와 관련된 패스트 패션 산업에 대해 설명하고 있다. 이는 (다)에서 언급한 플라스틱 문제의 구체적인 원인을 설명하므로 (다) 다음에 오는 것이 자연스럽다. (나)는 '이렇게'라는 지시어를 통해 (가)의 내용을 잘 받고 있다. '플라스틱이 마모되어 만들어지는 미세 플라스틱'으로 시작하며 미세 플라스틱이 많이 생기는 원인의 발견 과정을 설명하고 있어, (가) 다음에 위치하는 것이 적절하다. (라)는 리처드 톰슨의 연구팀의 연구 결과가 시사하는 점을 구체화하는 것이므로 (나) 다음에 오는 것이 적절하다. 따라서 정답은 (다) - (가) - (나) - (라)이다.

09 [독해(비문학) - 단수 빈칸 추론] ▶ ①

지문에서는 "개인이나 조직이 정보를 수집할 때, 그 과정이 명확하고 공개적으로 이루어져야 하나, 특정 기업이 데이터를 독점할 경우 소비자의 선택권이 제한되는 결과를 낳을 수도 있다."에서 정보 수집의 투명성을 파악해야 함을 이끌어 낼 수 있다. 정보 수집 시에 과정이 공개적이어야 한다는 것이 '정보 수집의 투명성'과 연관되기 때문이다. 또한 "개인의 동의 없이 수집된 데이터가 예측하지 못한 목적으로 활용될 수도 있다."라는 부분에서 '개인의 자기결정권을 보장'해야 함을 알 수 있다. 빈칸에는 개인 정보 보호를 위한 방안이 나와야 하므로 정보 수집의 투명성을 확보하고 개인의 자기결정권을 보장하는 제도적 장치를 마련해야 한다는 ①이 가장 적절하다.

오답풀이 ② 지문에서는 "특정 기업이 데이터를 독점할 경우 소비자의 선택권이 제한되는 결과를 낳을 수도 있다"고 경계하고 있으므로, 기업의 자율성만을 강조하는 것은 적절하지 않다.
③ 지문에서는 개인정보가 "소비자와 기업 간 상호작용을 강화하는 긍정적인 역할을 한다"고 설명하고 있어, 단순히 정보 수집을 최소화하는 것은 적절한 해결책이 될 수 없다.
④ 지문에서는 인공지능 기술 발전에 초점을 두는 것이 아니라 "개인의 동의"와 "자기결정권" 보장의 중요성을 강조하고 있으므로 적절하지 않다.

10 [독해(비문학) - 내용 추론 부정 발문] ▶ ①

본문 첫 줄에서 우리나라의 인터넷 자율규제 방식은 법적 규제를 받고 있으며 민간 자율규제 기구들과 협력한다는 이야기가 나온다. 따라서 민간 기구들이 법적 기구와의 협력 없이 독자적 자율규제 방식을 구축하고 있다고 보기 어렵다.

오답풀이 ② 팩트체크 등 가짜뉴스 대응책이 마련되고 있고 자율규제의 범위가 확대되고 있다는 내용으로 보아 적절하다.
③ 디지털 불법 촬영물 등의 문제에서는 자율규제의 한계가 드러나고 있다는 내용으로 보아 적절하다.
④ 개별 기업들은 경쟁사에서는 지불하지 않는 비용을 지불하는 데에 소극적이라고 했으므로 개별 기업의 노력만으로는 적정 수준의 인터넷 자율규제가 이루어지기 어려움을 추론할 수 있다.

11 [독해(비문학) - 일반 강화, 약화] ▶ ①

본문에서 (가)는 오랜 역사와 문화적 맥락을 가진 식습관이 인간 건강에 가장 적합하다고 주장하며 그렇지 못한 새로운 식습관은 오히려 건강에 적합하지 않을 수 있음을 드러낸다. 식물성 대체육은 '그렇지 못한 새로운 식습관'에 해당되는데 그 것에 사용되는 첨가물이 장내 미생물 다양성을 감소시킬 수 있다는 연구 결과는 대체육이 건강에 적합하지 않다는 증거를 제공한다. 이는 현대 식품 기술의 과도한 개입에 비판적인 (가) 전통주의자들의 주장을 뒷받침하므로, (가)의 주장을 강화한다고 볼 수 있다.

오답풀이 ② 반대의 오류이다. (가) 전통주의자들은 '오랜 역사와 문화적 맥락을 가진 식습관이 인간 건강에 가장 적합하다'고 주장한다. '전통 식단을 따르는 사람들이 현대식 식단을 따르는 사람들보다 심혈관 질환 발생률이 낮다'는 연구 결과는 전통 식습관의 건강상 이점을 입증하는 것으로, 이는 (가)의 주장을 강화하는 것이지 약화하지 않는다.
③ 반대의 오류이다. (나) 대체식품 옹호론자들은 '대체육이 자원 소비와 온실가스 배출을 줄인다'고 주장한다. '식물성 대체육 생산 과정에서 예상보다 많은 수자원과 에너지가 소비된다'는 연구 결과는 이러한 주장과 배치되므로, (나)의 주장을 약화시키는 것이지 강화하지 않는다.
④ 무관의 오류이다. '특정 문화권에서 전통적 식재료를 활용한 식물성 대체육 제품이 소비자 만족도와 구매 의향을 높였다'는 보고서는 전통과 혁신의 결합 가능성을 보여주는 것으로, 이는 대체식품의 혁신이 필요하다는 (나)의 주장과는 관련이 없다. 따라서 이것이 (나)의 주장을 약화한다고 보기 어렵다.

12 [독해(비문학) - 지시 대상 추론] ▶ ②

㉠의 '전자'는 전통주의자들을, ㉡의 '후자'는 '대체식품 옹호론자들'을 지칭한다. ㉢의 '일부 연구자들'은 '대체육이…천연 식품의 복잡한 영양 구조를 모방할 수 없다고 비판'한다고 하였다. 따라서 '전통주의자들'을 재지칭하는 표현임을 알 수 있다. ㉣의 '어떤 이들'은 '대체육이 환경 부담을 크게 줄이면서도 필수 영양소를 제공할 수 있다고 반박'하고 있으므로 ㉢과 상반되는 관점이다. 따라서 '대체식품 옹호론자들'을 지칭하는 표현임을 알 수 있다.

13 [논리 추론 - 빈칸에 들어갈 결론 응용] ▶ ③

㉠~㉣을 기호를 이용하여 나타내면 다음과 같다.

㉠ 전칭긍정 : ~(개 ∧ ~고양이) ≡ ~개 ∨ 고양이 ≡ 개 → 고양이 ≡ ~고양이 → ~개
㉡ 특칭부정 : ~(개 → 고양이) ≡ ~(~개 ∨ 고양이) ≡ 개 ∧ ~고양이
㉢ 특칭긍정 : ~(~개 ∨ ~고양이) ≡ 개 ∧ 고양이
㉣ 전칭부정 : 개 → ~고양이 ≡ 고양이 → ~개

㉢은 '개 ∧ 고양이'인데 ㉢이 참이므로 ㉣의 부정인 '개 ∧ ~고양이'는 거짓이다.

오답풀이 ① ㉠은 '개 → 고양이'인데, ㉠이 거짓이면, ㉠의 부정인 ㉡ '개 ∧ ~고양이'는 반드시 참이다. 따라서 ㉠이 거짓이면 ㉡은 반드시 참이므로 ㉡도 거짓일 수 있다는 것은 적절하지 않다.
② ㉡은 '개 ∧ ~고양이'인데 이는 개 중에서 고양이가 아닌 것이 존재한다는 것을 의미한다. 이 경우 ㉢ '개 ∧ 고양이'는 참일 수도 있고 거짓일 수도 있다. 따라서 ㉡이 참이라고 해서 ㉢이 반드시 참이라고 단정지을 수 없으므로 '㉢도 참이다.'는 적절하지 않다.
④ ㉣은 '개 → ~고양이'인데, ㉣이 거짓이면 ㉣의 부정인 '개 ∧ 고양이'는 반드시 참이다. 따라서 ㉣이 거짓이면 ㉢은 반드시 참이므로 '㉢도 거짓이다'는 적절하지 않다.

14 [독해(화법) - 말하기 방식] ▶ ④

설문 조사를 인용하였다면 보통 '~에 따르면'과 같은 표지가 있어야 하는데, 그런 표지가 전혀 나오지 않는다. 설문 조사를 인용하는 사람이 없으므로 이는 적절하지 않다.

오답풀이 ① 을은 독서 장르의 어려움을 여러 차례 강조하며 자신의 입장을 일관되게 유지하고 있다. '과학 서적이나 역사책을 읽어보려고 했는데 어렵더라고'와 '나는 아직 과학이나 역사는 좀 어렵게 느껴져'라고 말해, 특정 장르 독서에서 느끼는 어려움을 계속해서 일관되게 언급하고 있다.
② 병은 갑의 발언에 '독서 모임에 참여해 보는 것도 좋은 방법 같아'라며 새로운 제안을 덧붙여 대화를 심화하고 있다. 이는 독서 모임이라는 구체적 제안을 통해 독서 습관을 기르기 위한 방법을 제시한 것이라고 볼 수 있다.
③ 병은 특정 장르만 읽는 문제에 대해 반대하지 않고, 독서 모임에 참여하는 방법을 해결책으로 제안하며 대화의 흐름을 생산적으로 이끌고 있으므로 이는 적절하다.

15 [논리 추론 - 반드시 참인 명제 응용] ▶ ④

확진자의 진술을 기호로 나타내면 다음과 같다.

- A
- ~C → B
- ~D → ~A
- B → (~A ∨ ~E)
- ~E → ~D

첫 번째 진술에 의해 'A'이고 세 번째 진술의 대우명제에 의해 'A → D'이므로 D는 만났다. 다섯 번째 진술의 대우명제에 의해 'D → E'이므로 E도 만났다. A와 E를 만났으므로 네 번째 진술의 대우명제 '(A ∧ E) → ~B'에 의해 B는 만나지 않았다. 두 번째 명제의 대우명제에 의해 '~B → C'이므로 C는 만났다. 따라서 확진자가 만난 사람은 A, C, D, E 네 명이다.

16 [독해(작문) – 내용 고쳐 쓰기] ▶ ③

ⓒ 앞에서 갈등론은 '사회가 다양한 집단 간의 권력과 자원의 경쟁으로 구성된다'고 보므로 계급 간의 대립이 서로의 오해로 인해 발생되었다는 설명은 적절하지 않음을 알 수 있다. ⓒ 뒤에서 '지배 계층이 자신들의 이익을 유지하기 위해 권력 구조를 강화한다'고 설명한다. 따라서 '사회가 본질적으로 불평등하며'로 수정하는 것이 적절하다.

오답풀이 ① ㉠ 뒤에서 '사회의 각 구성 요소는 전체의 안정성과 질서를 유지하기 위해 기능한다'고 설명하고, '가족, 교육, 종교, 경제와 같은 사회 제도가 상호 의존하며 조화를 이루는 데 기여한다'고 부연하므로, 기존 서술이 적절하다.
② ㉡ 앞에서 '교육 제도는 지식을 전달하는 동시에, 사회적 규범과 가치를 내재화시키는 기능을 수행한다'고 설명하고 있으므로, 기존 서술이 적절하다.
④ ㉣ 앞에서 '갈등론은 사회 변화를 긍정적으로 평가하며, 사회적 갈등이 기존 구조를 해체하고 새로운 질서를 형성하는 데 중요한 역할을 한다'고 설명하고 있다. 이는 사회적 불평등을 유지하기 위한 노력이 아니므로 기존 서술이 적절하다.

17 [독해(비문학) – 일반 강화, 약화] ▶ ③

(나) 환경주의 이론가들은 '언어 습득이 경험과 학습을 통해 이루어진다'고 주장한다. '부모와의 상호 작용이 제한된 환경에서 자란 아동이 정상적인 언어 발달을 보인다'는 연구 결과는 환경적 요인이 언어 습득의 절대적 요인이 아닐 수 있음을 시사하므로, 이는 (나)의 주장을 약화한다고 볼 수 있다.

오답풀이 ① 반대의 오류이다. (가) 생득주의 이론은 "언어 습득이 환경과 무관하게 일정한 발달 단계를 거친다는 점이 이러한 주장의 근거로 제시된다."라는 내용을 통해 보면 환경과 무관하다는 언급을 하고 있다. 그런데 해당 사례는 유튜브 영어 콘텐츠라는 환경을 많이 접하자 영어를 습득하게 되는 것으로 환경과 밀접하게 관련된 사례를 보여주고 있으므로 이는 (가)의 주장을 약화하는 사례로 봐야 한다.
② 반대의 오류이다. (가) 생득주의 이론은 '언어 습득이 선천적으로 결정된다'고 본다. '아동이 언어를 접하지 못한 환경에서도 일정 수준의 언어 능력을 보인다'는 연구 결과는 오히려 생득주의를 뒷받침하는 것이므로, (가)의 주장을 약화하는 것이 아니라 강화하는 증거가 된다.
④ 무관의 오류이다. 선천적으로 언어를 잘 습득하는 아동이 특정 언어를 더 깊게 습득한다는 연구 결과는 환경적 요인을 중시하는 (나)의 주장과 관련이 없는 사례이므로 (나)를 강화하지도 약화하지도 않는다.

18 [독해(비문학) – 지시 대상 추론] ▶ ③

㉠은 '노엄 촘스키, 르네, 제리 포더'를 가리킨다.
㉡은 '인간'을 가리킨다.
㉢은 '환경주의 이론가들'을 가리킨다.
㉣은 '아동들'을 가리킨다.
㉤은 환경적 요인이 언어 습득을 결정한다고 보면서 후자의 연구자들이므로 '환경주의 이론가들'과 관련된다.
㉥은 '노엄 촘스키를 옹호하는 연구자들'을 의미한다. (㉠과 지시 대상이 다름에 유의해야 한다. ㉠은 노엄 촘스키, 르네, 제리 포더의 3명만을 가리키나 ㉥은 노엄 촘스키를 옹호하는 연구자들을 의미하므로 완전히 같은 지시 대상이라고 보기 힘들기 때문이다.)

19 [논리 추론 – 빈칸에 들어갈 결론 응용] ▶ ②

㉠~㉢의 논증을 전제와 결론으로 나누어 기호로 표현하고 분석한다.

㉢

전제 1	~(공항 ∧ ~교통) ≡ ~공항 ∨ 교통 ≡ 공항 → 교통
전제 2	한국 ∧ 공항
결론	한국 ∧ 교통

전제 1에 의해 '공항 → 교통'이고 전제 2에 의해 '한국 ∧ 공항'이므로 '공항'을 매개항으로 하여 '한국 ∧ 교통'을 도출할 수 있다. 공통되는 매개항 '공항'이 전칭명제(전제 1)의 주어에 있기 때문이다.
따라서 전제가 참일 때 결론이 반드시 참인 논증은 ㉢이다.

오답풀이 ㉠

전제 1	~논리 → ~프로그래머 ≡ 프로그래머 → 논리
전제 2	수학자 ∧ 논리
결론	수학자 ∧ 프로그래머

전제 1의 대우명제에 의해 '프로그래머 → 논리'이고 전제 2에 의해 '수학자 ∧ 논리'이긴 하지만 매개항인 '논리'가 전제 1의 대우명제(전칭)의 서술어에 있기 때문에 전제 1과 전제 2를 통해 '수학자 ∧ 프로그래머'를 도출할 수 없다.

㉡

전제 1	작가 → 창의 ≡ ~창의 → ~작가
전제 2	~창의 → ~상상력 ≡ 상상력 → 창의
결론	작가 → 상상력

전제 1 '작가 → 창의'와 전제 2의 대우명제 '상상력 → 창의'에서 공통되는 매개항이 '창의'로 일치하기는 하지만 이 두 명제를 통해 어떠한 결론을 도출할 수 없다. 둘을 연결 지을 수 있으려면 전제 2의 대우 명제 '창의'가 전칭 명제의 주어에 있었어야 했다. 따라서 이 두 명제를 연결하여 결론을 도출하는 것 자체가 불가능하므로 '작가→상상력'을 도출하는 것은 불가능하다.

20 [독해(비문학) – <보기> 강화 약화] ▶ ③

ㄱ. 구조적 문제를 강조하는 입장을 본문에서 살펴 보면 '부패가 개인의 윤리적 결함이 아니라'는 주장을 하고 있다. 그런데 이 사례에서는 개인의 윤리적 결함에 해당하는 경우를 다루고 있다. 이 사례에서는 동일한 법적 규제를 받음에도 어떤 개인은 부패에 가담하고, 어떤 개인은 청렴성을 유지하고 있다. 이는 사회적, 제도적인 것보다도 개인의 윤리가 더 중요하게 작용하고 있음을 알 수 있기 때문에 이는 구조적 문제를 강조하는 입장을 약화하는 사례로 적절함을 알 수 있다.
ㄷ. 부패가 만연한 환경에서도 윤리 교육을 받은 개인들이 청렴성을 유지했다는 것은 '부패가 도덕적으로 타락한 개인의 선택에서 비롯된다'는 개인의 도덕적 책임을 강조하는 입장의 주장을 뒷받침한다. 따라서 개인의 도덕적 책임을 강조하는 입장을 강화하는 근거로 적절하다.

오답풀이 ㄴ. 반대의 오류이다. 강력한 반부패법 시행에도 불구하고 부패가 지속되는 것은 '강력한 법적 처벌과 윤리 교육이 부패를 줄이는 핵심적인 해결책이 될 수 있다'는 개인의 도덕적 책임을 강조하는 입장의 주장과 상반된다. 따라서 이는 개인의 도덕적 책임을 강조하는 입장을 강화하는 것이 아니라 약화하는 근거가 되어야 한다.

2025 공무원 시험 대비 적중동형 모의고사 제10회
국어 정답 및 해설

제10회 모의고사

01 ③	02 ④	03 ①	04 ②	05 ③
06 ②	07 ①	08 ②	09 ②	10 ①
11 ③	12 ②	13 ④	14 ①	15 ④
16 ④	17 ③	18 ③	19 ②	20 ③

01 [독해(작문) – 공문서 문장 고쳐 쓰기] ▶③

<공문서 작성 지침>의 세 번째 지침인 '문맥에 맞는 올바른 조사를 사용할 것'에 따라 보면 '이번 분류는 국내 범죄명을 범죄행위에 따라 재분류한 형태로서는'은 이미 옳은 표현이므로 '로서'를 '로써'로 바꿔서는 안 되었다. '로서'는 자격을 의미하지만 '로써'는 수단, 방법을 의미한다. 그런데 이 문맥에서는 이번 분류가 재분류한 형태의 "자격"으로 의미가 크다는 문맥적 의미가 있으므로 '로써'로 고치는 것은 오히려 틀린 표현으로 고치는 것이므로 적절하지 않다.

오답풀이 ① <공문서 작성 지침>의 첫 번째 지침인 '안긴문장의 필수 성분이 생략되었는지 고려할 것'에 따라 보면 '특수성을'에 호응되는 서술어가 없음을 알 수 있다. '특수성을'과 뒤의 서술어 '개발하다'를 호응하는 것은 어색하기 때문이다. 따라서 안긴문장이 '특수성을 개발한'에서 서술어 '고려하여'를 추가하여 '특수성을 고려하여 개발한'으로 고치는 것은 적절하다.
② <공문서 작성 지침>의 두 번째 지침인 '대등한 것끼리 접속할 때는 구조가 같은 표현을 사용할 것.'에 따라 보면 '통계청은 국내에 국제 범죄 분류를(목적어) 도입하고(서술어) 국제 범죄 분류의 이행(명사구의 나열)을 위해'는 대등 병렬의 표지 '-고'를 기준으로 했을 때 각각 '목적어-서술어'와 '명사구의 나열'을 보여 주므로 구조가 다르기 때문에 적절하지 않다. 따라서 '통계청은 국제범죄분류의 국내 도입과 이행을 위해'로 고치면 '국내 도입과 이행'이라는 명사의 나열로 구조를 같게 할 수 있기 때문에 적절하다.
④ <공문서 작성 지침>의 네 번째 지침인 '부사어와 서술어의 호응을 고려할 것.'에 따라 보면 어디에서 우수사례가 될 수 있는지가 나와 있지 않다. 따라서 부사어인 '국제사회에서도'가 추가되는 것이 적절하다.

02 [독해(작문) – 내용 고쳐 쓰기] ▶④

ⓔ 뒤에서 '그러나 이는 기술의 부작용을 무시하는 접근'이라고 하였다. 이로 보아 ⓔ에는 기술의 부작용을 무시하는 내용이 들어가야 한다. 따라서 '윤리적 논의를 배제한 채 기술 발전을 가속화해야 한다는 주장을 제기하고 있다.'로 수정하는 것이 적절하다.

오답풀이 ① ㉠ 앞의 문장과 '있지만'이라는 역접의 접속사로 이어지고 있으므로, ㉠에는 과학 기술의 부정적 측면에 대한 서술이 이어져야 한다. 따라서 기존 서술을 유지하는 것이 적절하다.
② ㉡ 뒤에는 '알고리즘 편향은 사회적 불평등을 심화할 가능성을 내포하고 있다.'라는 부정적 측면이 서술되어 있다. 따라서 AI의 결정이 항상 공정하고 윤리적이라는 보장은 없다는 기존 서술을 유지하는 것이 적절하다.
③ ㉢ 뒤에는 '과학 기술의 발전은 단순히 기술적 진보만을 추구해서는 안 된다.'라는 경계의 관점이 제시되어 있다. 따라서 이를 참고할 때 '새로운 사회적 불평등을 초래할 수 있는 우려'를 제시한 기존 서술을 유지하는 것이 적절하다.

03 [독해(비문학) – 순서 배열] ▶①

처음에 최근 혁신을 주도하는 신생 스타트업들이 본사를 싱가포르로 옮기고 있다는 내용이 나온다. (나)의 '이는 싱가포르가 세계 경제에서 차지하는 위상이 달라졌기 때문이다.'는 스타트업들이 본사를 싱가포르로 옮기는 이유에 부합하므로 (나)가 처음에 오는 것이 옳다. (가)의 '또한'이라는 접속사를 볼 때 마찬가지로 기업들이 싱가포르로 옮기게 된 배경(이유)이 나와야 하므로 (나) 뒤에 (가)가 이어지는 것이 자연스럽다. 또한 (가)의 '미국과 중국의 갈등'은 (다)의 '미국이 대중 무역 제재를 강화하면서'와 이어지므로 (가) 뒤에 (다)가 와야 한다. 또한 (라)에는 '이러한 정치적 배경'이라는 지시어가 나오는데, 이는 (다)의 내용을 재진술한 것이므로 (다) 뒤에 (라)가 이어져야 한다. (라)의 '싱가포르 스타트업 성장 배경의 전부는 아니다.'는 (마)의 '싱가포르는 정부 차원에서 스타트업 생태계를 적극적으로 지원하고 있는데'와 자연스럽게 이어진다. 따라서 (나) – (가) – (다) – (라) – (마)의 순서가 가장 자연스럽다.

04 [독해(문법) – 통사론 – 문장 성분] ▶②

본문에서 서술절은 "하나는 '주어+(주어+서술어)'의 관계를 지니는 겹문장"인데, '그 산의 풍경은 아름답다'는 '주어+(주어+서술어)'의 관계가 아니기 때문에 서술절을 안은 문장이 아니다. '그 산의'가 주어가 아니기 때문이다. '그 산의 풍경은 아름답다'에 주어는 '풍경은'과 서술어는 '아름답다'뿐이므로 이는 서술절을 안은 문장이 아니라 홑문장이므로 이 선지는 적절하지 않다.

오답풀이 ① '나는 너의 친구가 아니야'의 경우, 본문에 따르면 "보어는 서술어가 '되다', 혹은 '아니다'일 경우에 그 앞에 오는 문장 성분"이라 언급하고 있기 때문에 '친구가'는 보어에 해당한다. 본문에서 보어가 포함된 문장을 "'주어+보어+서술어'로 이루어진 홑문장"이라 설명하고 있기 때문에 해당 문장은 홑문장이라 볼 수 있다.
③ '할머니께서는 다리가 아프시다'의 서술어 '아프시다'의 주어는 '다리가'이고, 전체 주어는 '할머니께서는'이기 때문에 이는 본문에 따르면 '주어+(주어+서술어)'로 이루어진 경우라 볼 수 있다. 본문에서 "서술절을 안은 문장은 문장의 서술어가 주어 서술어로 이루어진 절인 경우이다"라고 언급하고 있기 때문에 이는 서술절을 안은 문장이다.
④ '그 학생이 회장이 되었다'의 경우, "보어는 서술어가 '되다', 혹은 '아니다'일 경우에 그 앞에 오는 문장 성분"이라 언급하고 있기 때문에 '회장이'는 보어이다.

05 [독해(비문학) – 사례 추론] ▶③

ⓒ의 뒤에 제시된 예를 보면 낮은 기온은 감기의 원인이 맞지만 감기에 걸렸다는 결과가 있다고 해서 무조건 낮은 기온이 원인이 되는 것은 아니라고 한다. 즉, 원인과 결과를 무조건 1 : 1로만 대응하면 안 된다는 뜻이다. 마찬가지로 잠 못 자는 것이 피곤이라는 결과의 원인이기는 하지만 피곤이라는 결과가 항상 잠 못 자는 것의 원인 때문은 아니므로 ⓒ을 강화하는 사례로 적절하다.

오답풀이 ① 지영이라는 일부의 예시로 일반화를 하려는 오류로 성급한 일반화의 오류이므로 ㉠의 예시가 될 수 없다. ㉠과는 무관한 사례이다.
② 세차를 하면 비가 온다는 것은 선행 요소와 후행 요소의 관계가 필연적인 것이 아님에도 필연적인 것으로 파악한 경우에 해당하므로 ⓒ이 아니라 ㉠에 대응하는 사례이다. ⓒ과는 무관한 사례이다.
④ 무지에 호소하는 오류이므로 ⓔ에 대응된다고 볼 수 없다. 무지에 호소하는 오류는 어떠한 사실이나 인과가 존재하지 않음을 증명하는 것은 불가능에 가까우므로, 존재한다고 주장하는 자가 입증해야 함을 비유적으로 표현하는 말이다. ⓔ과는 무관한 사례이다.

06 [독해(비문학) – 내용 추론 긍정 발문] ▶②

본문에서 "그는 기존의 IQ 검사가 언어적·논리적 지능에 편중되어 있어 예술적 재능이나 사회적 능력 등 다양한 지능을 제대로 평가하지 못한다고 지적하며"라고 언급되어 있다. 따라서 다중 지능 이론은 전통적인 IQ 검사로는 인간의 다양한 지능을 충분히 측정할 수 없다고 보는 것이 적절함을 알 수 있다.

오답풀이 ① 미언급의 오류이다. 본문에서는 '단일 지능 이론은 지능을 하나의 일반적 능력으로 보고, 다양한 인지 과제 수행의 기반이 된다고 주장한다'고 설명했다. 그러나 이는 지능의 유형을 '구분할 필요가 없다'는 주장과 동일하지 않으며, 단일 지능 이론 역시 다양한 인지 과제에서 개별 능력의 차이를 인정한다. 따라서 선지의 주장은 지나치게 단정적이다.
③ 미언급의 오류이다. 본문에서 '지능의 단일성과 다양성에 대한 논쟁은 아직 진행 중이며, 현대 심리학에서는 두 이론의 통합적 관점에서 지능을 바라보는 연구가 이루어지고 있다'고 언급하였다. 그러나 어떻게 통합하는지에 대한 구체적인 언급은 되어 있지 않다. 선지에서 '지능을 단일한 능력으로 보되, 특정 영역에서의 차이를 설명하기 위해 다중 지능 개념을 부분적으로 수용하고 있다'는 것은 단일 지능 이론을 기본으로 하고 다중 기능 이론을 부차적인 것으로 보겠다는 것인데 이 내용은 아예 언급이 되지 않고 있다.
④ 미언급의 오류이다. 단일 지능 이론은 지능을 하나의 일반적 능력으로 보고 다양한 인지 과제 수행의 기반이 된다고 주장하는 입장을 보여 준다. 이 글에서 단일 지능 이론이 지능의 측정을 위해 다양한 평가 방식을 고려해야 한다고 하는 부분은 어디에도 없다.

07 [어휘 – 바꿔 쓸 수 있는 유사한 표현] ▶ ①

'나누다'는 '1「1」하나를 둘 이상으로 가르다.'를 의미한다. 따라서 '성질이나 종류에 따라 갈라놓다.'를 의미하는 '구별(區 구분할 구 別 나눌 별)하다'로 바꿔 쓸 수 있는 유사한 표현으로 적절하지 않다. '나누다'는 '일정한 기준에 따라 전체를 몇 개로 갈라 나누다.'를 의미하는 '구분(區 구분할 구 分 나눌 분)하다'로 바꿔 쓸 수 있다.

오답풀이 ② ㉡ '치우치다'는 '균형을 잃고 한쪽으로 쏠리다.'를 의미한다. 따라서 '한쪽으로 치우치게 되다.'를 의미하는 '편중(偏 치우칠 편 重 무거울 중)되다'로 바꿔 쓸 수 있다.
③ ㉢ '이루어지다'는 '어떤 대상에 의하여 일정한 상태나 결과가 생기거나 만들어지다.'를 의미한다. 따라서 ''를 의미하는 '진행(進 나아갈 진 行 다닐 행)되다'로 바꿔 쓸 수 있다.
④ ㉣ '이바지하다'는 '도움이 되게 하다.'를 의미한다. 따라서 '도움이 되도록 이바지하다.'를 의미하는 '기여(寄 부칠 기 與 더불 여)하다'로 바꿔 쓸 수 있다.

08 [논리 추론 – 반드시 참인 명제 응용] ▶ ②

주어진 조건에 따라 표를 그려가며 해결한다.
• A는 닭고기를 선택한다.

	돼지	소	닭	오리
A			O	
B				
C				

• B가 돼지고기 또는 소고기를 선택하면 A는 닭고기를 선택하지 않는다.
≡ A가 닭고기를 선택하면 B는 돼지고기와 소고기를 선택하지 않는다.

	돼지	소	닭	오리
A			O	
B	X	X	O	O
C				

• A, B, C 모두가 선택한 고기는 없다.

	돼지	소	닭	오리
A			O	
B	X	X	O	O
C			X	

• C가 돼지고기를 선택한다면 B는 오리고기를 선택하지 않는다.
≡ B가 오리고기를 선택한다면 C는 돼지고기를 선택하지 않는다.

	돼지	소	닭	오리
A			O	
B	X	X	O	O
C	X	O	X	O

따라서 C가 선택할 고기의 종류는 소고기, 오리고기이다.

09 [독해(비문학) – 복수 빈칸 추론] ▶ ②

(가)의 경우, 본문에서 '이러한 관점에서는 논리적 사고를 요구하는 수학이나 철학을 학습하면, 학생들의 사고력이 전반적으로 향상되어 다양한 상황에서 동일한 사고력이 발휘될 가능성이 높다고 본다.'라고 직접적으로 서술하고 있다. 따라서 (가)에는 '한 분야에서 학습한 내용이 일반적인 사고 능력으로'가 들어가는 것이 적절하다. '체계적인 반복 학습'은 아예 본문에서 언급되지 않은 내용이므로 적절하지 않다.
(나)의 경우, 과학 개념 학습의 예시를 통해 개념을 실질적으로 적용하는 내용이 나오고 있다. 따라서 (나)에는 '단순한 지적 훈련이 아니라 구체적인 맥락에서의 학습이'가 들어가는 것이 적절하다. '체계적인 반복 학습과 지식의 단계적 심화'는 본문에서 강조하는 '구체적 맥락에서의 학습'과는 거리가 먼 내용이다.

10 [독해(비문학) – 결론 추론] ▶ ①

본문은 현대인들이 스마트폰을 사용하면서 SNS나 게임 중독, 인간관계 문제를 겪는다고 평가하는 사람들의 주장을 소개하며 시작하였다. 그러나 그 뒤에는 현대인들이 스마트폰으로 인해 더 많은 정보를 다룰 수 있게 되었으며, 다양한 사람들과 인간관계를 맺을 수 있는 새로운 방법이 열렸고, 관련 산업이 성장하였으며, 교육 및 금융 서비스를 편리하게 이용할 수 있게 되었다고 말하고 있다. 즉, 첫 문단에서 제시한 내용을 반박하며 스마트폰을 사용하는 것의 장점을 말하고 있다. 이러한 내용을 고려할 때, 이 글의 결론으로는 스마트폰 사용으로 '얻는 것이 더 많으며, 다만 변화할 뿐'이라고 말하는 1번 선지가 가장 적절하다.

오답풀이 글의 결론에서는 글 전체의 내용을 요약, 강조하는 것이 적절하다. ② 스마트폰 사용으로 겪을 수 있는 건강 문제나 ③ 다양한 스마트폰 기기의 개발 및 선택은 글 전체의 내용과 관련이 없다. 이 글은 스마트폰 사용의 장점에 대해 언급하고 있으므로, ④ 스마트폰 사용으로 인한 문제점을 해결하는 방법을 결론으로 제시하는 것도 적절하지 않다.

11 [독해(문학) – 현대 운문의 이해] ▶ ③

김광균은 본문에서 '해방 공간에서 김광균은 1946년 말까지 문학가 동맹에 동참하였고, 1946년 12월부터 1947년 중반까지는 중간파로 논쟁하였다. 이후 그는 문단과 점차 거리를 두고 문단에서 이탈하는 양상을 보였다.'에 나타나듯이, 중간파로 논쟁하였을 뿐, 우익의 입장을 선택한 것은 아니므로 적절하지 않다.

오답풀이 ① 본문의 '그는 「노신의 문학 입장」이라는 글을 통해 좌익 시단에 대한 회의감을 은연중에 드러내 왔으며, 좌의 정치시와 우의 순수시 양쪽 모두를 비판하는 중간파적 입장을 취하였다.'라는 서술로 보아 '좌익 시단에 대한 회의감을 드러내며 중간파적 입장을 취했다.'는 선지의 내용은 적절함을 알 수 있다.
② 본문의 '이 작품은 구체적 청자인 노신에게 말을 건네는 형태를 취함으로써 생활인으로서의 고뇌, 시에 대해 회의를 느꼈던 시인의 정서를 효과적으로 드러낸다.'라는 서술로 보아 '구체적인 청자인 노신에게 말을 건네는 형태로 시인의 고뇌와 회의감을 드러낸다.'는 선지의 내용은 적절한 선지임을 알 수 있다.
④ 본문의 '해방 공간은 정치성 대 순수성, 참여성 대 예술성 등 좌와 우의 문학 이념을 둘러싼 근본적 고민이 첨예하게 대립하던 시기였다.'라는 서술로 보아 '해방 공간에서의 문학적 대립은 정치성과 순수성, 참여성과 예술성 간의 근본적 고민을 중심으로 이루어졌다'는 선지의 내용은 적절함을 알 수 있다.

12 [어휘 – 문맥적 의미 추론] ▶ ②

'㉠ 견디다'는 '2「1」사람이나 생물이 어려운 환경에 굴복하거나 죽지 않고 계속해서 버티면서 살아 나가는 상태가 되다.'를 의미한다. 이와 문맥상 의미가 가장 가까운 것은 '굶주림과 추위를 견디며 살아남았다'이다.

오답풀이 ① 1「2」물건이 열이나 압력 따위와 같은 외부의 작용을 받으면서도 일정 기간 동안 원래의 상태나 형태를 유지하다.
③ 1「1」사람이나 생물이 일정한 기간 동안 어려운 환경에 굴복하거나 죽지 않고 계속해서 버티면서 살아 나가는 상태가 되다.
④ 2「2」물건이 열이나 압력 따위와 같은 외부의 작용을 받으면서도 원래의 상태나 형태를 유지하다.

13 [독해(비문학) – 내용 추론 부정 발문] ▶ ④

본문에 한자는 정확한 뜻을 파악하기 쉽다는 언급이 있지만 한문으로 쓴 글을 읽을 때 오독이 전혀 발생하지 않는다고 단정 짓는 것은 어렵다. 이는 극단의 오류이다.

오답풀이 ① '급수'는 기술 따위의 우열에 따라 매긴다는 의미인 급수(級數)와 물을 대어 준다는 의미인 급수(汲水) 두 가지로 해석 가능하다. 이는 동음이의어에 해당한다.
② 본문에 제시된 예시에서 확인할 수 있는 선지이다. 만약 '천도'를 하늘나라에 있는 복숭아라는 의미로 사용하고 싶다면 한자 '天桃'를 병기하여 오독을 방지할 수 있다.
③ '문맥을 고려하지 않으면 정확한 뜻을 파악하기 어렵다는 한계가 있다.'를 통해 적절한 선지임을 확인할 수 있다.

14 [독해(화법) − 의견의 대립 양상] ▶ ①

ㄱ. 갑은 '청소년들은 소셜 미디어 사용을 제한해야 한다'고 주장하여, 소셜 미디어 사용의 제한과 관리를 강조하고 있다. 반면 을은 '소셜 미디어 사용을 제한하기보다는 올바른 사용법을 교육하는 것이 중요하다'고 주장하여, 소셜 미디어의 긍정적 측면과 교육의 중요성을 강조하고 있다. 따라서 소셜 미디어 사용 제한에 대해 갑과 을의 주장은 상호 대립하는 관점이라고 보는 것이 옳다.

ㄴ. 을은 '소셜 미디어 사용을 제한하기보다는 올바른 사용법을 교육하는 것이 중요하다'고 하여 교육을 통한 올바른 사용을 강조하고 있다. 병은 '청소년들이 스스로 책임감을 가지고 사용하도록 지도해야 한다'고 하며, 부정적 영향을 예방할 수 있는 역량을 키우도록 지원해야 한다고 주장한다. 두 입장 모두 소셜 미디어 사용의 교육과 자율적 책임 강화를 중시하므로, 을과 병의 주장은 대립하지 않는다고 볼 수 있다.

오답풀이 ㄷ. 병은 '사용 제한보다는 청소년들의 책임감 있는 사용과 역량 강화'를 강조하고 있다. 반면 갑은 '소셜 미디어 사용 시간을 엄격히 관리해야 한다'며 사용 제한과 관리의 필요성을 주장한다. 따라서 병과 갑의 주장은 소셜 미디어 사용 제한에 대한 명확한 입장 차이가 있으므로 대립한다고 볼 수 있다.

15 [논리 추론 − 빈칸에 들어갈 결론 응용] ▶ ④

㉠~㉢의 논증을 전제와 결론으로 나누어 기호로 표현하고 분석한다.

㉡

전제 1	~(합리 ∧ ~사회안정) ≡ ~합리 ∨ 사회안정 ≡ 합리 → 사회안정
전제 2	민주헌법 ∧ 합리
결론	사회안정 ∧ 민주헌법

전제 1에 의해 '합리 → 사회안정'이고 전제 2에 의해 '민주헌법 ∧ 합리'이므로 '합리'를 매개항으로 하여 '사회안정 ∧ 민주헌법'을 도출할 수 있다.

㉢

전제 1	인공지능 → 논리 ≡ ~논리 → ~인공지능
전제 2	~(생명체 → 논리) ≡ ~(~생명체 ∨ 논리) ≡ 생명체 ∧ ~논리
결론	생명체 ∧ ~인공지능

전제 1의 대우명제에 의해 '~논리 → ~인공지능'이고 전제 2에 의해 '생명체 ∧ ~논리'이므로 '~논리'를 매개항으로 하여 '생명체 ∧ ~인공지능'을 도출할 수 있다. 따라서 전제가 참일 때 결론이 반드시 참인 논증은 ㉡, ㉢이다.

오답풀이

㉠

전제 1	윤리 → 도덕
전제 2	공리주의 → 도덕
결론	공리주의 ∧ 윤리

전제 1 '윤리 → 도덕'과 전제 2 '공리주의 → 도덕'의 후건이 '도덕'으로 일치하지만 이를 통해 각 명제의 전건인 '윤리'와 '공리주의'의 교집합이 반드시 존재한다는 결론, 즉 '공리주의 ∧ 윤리'를 도출하는 것은 불가능하다.

16 [독해(비문학) − 단순 빈칸 추론] ▶ ④

지문에서는 현대 생태학이 '시스템 전체를 통합적으로 분석'하는 방향으로 발전했다고 설명하면서, 특히 호워드 오덤이 생태계를 '하나의 통합된 정보 처리 시스템으로 간주'했다고 언급하고 있다. 또한 수잔 시마드의 '우드 와이드 웹' 연구를 통해 '균류 네트워크가 수백 킬로미터에 걸쳐 숲의 나무들을 연결'하고 '위험 신호도 전달한다'는 발견을 소개하고 있다. 이러한 내용은 생태계를 단순한 물질 순환 시스템이 아닌 정보 네트워크로 인식해야 한다는 시각을 강조하므로, 생태계를 정보 네트워크로 인식하고 종 간 신호 체계를 분석해야 한다는 ④가 가장 적절하다.

오답풀이 ① 지문에서는 '초기 생태학은 개별 종에 중점을 두었으나, 현대 생태학은 시스템 전체를 통합적으로 분석한다'라고 언급하며 미시적 접근법에서 벗어난 현대 생태학의 흐름을 설명하고 있다. 따라서 미시적 접근법으로 돌아가자는 주장은 지문의 내용과 상반된다.

② 지문에서는 특정 종의 제거나 적극적 관리에 대한 언급이 전혀 없으며, 오히려 생태계의 상호연결성과 통합적 이해를 강조하고 있다. 따라서 특정 위협 종의 식별과 제거를 주장하는 것은 지문의 맥락과 맞지 않는다.

③ 지문에서는 인간의 개입 최소화나 자연의 자정 능력에 대한 언급이 없으며, 오히려 과학적 연구를 통한 생태계 이해의 심화를 강조하고 있다. 린데만, 오덤, 시마드 등의 연구 사례는 적극적인 과학적 탐구의 중요성을 시사한다.

17 [독해(비문학) − 일반 강화, 약화] ▶ ③

(나) 환경결정론자들은 '기후, 지리적 환경, 자연자원의 분포와 같은 환경적 요인이 문명의 형성을 결정한다고 본다.'라고 주장한다. 그러나 해당 선지의 사례는 기후가 같음에도 문명이 다르게 발전되고 있는 것을 보여 주므로 (나)를 약화하는 사례로 적절하다.

오답풀이 ① 반대의 오류이다. (가) 사회구조주의자들은 '국가 체제의 형성, 계급 구조, 종교적 규범과 같은 사회적 요인들이 문명의 발전을 주도한다고 주장한다.'고 언급되어 있다. 이 선지에 나타난 마야 문명에서는 종교적 규범에 의해 왕권이 강력해져 문명이 발달된 것이므로 이는 (가)의 주장을 강화하는 것이지 약화한다고 보는 것은 적절하지 않다.

② 무관의 오류이다. (가) 사회구조주의자들은 '사회적 요인들이 문명의 발전을 주도한다고 주장한다.' 그러나 '일부 문명이 환경적 요인에 의해 급격히 붕괴했다는 연구 결과'는 환경 요인의 중요성을 강조하는 것이지, 사회적 요인의 역할을 부정하는 것은 아니므로 무관한 사례이다. 따라서 (가)의 주장을 약화한다고 보기 어렵다.

④ 무관의 오류이다. 본문에서 '현대 연구자들은 사회적 요인과 환경적 요인이 서로 상호작용하면서 문명이 발전한다는 점을 강조한다.'가 언급되어 있다. 선지의 사례는 (나)에 대한 설명이 아니라 '현대 연구자'의 입장을 강화하는 사례에 불과하다. 따라서 나일강의 잦은 범람과 이집트의 중앙 집권 체제가 상호 작용하여 3000년 이상의 이집트 문명이 나타나게 되었다는 것은 (나)의 주장의 초점에서 벗어나는 사례이므로 (나)를 강화하는 사례라고 보기 힘들다.

18 [독해(비문학) − 지시 대상 추론] ▶ ③

이 문제는 지시 대상을 물어보는 문제가 아니라 어떠한 입장을 함축하는지에 집중을 해야 하는 문제이다. 지시 대상이 완벽하게 같은 것을 묶는 것이 아니라 특정 입장을 함축하는 것이면 같은 대상으로 묶을 수 있다.

㉠의 '이들'은 '사회구조주의자들'을 가리킨다. ㉡의 '전자'은 '같은 지리적 환경에서 완전히 다른 문명들이 발전한 사례들'을 지칭하므로 '사회구조주의자들'의 입장을 함축함을 알 수 있다. ㉢의 '후자'는 '기후 변화가 문명의 흥망성쇠를 결정하는 주요 요인'이라는 표현을 고려할 때 '환경결정론자들'을 의미함을 알 수 있다. ㉣의 '환경적 요인'은 환경결정론자들의 입장을 함축한다. ㉤의 '사회적 요소'는 '사회구조주의자들'의 주장을 함축한다. 따라서 ㉠, ㉡, ㉤은 사회구조주의자들을, ㉢, ㉣은 환경결정론자들을 함축하는 표현이다.

19 [논리 추론 – 숨겨진 전제 추론 응용] ▶ ②

각 문장을 기호로 나타내어 해석한다.

전제 1	~첫 번째 디자인 → ~신제품 출시 ≡ 신제품 출시 → 첫 번째 디자인
전제 2	~(첫 번째 디자인 ∧ 두 번째 디자인) ≡ ~첫 번째 디자인 ∨ ~두 번째 디자인 (쉽게 말하면 첫 번째 디자인과 두 번째 디자인 둘 중 하나만 적합하다고 볼 수 있음)
전제 3	~두 번째 디자인 → 기존 시장 조사 ≡ ~기존 시장 조사 → 두 번째 디자인
전제 4	~기존 시장 조사
결론	~신제품 출시

'~기존 시장 조사'가 추가된다면 전제 3의 대우 명제에 의해 두 번째 디자인이 적합하다. 그러면 전제 2에 의해 첫 번째 디자인이 적합하지 않고, 따라서 전제 1에 의해 신제품이 출시될 수 없을 것이라는 결론이 도출된다.

오답풀이 ① '두 번째 디자인 → 신제품 출시'로 기호화할 수 있다. 하지만 이 전제가 추가되어도 전제 1~3과 연결 지을 수 없으므로 새로운 결론을 도출할 수는 없다.

③ '첫 번째 디자인'으로 기호화할 수 있다. 이 전제가 추가된다면 전제 2에 의해 두 번째 제품 디자인이 적합하지 않다. 그러면 전제 3에 의해 기존 시장 조사가 정확하다는 결론을 도출할 수 있다. 하지만 이를 통해 신제품이 출시될 수 없을 것이라는 결론을 도출하는 것은 불가능하다.

④ '~두 번째 디자인'으로 기호화할 수 있다. 이 전제가 추가된다면 전제 2에 의해 첫 번째 제품 디자인이 적합하다는 결론을 도출할 수 있다. 또한 전제 3을 통해 '기존 시장 조사'를 도출할 수 있다. 하지만 이를 통해 신제품이 출시될 수 없을 것이라는 결론을 도출하는 것은 불가능하다.

20 [독해(비문학) – 강화 약화] ▶ ③

ㄷ. 본문의 ㉠은 '경찰 정당성 이론'이다. 범죄자들이 경찰에 대한 신뢰나 정당성 인식보다 처벌의 강도와 검거 가능성이 범죄 행위 결정에 더 큰 영향을 미쳤다고 응답한 인터뷰 결과는 외적 통제가 내면화된 정당성보다 효과적임을 시사한다. 이는 '시민이 경찰을 정당하고 신뢰할 수 있는 기관으로 인식할 때, 외적 통제 없이도 법을 자발적으로 준수하게 된다'는 경찰 정당성 이론의 주장과 상반된다. 따라서 ㉠을 약화하는 근거로 적절하다.

오답풀이 ㄱ. 반대의 오류이다. 본문의 ㉠은 '경찰 정당성 이론'이다. 엄격한 처벌과 높은 검거율 기반의 강력 단속 정책이 경찰-시민 신뢰 구축 중심 정책보다 법 준수율이 더 높게 나타났다는 비교 연구 결과는 외적 통제가 신뢰 구축보다 효과적임을 보여 준다. 이는 '시민이 경찰을 정당하고 신뢰할 수 있는 기관으로 인식할 때, 외적 통제 없이도 법을 자발적으로 준수하게 된다'는 경찰 정당성 이론의 핵심 주장과 상반된다. 따라서 ㉠을 강화하는 근거가 아니라 약화하는 근거로 보는 것이 적절하다.

ㄴ. 무관의 오류이다. 경찰관 1인당 담당 인구수의 지역별 차이와 업무 효율성 관계는 인력 배치와 행정 효율성에 관한 내용으로, 시민의 경찰 신뢰나 정당성 인식에 따른 자발적 법 준수라는 경찰 정당성 이론의 핵심 주장과 직접적인 관련이 없다. 따라서 ㉠을 강화하거나 약화하는 근거로 볼 수 없다.

합격까지

2025 공무원 시험 대비 적중동형 모의고사 제6회~제10회
국어 빠른 정답 찾기

제6회
01 ③	02 ③	03 ②	04 ②	05 ①	06 ②	07 ④	08 ②	09 ④	10 ③
11 ④	12 ③	13 ①	14 ①	15 ②	16 ②	17 ①	18 ④	19 ③	20 ④

제7회
01 ③	02 ④	03 ④	04 ②	05 ③	06 ④	07 ④	08 ③	09 ③	10 ③
11 ①	12 ②	13 ②	14 ①	15 ②	16 ②	17 ③	18 ②	19 ①	20 ②

제8회
01 ①	02 ②	03 ④	04 ②	05 ②	06 ②	07 ①	08 ③	09 ④	10 ③
11 ④	12 ③	13 ②	14 ①	15 ②	16 ②	17 ④	18 ②	19 ③	20 ④

제9회
01 ②	02 ④	03 ②	04 ②	05 ②	06 ①	07 ②	08 ③	09 ①	10 ①
11 ①	12 ②	13 ③	14 ④	15 ②	16 ②	17 ③	18 ③	19 ②	20 ③

제10회
01 ③	02 ④	03 ①	04 ②	05 ③	06 ②	07 ①	08 ②	09 ②	10 ①
11 ③	12 ②	13 ④	14 ①	15 ④	16 ④	17 ③	18 ③	19 ②	20 ③

2025 공무원 시험 대비 적중동형 모의고사 제1회~제10회
국어 빠른 정답 찾기

제1회
01 ③	02 ②	03 ②	04 ③	05 ④	06 ①	07 ②	08 ④	09 ②	10 ④
11 ④	12 ①	13 ②	14 ③	15 ④	16 ①	17 ③	18 ④	19 ②	20 ①

제2회
01 ④	02 ②	03 ①	04 ③	05 ④	06 ③	07 ①	08 ④	09 ③	10 ②
11 ①	12 ④	13 ①	14 ②	15 ④	16 ③	17 ②	18 ④	19 ①	20 ③

제3회
01 ①	02 ③	03 ③	04 ②	05 ②	06 ④	07 ③	08 ④	09 ②	10 ④
11 ③	12 ④	13 ④	14 ④	15 ④	16 ①	17 ①	18 ④	19 ④	20 ②

제4회
01 ①	02 ①	03 ④	04 ④	05 ③	06 ④	07 ③	08 ③	09 ④	10 ④
11 ③	12 ④	13 ③	14 ①	15 ①	16 ②	17 ④	18 ④	19 ②	20 ①

제5회
01 ②	02 ④	03 ④	04 ④	05 ①	06 ①	07 ①	08 ②	09 ④	10 ③
11 ①	12 ②	13 ④	14 ④	15 ①	16 ④	17 ③	18 ④	19 ④	20 ②

제6회
01 ③	02 ②	03 ②	04 ②	05 ①	06 ②	07 ④	08 ②	09 ④	10 ③
11 ④	12 ③	13 ①	14 ④	15 ④	16 ②	17 ④	18 ④	19 ④	20 ④

제7회
01 ③	02 ④	03 ④	04 ②	05 ③	06 ②	07 ④	08 ③	09 ③	10 ③
11 ①	12 ④	13 ④	14 ①	15 ④	16 ①	17 ③	18 ②	19 ①	20 ②

제8회
01 ①	02 ②	03 ④	04 ①	05 ①	06 ②	07 ①	08 ③	09 ④	10 ③
11 ④	12 ④	13 ②	14 ①	15 ②	16 ②	17 ④	18 ③	19 ③	20 ④

제9회
01 ②	02 ④	03 ②	04 ②	05 ④	06 ①	07 ②	08 ④	09 ①	10 ①
11 ④	12 ②	13 ④	14 ④	15 ④	16 ④	17 ④	18 ④	19 ④	20 ③

제10회
01 ③	02 ④	03 ①	04 ②	05 ③	06 ②	07 ①	08 ③	09 ④	10 ①
11 ③	12 ②	13 ④	14 ④	15 ④	16 ④	17 ③	18 ④	19 ②	20 ③

수고하셨습니다.
당신의 합격을 응원합니다.